Lynn Hoffman

Therapeutische Konversationen

Von Macht und Einflußnahme zur Zusammenarbeit in der Therapie

Die Entwicklung systemischer Praxis

systemische Studien Band 13

herausgegeben von Jürgen Hargens

Lynn Hoffman

Therapeutische Konversationen

Von Macht und Einflußnahme zur Zusammenarbeit in der Therapie

Die Entwicklung systemischer Praxis

 verlag modernes lernen - Dortmund

systemische Studien

herausgegeben von Jürgen Hargens (Meyn)

In dieser Buchreihe erscheinen Arbeiten, die systemische Ansätze in der Therapie weiterentwickeln und Möglichkeiten der praktischen Umsetzung mit einbeziehen. Die Reihe wendet sich an praktisch tätige KlinikerInnen, theoretisch interessierte ForscherInnen und alle an systemischem Denken Interessierte.

Dieses Buch erschien unter dem Titel „Exchanging Voices. A Collaborative Approach to Family Therapy" bei Karnac Books Ltd, London, 1993. (Represented by the Cathy Miller Foreign Rights Agency, London)

Aus dem Englischen übersetzt von Janine Gall (Schleswig) Andreas Schindler (Hamburg/Flensburg) und Jürgen Hargens (Meyn)

Der Artikel „Für eine reflexive Kultur der Familientherapie" erschien erstmalig in deutscher Sprache in dem Band „Systemische Praxis und Postmoderne" (stw 1033), Übersetzung Günter Thomas. Copyright Suhrkamp Verlag, Frankfurt am Main 1992. Wir danken dem Verlag für die Abdruckgenehmigung.

© 1996 verlag modernes lernen, Borgmann KG, D - 44139 Dortmund

Gesamtherstellung: Löer Druck GmbH, D - 44139 Dortmund

 Bestell-Nr. 4313   ISBN 3-8080-0336-7

Inhalt

Vorwort

Jede Beobachtung sagt sowohl etwas über den beobachteten Gegenstand als auch etwas über die Beobachterin oder den Beobachter aus. Dieser Satz läßt sich ebenso auf jedes Buch anwenden, sogar wenn es sich mit naturwissenschaftlichen Theorien beschäftigt. Die meisten Wissenschaftler haben aber nicht im Sinn, sich selbst der Leserin und dem Leser zu zeigen, höchstens sie und ihn von seinen Ideen zu überzeugen. Anders ist es bei dem vorliegenden Buch. Lynn HOFFMAN kann nicht anders, als das, womit sie sich gerade beschäftigt, ganz und gar mit ihrer Person zu durchdringen. Beinahe wie ein Schwamm saugt sie eine sie faszinierende Idee auf, macht sie sich zu eigen, erprobt sie mit ihren höchst persönlichen Mitteln, verändert, ergänzt und erweitert sie durch sich selbst. Danach, wenn wohl die Faszination der Gewöhnung – oder Ernüchterung – gewichen ist, stellt sie sich mit der Neuerwerbung in Frage. Wie eine Frau sich im Spiegel nicht mehr in dem eben noch geliebten Kleid sehen mag, hängt sie es in den Schrank, geht auf die Suche, probiert neue an und findet mit Sicherheit wieder etwas Aufregendes, sie noch besser Kleidendes.

Bei dieser Analogie stockt mir der Atem: darf ich Lynn mit einer putzsüchtigen Frau vergleichen? Sicher nicht, denn sie zeigt sich uns gerade nicht als selbstherrlich, narzistisch oder gar eingebildet. Im Gegenteil, ihre Arbeiten sind alle von großer Bescheidenheit, von tiefer Unsicherheit und dem Wunsch, durch Erkenntnis mehr Sicherheit (auch Selbstsicherheit) über den Gegenstand ihres Interesses zu gewinnen, nämlich die Wirkmechanismen in der Familientherapie. Und das macht das eigentlich Faszinierende an diesem Buch aus, das eine Aufsatzsammlung über zehn Jahre (1980-1990), aber die Entwicklungsgeschichte der Familientherapie über 25 Jahre enthält.

Wir begleiten Lynn HOFFMAN – und damit die Familientherapie schlechthin – auf einem manchmal von Rosen geschmückten, doch auch dornenreichen Weg durch das Gestrüpp abstrakter, verwirrender Theorien. Dabei verliert sie nie das Ziel ihrer Suche aus den Augen – Antwort auf die Frage nach der oder den am besten passenden Theorie/n für die komplexen Wirkfaktoren zwischen Therapeutinnen und Therapeuten und deren Patientenfamilien zu finden. Diese Suche kann nie zu einem endgültigen Ende führen, da sie immer Bewegung, d.h. Veränderung bewirkt. Sie legt jede neue, aus angrenzenden naturwissenschaftlichen oder philosophischen Disziplinen entwickelte Theorie an die Praxis der Familientherapie an. Dadurch verändert sie ihr bisheriges therapeutisches Handeln, was unweigerlich zu neuen Beschreibungen dessen, was sie tut und wie es wirkt, führt. Also muß aus der Praxis eine neue, jetzt besser passende Theorie entwickelt werden, die ihrerseits auf die bereits bestehende Praxis verändernd einwirkt – und so fort. (Mit HEGEL kann man auch vom „Aufheben" der alten Theorie in neues Gedankengut reden.)

Diesen Entwicklungsweg – sie spricht auch von einer Reise auf einem Fluß mit vielen Inseln zum Anlegen – beschreibt sie in jedem Kapitel vom Anfang bis zum jeweils jetzigen Zeitpunkt ihres Denkens und Handelns. Auf diese Weise wiederholen sich manche Inhalte (Namen, Begegnungen mit anderen Forschern und deren Theorien), so wie Reiseberichte dieselben Ortsnamen aufzählen können, aber durch die Fortsetzung der Reise gewinnen die Orte eine jeweils neue Gestalt. Distanz und Kontext haben sich verändert, Begeisterung ist gewichen und macht der kühleren Abwägung nach Nützlichkeit und Überflüssigem Platz.

Und das zeichnet Lynn HOFFMAN gleichzeitig als Forscherin und Frau aus: die unermüdliche Neugier, das beständige Wissenwollen, das Fragen, Kritisieren, Verwerfen, neuerliches Durchdenken und konsequentes Erproben. Nichts nimmt sie hin, einfach „weil es so ist" oder weil ein Größerer – in der Regel ein Mann – es so behauptet hat. Dabei ist sie in den ersten 20 Jahren ihres familientherapeutischen Arbeitens deutlich lieber größeren Männern als kämpferischen Frauen gefolgt. Erst als sie sich die grundlegenden Ideen feministischen Denkens zu eigen gemacht hat (Ende der 80er Jahre), wird sie sich über die Notwendigkeit und den Gewinn der Integration der Geschlechterperspektive in ihr familientherapeutisches Denken bewußt. Damit gewinnt ihre Arbeit – nicht nur mit Familien, sondern auch ihre Workshops, Vorträge und Artikel – viel an Persönlichkeit, ja vielleicht sogar an Menschlichkeit. Jetzt erscheint sie als gereifte Frau mit enormer Erfahrung, die sich weder scheut, über ihre Irrtümer, Fehler und auch persönlichen Schwierigkeiten als auch über ihre sie befreienden und bereichernden Aha-Erlebnisse und Glücksmomente zu berichten.

Noch einmal kommt mir doch der Vergleich mit den Kleidern in den Sinn: während ich sie (und damit eben „die" Familientherapie) in den ersten Kapiteln bei der Darstellung von Kybernetik, Konstruktivismus, Strukturalismus und Konstruktionismus eher im gut geschnittenen, eng anliegenden, schwarzen Hosenanzug vor mir sehe (so lernte ich sie 1973 tatsächlich in Philadelphia bei MINUCHIN kennen), erscheint sie mir in den letzten Kapiteln über familientherapeutische Praxis in der Post-moderne im gemütlich-langen Wollkleid in warmen Erdfarben (wie 1992 auf der Tagung in Orta).

Doch der Vergleich hinkt immer noch. Obwohl sie sich immer mit neuen Ideen identifiziert hat, um sich dann wieder zu distanzieren, so sind doch Teilstücke, z.b. Bedeutungsgebungen, Fragestile, therapeutische Haltungen, in ihr heutiges Handeln übergegangen. Nicht alles hat sie abgeworfen wie einen zu eng gewordenen Hosenanzug oder ein ver-schlissenes Kleid.

Es ist nur verständlich, daß sie sich die zu ihr am besten passenden und die ihr am ehesten zugänglichen Theorien angeeignet hat. Dabei ist sie zunächst eindeutig dem systemischen Ansatz gefolgt: Ausge-hend von BATESONS Vorstellungen von der Notwendigkeit systemischer Epistemologie und deren Irrtümern, von kybernetischen Modellen erster Ordnung (VON FOERSTER) zur Autopoiese lebender Systeme (MATURANA, VARELA) und deren Unfähigkeit, Instruktionen von außen zielgerichtet zu verarbeiten, über die kommunikationstheoretischen Erklärungsansätze der Palo-Alto-Gruppe hin zum Mailänder Ansatz der Zirkularität und einer Kybernetik zweiter Ordnung, über den radikalen Konstruktivismus (VON GLASERSFELD) führt sie der Gedankengang jetzt zu den feministi-schen Ideen, der Unmöglichkeit geschlechter- und wertneutraler Beob-achtung, dem sozialen Konstruktionismus (GERGEN) und der Einbe-ziehung sozialer, historischer und politischer Kontexte. Sie landet schließlich bei den narrativen und reflektiven Ansätzen von GOOLISHIAN und ANDERSON und dem „reflektiven" Team von Tom ANDERSEN. Andere, mehr dynamisch-analytische Ansätze wie z.B. der kontextuelle Ansatz mit dem mehrgenerationalen Loyalitätskonzept nach I. BOSZORMENYI-NAGY läßt sie unbeachtet am Wegrand liegen. Auch beziehen sich ihre Erfahrungen hauptsächlich auf den nordamerikanischen (erst später auch norwegischen) Raum.

Aber gerade darin liegt m.E. der Wert der Übersetzung dieses Buches ins deutsche. Viele familientherapeutische Anstöße und Entwicklungen haben wir aus Nordamerika bekommen und für uns nutzbringend um-gesetzt und weiterentwickelt. Dazu gehört mit Sicherheit in allerletzter Zeit die Betonung der Geschlechterperspektive als wichtigste Kategorie neben der Generationszugehörigkeit. Wir stehen allerdings – anders als die zahlreichen und stimmgewaltigeren amerikanischen Frauen – mit unserem Anliegen, daraus weitreichende therapeutisch-relevante Konsequenzen zu ziehen, noch sehr am Anfang. In den Abschnitten

„*Eine andere Stimme anwenden*" und „*Theorie in Praxis übersetzen*" (im Beitrag „Eine Erinnerung an einen Vortrag mit dem Titel „Küchenklatsch"...") macht Lynn HOFFMAN klare Vorschläge für ressourcen-orientiertes, geschlechter-sensitives und respektvoll-anerkennendes therapeutisches Handeln. Dies erscheint mir umso wichtiger, als sich gerade jetzt auf dem deutschsprachigen familientherapeutischen Gebiet eine fundamentalistische Gegenströmung zur Postmoderne mit dem Wunsch nach patriarchaler Ordnung, Hierarchie, Struktur und Bewertung von gut und böse, richtig und falsch zu etablieren sucht, die die eben keimenden partnerschaftlichen, dehierarchisierenden Ansätze zu ersticken droht.

Für alle diejenigen, die sich nicht nur auf neuen Inseln umschauen möchten, sondern auch den Entwicklungsweg systemischen Denkens und Handelns in der Familientherapie kennenlernen oder sich noch einmal in Erinnerung rufen möchten, stellt dieses Buch eine lebendige und unverzichtbare Quelle dar.

Heidelberg, im Juni 1995   *Ingeborg Rücker-Embden-Jonasch*

Vorbemerkungen

des (Reihen-) Herausgebers

Als ich diese Zusammenstellung der Aufsätze von Lynn HOFFMAN zum ersten Mal las, war ich einfach begeistert. Ich kam mir vor, wie auf einer Reise durch meine eigene (Theorie-) Vergangenheit, die mir unweigerlich meine Gegenwart in einem anderen Licht zeigen würde. Mir wurde unübersehbar deutlich, was sich in den letzten Jahren alles getan hatte, was anders geworden war – wie vieles von diesem Neuen, diesem Umwälzenden, diesem beinahe Revolutionären mittlerweile schon fast wieder selbstverständlich geworden war. Mir wurde erkennbar(er), wie ich meine eigene Veränderung sehen (und benennen) konnte.

Was mich darüber hinaus beeindruckte und anregte, waren Lynn HOFFMANS Kommentare und Anmerkungen zu ihren eigenen Arbeiten. Das eröffnete mir nicht nur einen weiteren Blick auf Entwicklungstrends, auf Änderungen. Hier empfand ich eine Stärkung und Klärung dessen, was „nicht instrumentell", „stärkere Gleichberechtigung und Zusammenarbeit", „Abkehr von Pathologie-Konzepten" usf. heißt. Es eröffnete auch vergleichende Beschreibungen, die die Dimension Zeit einbeziehen. Zugleich läßt Lynn HOFFMAN keinen Zweifel daran – auch wenn dies das eine oder andere Mal eher nur durch die Blume gesagt wird –, mit welchen persönlichen Zweifeln und Ungewißheiten, mit welchen kollegialen und fachlichen Infragestellungen sich ein solcher Wandel vollzog.

Daran wurde mir deutlich, wie sehr sich der familientherapeutische Bereich schätzen kann, eine Chronistin wie Lynn HOFFMAN zu besitzen, die präzise, klar, verständlich und persönlich nachzeichnen und erläutern kann, welche Veränderungen, ja beinahe schon revolutionären Umwälzungen sich in diesem Bereich vollzogen haben.

Der Anteil, den die Chronistin Lynn HOFFMAN selber an diesen Änderungen besitzt, darf dabei nicht unterschätzt werden. Sie hat angeregt, hingewiesen, ermutigt, informiert, erzählt, vorgestellt – und angezweifelt, hinterfragt, verworfen: ein Modell dessen, was sie hier als Entwicklungstrend beschreibt.

Die Chronistin Lynn HOFFMAN zeichnet sich durch eine mich beeindruckend klare, persönliche Sprache aus. Für mich bleiben ihre Darstellungen deshalb immer persönlich, praxisnah und nachvollziehbar.

Dabei schätze ich sehr, daß Lynn HOFFMAN ihr Interesse darauf richtet, theoretische Positionen und Änderungen nicht nur verständlich nachzuvollziehen und abzugrenzen, sondern diese auch anhand konkreter Praxis mit Leben zu füllen.

Lynn HOFFMAN hat sich dabei glücklicherweise nie auf dem ausgeruht, was sie schon alles seit den frühen Tagen der Familientherapie erreicht und geschaffen hat – und das ist nicht wenig: grundlegende Einführungen und Beschreibungen zur Familientherapie in Buchform gehören ebenso dazu wie unzählige (Zeitschriften-) Artikel zu neuen theoretischen Fragen, nicht zu vergessen die persönlichen Präsentationen, Vorträge und Workshops rund um die Welt.

In diesem Sinne stellt diese Sammlung von Aufsätzen auch einen Überblick über Lynn HOFFMANS Werk dar – ein Werk, das in seinen Auswirkungen jeden und jede von uns betrifft, die wir uns mit „dieser Form" therapeutischer Arbeit befassen. Deshalb glaube und hoffe ich auch, daß diese Auswirkungen sich auch den LeserInnen erschließen, wenn sie sich mit diesen Aufsätzen auf „Entdeckungsreise" begeben.

Meyn, im Oktober 1995   *Jürgen Hargens*

In diesem Buch geht es um die Ideengeschichte der systemischen Familientherapie und deren Umsetzung in praktisches Handeln. Die Ideen werden in den verschiedenen Kapiteln unter Einbeziehen neuerer (Er-)Kenntnisse und Betrachtungsweisen immer wieder aufgegriffen, so daß wir uns entschlossen haben, die LeserIn zur Orientierung (anstelle eines Sachverzeichnisses) auf die einleitenden Kommentare der jeweiligen Kapitel zu verweisen.

Einleitung

Jetzt machen wir uns daran, einen Neuweg-Pfad zu schaffen. Deshalb nimmst du eine Schaufel, du nimmst einen Rechen, du nimmst eine Haarnadel. Wenn du nur eine Haarnadel kriegst, dann nimm' eine Haarnadel und fang' an zu graben. Und du gräbst in jede Richtung: hoch und runter, rechts und links. Nicht in gerader Linie. Nichts Natürliches oder Interessantes verläuft in gerader Linie. Es ist eine Tatsache, es ist der schnellste Weg zum falschen Ort. Und tu' nicht so, als wüßtest du, wo du hingehst. Denn wenn du wüßtest, wo du hingehst, hieße das, du bist da gewesen, und du landest genau da, wo du herkommst.

Rifke, in Naomi NEWMANS Stück „*Schneckengerede: Wichtige Botschaften von der Mutter*" (zitiert nach ANDERSON & HOPKINS „*Das weibliche Antlitz Gottes,* 1991).

Diese Erzählung und die sie begleitenden Essays vermitteln einen Eindruck von einer Reise, die so verläuft wie der Lauf eines Flusses in einer alten überschwemmten Ebene. Der Fluß windet oder teilt sich in Ströme, von denen einige irgendwo versickern, während andere anwachsen, sich am Ufer einer Insel oder am Zufluß eines Sees treffen. Ein Ende ist nirgends zu sehen. Sie bewegen sich in Richtung eines noch unbekannten Landes, einer Mündung, wo sie – wie der Amazonas – das Meer treffen.

Ich benutze diese Analogie und das Eingangszitat, weil die Entwicklung meiner Arbeit sonst eher vor einem stärker logischen Weg beurteilt werden könnte. Es ist nicht meine Absicht, so umständlich zu sein. Es kostete mich viel Mühe und Beschämung, dauernd etwas „zurücknehmen" zu müssen – wenn ich nämlich dem, was ich einige Zeit früher geschrieben hatte, nicht mehr zustimmte. Wenn du also als ForscherIn ernstgenommen werden willst, mußt du eine Sache machen und dann dabei bleiben. Aber das funktioniert nicht immer, wenn du versuchst, die schwer erkämpften Ideen auf menschliches Leben anzuwenden. Zu oft triffst du auf hartnäckige Elemente, die dich einfach an- oder auslachen.

* * *

Aber lassen Sie mich den Inhalt dieser Aufsatzsammlung zusammenfassen. Die Beiträge, veröffentlicht zwischen 1985 und 1993, repräsentieren einen Schritt in Richtung eines weniger instrumentellen Stils der Familientherapie als den, in dem ich ausgebildet wurde. Sie zeichnen auch einen großen Sprung im umfassenderen Zeitgeist auf, von einer „modernen" westlichen Geisteshaltung zu dem, was eine „postmoderne" Auffassung genannt wird. Zu dieser Auffassung füge ich meine eigene Version der Gender-Revolution hinzu, die ich mit Carol GILLIGANS „anderer Stimme" assoziiere. Mir geht es dabei immer um die Implikationen dieser anderen Stimme für die Praxis der Familientherapie.

Die Aufsätze spiegeln – wenn auch nicht bewußt – eine Veränderung im Schreibstil wieder, der oft durch den Kauf eines Computers ausgelöst oder verursacht wird. Auf einem Computer schreiben lernen ist wie Medikamenteneinnahme, um Blutgerinnsel zu verhindern. Da ich meine Worte und Sätze mit Lichtgeschwindigkeit ändern kann, wird die letzte Version niemals ganz fest. Die Arbeit, so wie sie ist, bleibt fließend und flüssig. Und auf diese Weise sah ich mich dabei, Jahr für Jahr eine geringfügig andere und hoffentlich bessere Version dessen, was ich zu sagen versuchte, zu entwerfen.

Es gab aber auch genauso eine Beharrlichkeit bei meiner Suche. Ich begann begeistert mit einer Auffassung, die den Kontext, in dem sich emotionale Schwierigkeiten ereigneten, hervorhob und nicht den Geist, in dem sie sie sich ereigneten. Schon früh, noch ehe ich irgendetwas anderes von Gregory BATESON gelesen hatte, fiel mir sein Buch, das er zusammen mit dem Psychiater Jürgen RUESCH geschrieben hatte, *Communication: The Social Matrix of Psychiatry* (1951), in die Hände. BATESON hatte wie PICASSO (und, was diese Sache angeht, FREUD) verschiedene Perioden. Einmal ging es ihm darum, die Prinzipien des neu entdeckten Feldes der Kybernetik auf Evolution und Ökologie anzuwenden. Andere aus der Forschungsgruppe, die er in Palo Alto zwischen 1950 und 1960 leitete, bezogen diese Prinzipien auf die Familie – insbesondere auf eine Familie, die ein „unnormales" Kind enthielt. So wurde die Idee des Familiensystems geboren.

Aber BATESONS ursprünglicher und gleichbleibender Glaube bestand darin, daß es eine Verbindung zwischen Formen der Kommunikation und Formen dessen, was er Geisteskrankheit nannte, gibt. Die Theorie der Doppelbindung ging aus diesem Glauben hervor. Sie wurde später als zu einfach abgetan, aber die Idee hatte Bestand, daß Menschen in komplexen, kontinuierlichen Interaktionsnetzen lernen, wie sie sich fühlen und wie sie handeln. Ändert sich das Interaktionsmuster – so dachte man –, dann würde sich auch das Verhalten der Menschen ändern, egal wie bizarr es ist.

Diese Annahme verschwand angesichts der Entwicklungstheorien, auf die sich so viele Schulen der modernen Psychologie begründen. Von Anfang an bestand der grundlegende Konflikt zwischen Familientherapie und den meisten Individualtherapien in der Frage über die Ursache von Problemen. Psychodynamische Theorien schrieben Probleme frühen Einflüssen zu, die die normale psychische Entwicklung durchkreuzen. VertreterInnen der kommunikationstheoretischen Position kümmerten sich nicht um die Psyche und die Vergangenheit. Sie achteten darauf, was im unmittelbaren Beziehungsfeld der Personen ablief. Individual- und Familientherapie wurden zu zwei rivalisierenden Clans.

Aber sie waren sich mindestens in einer Hinsicht ähnlich. Jede machte die TherapeutIn zu einer DetektivIn, die nach Pathologie suchte. Ich erkannte eines Tages, daß diese Detektivgeschichte eine Erfindung war und keine unveränderliche Wahrheit. Ich fühlte mich immer unbehaglicher dabei, eine Person oder eine Familie in ein Objekt medizinischer Aufmerksamkeit zu verwandeln. Aber wenn ich den Glauben an Pathologie aufgeben würde, hätte ich Therapie auf eine ganz neue Weise betrachten müssen. Ich fand mich in Übereinstimmung mit dem Autoren Thomas Moore (1992), der meinte, „caring, not curing"* sei der passende Begriff.

Mit dieser Änderung kam auch eine Änderung in der Rolle der Fachleute. Was, wenn wir die Dichotomie ExpertIn/nicht-ExpertIn aufgäben? Was wäre die Alternative? Wenn wir sie fänden, wie würden wir sie nennen? Ich zerbrach mir eine ganze Zeit den Kopf über einen Namen, aber ich glaube, Harlene Anderson und Harold Goolishian gaben ihn mir. Sie fingen an, ihre Arbeit so zu beschreiben: ein Ansatz „kollaborativer Sprach-Systeme". Nicht lange danach wurde mir klar, daß „kollaborativ" der Name war.

Die Änderung von einem hierarchischen zu einem kollaborativen Stil in der Psychotherapie ist ein radikaler Schritt. Er stellt die Strukturierung von oben nach unten dieses quasi medizinischen Bereichs, der psychosozial genannt wird, infrage und widerspricht Jahrhunderten traditioneller westlicher Praxis. Es existiert keine – ich wiederhole: keine – psychotherapeutische Schule – psychodynamisch, behavioral, familienorientiert oder andere –, die sich nicht auf eine Annahme von ExpertInnen-

---

*) **Anm.d.Übers.**: wörtlich übersetzt, hieße es: „sich sorgen, nicht heilen". In Anlehnung an das englische Wortspiel ließe sich formulieren: „sich sorgen, nicht sagen (wie es richtig ist)".

tum stützt, eine Reihe anerkannter Texte und einen Code der richtigen Praxis. Diese Elemente herauszufordern, heißt, die ganze Festung herauszufordern. Ein großer Auftrag, und einer, der schwer zu verteidigen ist, aber ich möchte anfangen. Ich werde Ihnen über die Entwicklung meines Denkens erzählen, so wie es geschehen ist, in zeitlicher Abfolge und die eingestreuten Anmerkungen werden meine Reise in jeder Phase weiter erläutern.

Kapitel 1

Die Abkehr von Macht und Kontrolle

Wie begann ich diese Reise? Als ich 1981 *Grundlagen der Familientherapie* abschloß, versuchte ich, ein Nachwort dazu zu schreiben und hatte die Schwierigkeit, daß meine prophetischen Fähigkeiten mir nicht halfen. Der Grund lag darin, daß die Straße vor mir eine scharfe Kurve machte, die ich damals nicht sehen konnte. Hinweise und Anzeichen tauchten allerdings auf, so wie bei einem kosmischen Puzzle. Mich faszinierte Harry GOOLISHIANS und Paul DELLS Interesse, die Idee des Physik-Nobelpreisträgers, Ilya PRIGOGINE, auf Familientherapie zu beziehen (PRIGOGINE & STENGERS 1984). PRIGOGINE glaubte, daß Zeit eine Einbahnstraße in die Zukunft wäre und daß Änderung nicht die Ausnahme, sondern die Regel sei. Aber welche Änderung eintritt, hing davon ab, wieweit das fragliche System vom Gleichgewicht entfernt war und gewissermaßen welches Steinchen im Damm zuerst zu bröckeln begann.

Mir gefiel diese Vorstellung. Ich hatte langsam das Gefühl, daß menschliche Ereignisse sich hin- und herschlängelten wie schlechte Romane des 18. Jahrhunderts und sich nicht ordentlich in netten, sich wiederholenden Wendungen abspielten. Anstatt ihnen die Rückkopplungsschleifen der kybernetischen Theorie aufzuzwängen, begann ich, sie so zu betrachten, als wären sie Wasserfälle und Flüsse. Ich sagte zu mir: „Denk' nicht an wiederkehrende Zyklen, denk' an Flüsse im Laufe der Zeit."

Ich begann allmählich zu erkennen, daß eine Änderung per Entwurf, was der gebündelte Ruf der frühen FamilientherapeutInnen war, nicht zu den neuen Analogien paßte. Da der Lauf der Therapie sich mehr dem Zufälligen hingab, verringerte sich die Zentralität der TherapeutIn. Etwa um diese Zeit herum schickte mir Harry GOOLISHIAN Videos von Sitzungen, in denen seine frühere strategische Brillanz überhaupt keine Rolle mehr spielte. Ich wußte nicht, was ich mit diesen ziemlich dahindriftenden, ziellosen Interviews anfangen sollte, aber wenn ich zurückblicke, dann sehe ich, daß sie Vorboten seiner späteren Arbeit waren. Ich sagte ihm im Scherz, ich dachte, daß was er mache, sei „unsichtbare Therapie", ohne zu erkennen, daß der Tag kommen würde, an dem ich selber aus freien Stücken „unsichtbare Therapie" machen würde.

Ein anderer Hinweis war die Entdeckung, daß die ursprüngliche BATE-SON-Gruppe – genau wie die Götter des Olymp – ihre Differenzen hatten. Im Jahre 1978 stieß ich zu den MitarbeiterInnen des Ackermann Institute for Family Therapy und kurze Zeit später wurde Bradford KEENEY dort Mitarbeiter. Er und ich entwickelten eine Freundschaft, die so typisch für zwei AußenseiterInnen ist. Ein oder zwei Jahre vor BATESONS Tod im Jahre 1979 hatte KEENEY zwei oder drei Wochen mit ihm verbracht, um seine berühmten nahtlosen Geschichten aufzusaugen und sie in einen Dialog zwischen ihm und BATESON einzubauen, den ich las.

KEENEY erzählte mir auch, wie sehr BATESON HALEYS Betonung von Macht und Kontrolle ablehnte. Wenn man sein Mißtrauen gegen das, was er „bewußte menschliche Zielsetzung" nannte, bedenkt, dann ergibt es einen Sinn, daß er die kontroll-orientierten FamilientherapeutInnen entsetzt ansah, die aus seinem Forschungsprojekt hervorgingen. Seine Ansichten darüber, die in dem posthum erschienenen Buch *Angels Fear* (1987, dtsch: *Wo Engel zögern,* 1993) ausgearbeitet sind, das seine Tochter Catherine herausgab und zu dem sie auch beitrug, bestärkten nur meine eigenen Auffassungen.

Dann las ich Carol GILLIGANS *Die andere Stimme* (1984). Ich war noch nicht in die feministische Bewegung eingetaucht, weil sie mich in ihrer Leidenschaftlichkeit zu sehr an den Marxismus der Gemeinde erinnerte, in der ich aufwuchs. Ich bin aber dennoch überzeugt, daß die Gender-Revolution in den USA die wichtigste und breiteste Bewegung meines Lebens konstituiert. Sie war auch für meine kleine Ecke im psychosozialen Bereich wichtig. Die Ergebnisse von GILLIGANS Forschung über männliche und weibliche Wertesysteme beispielsweise verwiesen darauf, daß da, wo Männer bei abstrakten Prinzipien von Gerechtigkeit und Wahrheit zu bleiben scheinen, Frauen (zumindest Frauen der US-Mittelschicht) diese Regeln oft zugunsten von Beziehungen brechen. Solche Ergebnisse hatten ungeheure Implikationen für die Familientherapie, so wie ich sie gelernt hatte.

Mir wurde gerade der untergründige Sexismus aller familientherapeutischen Vorgehensweisen bewußt. Bis zu dieser Zeit hatten die meisten FamilientherapeutInnen ihn ohne jede Frage akzeptiert. Selbst wenn meine KollegInnen feministische Prinzipien in ihrer Praxis anwendeten, fokussierten sie auf besonderen Ungerechtigkeiten wie „auf Mütter einschlagen", stellten aber die Modelle, in denen sie ausgebildet waren, nicht sehr infrage. Diese Stile, die im wesentlichen von Männern erarbeitet waren, reichten von einem gütigen Paternalismus bis zu einem extremen Fokus auf Hierarchie, Geheimhaltung und Kontrolle. Selbst feministische Versionen hielten TherapeutInnen in einer Machtposition in bezug auf die Menschen, die die TherapeutIn sah. Wie könnte sie diese sonst „ermächtigen"?

Ich fing an, Fragen zu stellen. Wieso gab es keinen Stil, der die Ideale von Verbundenheit und Kollaboration, die feministische PsychologInnen mit der weiblichen Entwicklung verbanden, repräsentiert? Wo war das familiäre Gegenstück zur relationalen Perspektive von Wellesleys Stone Center (SURREY 1984)? Zu einer weiteren AktivistIn zu werden, schien zu nah daran, eine andere Art von ExpertIn zu werden, so daß ich mich bei diesem Thema für einen Augenblick ruhig verhielt. Ich suchte weiter nach einer weniger hierarchisch organisierten Familientherapie, die die Optionen aller erweitern würde.

Im Jahre 1983 entschloß ich mich, von New York nach West-Massachusetts zu ziehen. Ich sagte den Leuten, ich suche nach „Glaubensfreiheit", was bedeutete, daß ich einen Raum brauchte, wo ich einen familientherapeutischen Stil erkunden konnte, der GILLIGANS anderer Stimme entsprach, und ich hatte das Gefühl, daß ich genau das in keiner etablierten Institution, die ich kannte, tun könnte. Ich besaß keine klare Vorstellung, was für eine Praxis aus dieser Suche herauskommen könnte; philosophisch gesehen war ich zwar überzeugt, aber pragmatisch war ich noch in einer Auffassung von Therapie gefangen, wo die TherapeutIn das Sagen hatte.

Kurze Zeit später, auf einer Konferenz mit dem Titel *Maps of the Mind, Maps of the World* (Karten des Geistes, Karten der Welt), organisiert vom Mental Research Institute in Palo Alto, Kalifornien, traf ich einen elfischen Genius aus Wien, genannt Heinz VON FOERSTER. Sein Enthusiasmus und seine Zugänglichkeit täuschten über seine Reputation als einer der Giganten, auf dessen Schultern die ersten Computer gebaut worden waren, hinweg. Trotz seiner etwa 80 Jahre, die ihm kaum anzumerken waren, mochte ich ihn sofort und ergriff die Einladung, ihn über Mittag in seinem Haus in Pescadero zu besuchen, beim Schopfe. Ein anderer Renaissance-Mann mit ähnlichem Charme und Talent, Ernst VON GLASERSFELD, war auch dort, so daß ich beide kennenlernte.

Es stellte sich heraus, daß diese beiden zusammen mit den chilenischen Kognitions-Biologen Humberto MATURANA und Francisco VARELA eine Konferenz planten, die 1984 in New Hampshire stattfinden sollte. Ihre Idee war die, die berühmten Josiah Macy Konferenzen zu erneuern, interdisziplinäre Treffen, die nach dem Zweiten Weltkrieg zehn

Jahre lang jährlich stattfanden. Auf eben diesen Treffen hatte sich die vier Wissenschaftler getroffen sowie andere ForscherInnen wie Gregory BATESON, Margaret MEAD, John VON NEUMANN und Norbert WIENER.

Für FamilientherapeutInnen mit meinem Hintergrund war es natürlich, von dieser Gruppe angezogen zu werden, die die Schale der Ideen, für die BATESON stand, geerbt zu haben schienen. Ich wurde zur Konferenz nach New Hampshire eingeladen, wo ich vielseitige Männer und Frauen aus vielen Ländern und unterschiedlichen Forschungsbereichen traf. Aufgrund einer dieser merkwürdigen Zufälle konnte Paul WATZLAWICK, der als einer der ReferentInnen der InteressentInnengruppe für Familientherapie vorgesehen war, nicht kommen, und ich wurde gebeten, seinen Platz zu übernehmen. Ich war aufgeregt vor einem so erlauchten Publikum zu sprechen und suchte nach einigen anderen FamilientherapeutInnen, die dort meine Zeit mit mir teilten.

Meine Präsentation verlief glücklicherweise gut, und ich verwies auf viele der Aspekte, die in *„Jenseits von Macht und Kontrolle"* (veröffentlicht 1986) und später in *„Eine konstruktivistische Position für Familientherapie"* (veröffentlicht 1988) weiter ausgearbeitet wurden. Erstens, ich betonte die Verbindung zwischen einem weniger instrumentellen Stil der Familientherapie und MATURANAS und VARELAS (1980) Vorstellung, daß lebende Systeme sich selbst schaffen und nicht wie Maschinen manipuliert werden können. Zweitens, ich fand VON FOERSTERS (1981) Vorstellung über beobachtende Systeme nützlich, FamilientherapeutInnen daran zu erinnern, sich ihres Einflusses auf die Phänomene, die sie beobachten, bewußt zu bleiben, wie auch ihrer eigenen Thematik, wenn sie sie interpretieren.

Aber der wichtigste Punkt für meinen Bereich war der zentrale Glaubenssatz, den VON GLASERSFELD (1984) „radikalen Konstruktivismus" nannte: die Vorstellung, daß unsere sensorischen Bilder der Welt weit davon entfernt sind, „Dinge da draußen" zu repräsentieren, sondern daß sie im wahrsten Sinne des Wortes von unserem Nervensystem konstruiert werden, so wie ein Computer Musik aus digitalen Bits errechnet. Diese nicht objektivistische Doktrin – die so abstrakt scheint, wenn sie in philosophischen Begriffen formuliert wird – wurde in meinen Händen zu einer Waffe gegen die Idee der Diagnose und anderer Versuche, emotionalem oder geistigem Leiden objektive Gründe zuzuschreiben. Für mich waren sie verletzende soziale Konstrukte, grobe Erfindungen des menschlichen Geistes, um Mysterien zu erklären, für die wir bis heute nur wenige Antworten hatten. So wie ich Konstruktivismus verstand, bot er eine Begründung, diese und andere fragwürdige Glaubenssätze unseres therapeutischen Glaubens anzugreifen. Die beiden folgenden Artikel, die in vieler Hinsicht zwei Versionen desselben Artikels sind, stellen meine Versuche dar, konstruktivistische Ideen auf die Familientherapie zu beziehen.

Jenseits von Macht und Kontrolle:

Auf dem Wege zu einer systemischen Familientherapie „zweiter Ordnung"

„Im ersten Viertel dieses Jahrhunderts sahen sich Physiker und Kosmologen gezwungen, die grundlegenden Begriffe zu revidieren, die für die Naturwissenschaften bestimmend gewesen waren. Im letzten Viertel dieses Jahrhunderts dagegen werden Biologen eine Revision all der Grundbegriffe erzwingen, die für die Wissenschaft schlechthin bestimmend sind."

Heinz VON FOERSTER

„Bemerkungen zu einer Epistemologie des Lebendigen"

Verlorenes Atlantis

Als ich 1963 zum ersten Male auf die Überreste von Gregory BATESONS Forschungsprojekt in Palo Alto stieß, hatte ich das Gefühl, auf die Ruinen einer alten und bemerkenswerten Zivilisation zu treffen. Von dieser Überzeugung erfüllt, sprach ich mit jedem, der dort gewesen war. Ich ging zu den „Thursday bag lunch"-Treffen, die Don JACKSON organisierte. JACKSON hatte mich als Herausgeberin für „conjoint family therapy" (SATIR 1967) angestellt und ein Teil meiner Arbeit bestand darin, Virginia SATIR bei Gesprächen mit Familien zu beobachten. Zu guter letzt bat ich Jay HALEY, mit mir zusammen ein Buch zu machen. Ich fühlte bei all dem immer, daß ich nur die Wogen im Kielwasser eines vergangenen Genius beobachtete. Ich verspürte darüber eine ausgeprägte Enttäuschung.

In den folgenden zwanzig Jahren hatte ich immer den Eindruck, an irgendeiner archäologischen Ausgrabung beteiligt zu sein, aber die Zeichen der Zeit waren verwirrend. War es ein verlorenes Atlantis oder ein neues Jerusalem? Förderte ich ein vegessenes Imperium zutage oder half ich, ein gelobtes Land zu bauen? Es war das Gespür von einer sich entwickelnden Kontur, aber von einer, die bereits da war, so wie Geheimschriften schon da stehen. BATESON stellte selbst fest, daß Leute, die bei ihm in die Lehre gingen, überzeugt waren, daß er ihnen absichtlich etwas vorenthielt. Ich vermute, BATESON war nicht nur Wissenschaftler, sondern auch Hellseher, indem er bevorstehende Ereignisse erspürte, noch ehe andere Leute eine Ahnung hatten, was vor sich ging. Er hatte eine unglaubliche Spürnase.

In den Siebzigern war BATESON (1972) zu einer Art Apostel für die Integrität der Biosphäre geworden. Er sprach immer mehr von den Gefahren „linearen" oder nicht-holistischen Denkens und von epistemologischen Irrtümern, die in den Vorstellungen von Macht und Kontrolle enthalten waren. Wenn auch politisch nicht aktiv, so war er sich nicht zu schade, ein wenig epistemologische Bewußtheit zu schaffen, was sich auf der 1968er Konferenz auf Burg Wartenstein: „Die Effekte bewußter Zwecksetzung auf menschliche Adaption", zeigte und in Catherine BATESONS" „Our Own Metaphor" (1972) verewigt wurde.

Blicke ich zurück, so scheint klar, daß die Jahre des Kalten Krieges ein Muster setzten, das von einer Faszination an Kontrolle bestimmt war. Frühe kybernetische Forschung bezog sich auf Experimente mit ferngelenkten Geschossen und Raketen. Es herrschte ein Gefühl Faustischer Expansion, als die neue Technologie Anwendung fand, das Hirn zu erforschen und hirngleiche Prothesen für das Hirn zu schaffen. In den dann folgenden Jahren zeichnete sich eine Spaltung im Bereich der Kybernetik ab zwischen Ingenieuren, die über Roboter und künstliche Intelligenz forschten – oft vom Militär finanziert – und einer Gruppe weitsichtiger Forscher, zu denen nicht nur BATESON gehörte, sondern auch Kollegen wie Heinz VON FOERSTER, Humberto MATURANA, Francisco VARELA und Ernst VON GLASERSFELD.

Diese letztere Gruppe teilte die Auffassung, daß der ausbeuterische Einsatz von Technologien und im Grunde die ganze westliche Haltung der Wissenschaft gegenüber auf der falschen Annahme der Objektivität beruhte. VON FOERSTER (HOWE & V. FOERSTER 1974) faßte beide Positionen zusammen, indem er eine Kybernetik „erster Ordnung" – wo der Beobachter außerhalb dessen, was er beobachtet, bleibt – mit einer Kybernetik „zweiter Ordnung" verglich – wo der Beobachter in den gesamten Bogen einbezogen ist. VARELA (MATURANA & VARELA 1980) schlägt in dieselbe Kerbe, wenn er einem „allopoietischen" oder Kontroll-Modell lebender Systeme (das Input-Output-Modell des Ingenieurs) ein „autopoietisches" oder Autonomie-Modell gegenüberstellt (lebende Systeme, die in der Dimension ihrer Ganzheit und nicht als manipulierbare Objekte respektiert werden).

Aus der Sicht eines Familientheoretikers ist nun interessant, daß eine ähnliche Aufspaltung in den späten Fünfzigern zwischen BATESON und einigen seiner Kollegen auftrat, als sie ihre ersten familientherapeuti-

schen Modelle entwarfen. Die Artikel über Familien und Familientherapie, die aus Palo Alto kamen, besaßen ein Vokabular, das auf Krieg und
Kriegsspielen basierte: „Macht-Taktiken", „Strategie", „überlegen" oder
„unterlegen" sein (HALEY 1963). Diese Sprache spiegelte das herr-
schende Wertesystem der westlichen Wissenschaft wider, das in Carol
GILLIGANS (1982) Sinne ein wesentlich maskulines Wertesystem ist. Ich
bin oft beeindruckt von der Ähnlichkeit zwischen Darstellungen therapeutischen Könnens, die in diesem Rahmen beschrieben werden, und
sexuellem Verhalten, das sich als „wie oft" durchsetzt.

BATESON hatte augenscheinlich Bedenken gegen diese Therapiemodelle. Die wesentlichen Auseinandersetzungen mit seinen Forscherkollegen betrafen das, was er den „Mythos der Macht" nannte. Diese Debatte zeigte eine Besonderheit: Die jüngeren Theoretiker stimmten zwar
zu, daß Bemühungen, andere zu kontrollieren, nur vermehrt zu solchen
Ergebnissen wie „Spiele ohne Ende" führten, und sie akzeptierten BATE-
SONS Ahnung, daß eine kleine Beigabe komplementären oder unterlege-
nen Verhaltens derartige Entwicklungen stoppen kann. Trotzdem blieben sie aus strategischen Überlegungen bei ihrer Auffassung. HALEY
argumentierte in „Die Machttaktiken von Jesus Christus" (1969), daß
Jesus seine andere Wange nur deshalb anbot, um seine Gegner zu
entwaffnen und das Kennzeichen des MRI-Therapeuten jener Zeit war
die Technik, sich unterlegen zu zeigen, um überlegen zu sein. Diese
Macht blieb ein zentraler Punkt und das maskuline Wertesystem hatte
Bestand. Mein eigenes Denken war von dieser Auffassung stark beeinflußt, wie jeder, der „Grundlagen der Familientherapie" (1981) liest, un-
schwer erkennen kann.

Nach einer langen Zeit im Verborgenen kam diese Frage in den familientherapeutischen Bereich zurück. Ausgelöst wurde dies durch die
Ausgabe März 1982 von Family Process, die drei Aufsätze der Psychologen Bradford KEENEY (mit Douglas SPRENKLE), Lawrence ALLMAN und
Paul DELL enthielt. KEENEY (1982) und ALLMAN (1982) benutzten BATESONS
Argumente, um die Verwendung eines simplen pragmatischen Rahmens der Familientherapie zu hinterfragen. DELL (1982) griff das Konzept der Homöostase an, das lange ein Baustein der Familien-System-
Theorie war. Das Zusammenstellen dieser drei Arbeiten ließ sie wohl
stärker als Megatrend erscheinen, als sie tatsächlich waren. Aus welchen Gründen auch immer – das Ergebnis war eine Flut scharfer Zu-
rückweisungen von empörten "pragmatischen" Therapeuten. Epistemologie wurde in „Epistogeplapper" umbenannt und von nun an gab es

kaum noch jemanden in diesem Bereich, der nicht zu wissen glaubte, was Epistemologie heißt.

So wie ich es sehe, haben diese provokativen Artikel und die darauf folgende Rundumschlag-Reaktion vorübergehend das freie Spiel von/ mit Ideen gedämpft. Besonders unglücklich war die Unterstützung, die Anti-Intellektuelle erhielten, die die Verwendung solcher Begriffe wie „Epistemologie" nervös machte. Trotz der negativen öffentlichen Wirkung ist Epistemologie ein zentraler Begriff. Sie hatte für die Pioniere (unter denen sich Bateson und die anderen Wissenschaftler, die ich aufgeführt habe, befanden), die sie auf die Karte einzeichneten, eine besondere Bedeutung.

Durch den Einsatz kybernetischer Prinzipien bei der Erforschung des Nervensystems stießen diese Wissenschaftler den Bereich der Psychologie, so wie wir ihn kennen, um. Wenn, wie es ihre Studien nahelegen, unsere Wahrnehmungen nicht die Eindrücke einer Wirklichkeit da draußen repräsentieren, sondern diese Wirklichkeit auf eine völlig andere Art konstruieren, dann hätte die Psychologie einen neuen Namen zu finden: vielleicht Linsologie oder die Wissenschaft der Linsen. Da Epistemologie nun heißt, das Studium dessen, wie wir wissen, daß wir wissen, war sie eine solche Möglichkeit. Für Familientherapeuten stellten die Vorstellungen, die mit Epistemologie zusammenhingen, das in Frage, wie beinahe jeder von/über sein Wissen wußte, und sie wies so den Weg zu einer intellektuellen Revolution, die viel grundlegender war, als frühes kybernetisches Denken uns erwarten ließ.

Im folgenden möchte ich das umreißen, von dem ich glaube, daß es die Folgen dieser „neuen Epistemologie" – oder wie es auch genannt wird: Kybernetik „zweiter Ordnung" – für den familientherapeutischen Bereich sind. Von den bereits erwähnten Forschern werde ich einige Konzepte erwähnen, die wichtige Implikationen für systemische Therapie enthalten: die Vorstellung bes beobachtenden Systems von von Foerster (1981); von Maturana und Varela (1979, 1980) den Komplex der Autopoiese, informatorische Abgeschlossenheit und Konversationsbereiche; und die Vorstellung des „Passens" aus der konstruktivistischen Position eines von Glasersfeld (1984). All diesen Konzepten verwandt ist Batesons (1972, 1979) Fokus auf zirkuläre Organisation, die er in gewisser Weise mit geistigem Prozeß gleichsetzt. Ich möchte zu zeigen versuchen, daß der wesentliche Nutzen des neuen Denkens darin liegt, einen Weg zu weisen zu einem umfassenden Rahmen systemischer Änderung, der soweit wie möglich nicht-hierarchisch, nicht-instrumentell und nicht-pejorativ ist. Aber zuerst muß ich einen Boten ausschicken, der verkündet: „Auftritt des beobachtenden Systems, Bühnenmitte."

Karten und Territorien

Ich möchte mit einem aktuellen Witz beginnen: „Ich habe eine Sammlung von Seemuscheln. Ich halte sie auf den Stränden der ganzen Welt verstreut." Eine Seemuschel am Strand ist Teil eines Ökosystems. Nimm den Sammler, der spricht, hinzu und du hast das fehlende Element – die Idee im Geist einer Person über Strände und Muscheln und ihre Beziehungen untereinander und zu ihr. Das ist es, was ich meine, wenn ich sage: „Auftritt des beobachtenden Systems, Bühnenmitte."

Heinz VON FOERSTER (1983), dessen Buch „Observing Systems" den Weg bereitet hat, begann einen Vortrag auf einer Konferenz, an der ich teilnahm, mit den Worten: „Gregory BATESON sagt: 'Die Karte ist nicht das Territorium'. Ich stimme nicht mit Gregory BATESON überein. (effektvolle Pause) Ich sage, die Karte ist das Territorium!" Auf eben dieser Konferenz beschrieb VON FOERSTER die Begegnung mit einem blinden Studenten, der ihn wegen einer Arbeit um Rat fragte. Beim Sprechen zeigte der Student dauernd auf einen Punkt an der Wand hinter VON FOERSTERS Kopf. VON FOERSTER fragte: „Warum zeigen Sie zur Wand, wenn Sie sich auf Ihre Arbeit beziehen?" Der Student sagte, „Weil mein Büro nebenan ist und meine Arbeit liegt auf dem Schreibtisch hinter dieser Wand." VON FOERSTER bemerkte dazu, daß in diesem Fall der Mann, der blind war, „sehen" konnte, während er, VON FOERSTER, blind war.

VON FOERSTERS These, die aus Forschungen über neurale Netze abgeleitet ist, lautet, Lernen ist kein Kartographieren von äußeren Objekten an bestimmten Orten des Hirns, sondern es ist eine Art, wie der Organismus eine stabile Realität errechnet. VON FOERSTERS Studien zeigen, daß neurale Netze keine Bilder von Szenen oder Objekten entkodieren, sondern schlicht Kanten oder klare Übergänge registrieren und zwar nicht nur an sensorischen Oberflächen, sondern auf jeder Ebene innerhalb des Hirns. Diese Forschung bietet natürlich eine hervorragende Unterstützung für BATESONS (1972) Definition der Information als Neuigkeiten eines Unterschiedes, da sie impliziert, daß all diese großartigen Bilder unseres Geistes aus diesen völlig inhaltsleeren kleinen Blöcken gebildet werden.

Man könnte nun sagen, daß das Hirn Invarianten ausbildet, die dann als feste Objekte gesehen und einer objektiv erfahrenen Welt-da-draußen zugeschrieben werden. Eine Möglichkeit, über diesen Prozeß, so wie ich ihn verstehe, nachzudenken, besteht darin, ihn mit einer Person zu vergleichen, die Papier über ein Relief legt und dann mit einem Bleistift die Konturen abreibt. Wenn der Stift über das Papier hin- und hergleitet, erscheinen dunklere und hellere Flecken, bis die Konturen eines kohärenten Bildes auftauchen. Aber eine solche Metapher bricht in sich zusammen, wenn man sie so ausweitet, daß man glaubt, man könne tatsächlich Reliefs abreiben. Das beste, was uns passieren kann, ist, jemanden zu finden, der Reliefs wahrnimmt und unsere Wahrnehmung bestätigt. Genau deshalb definiert VON FOERSTER Wirklichkeit als einen „konsistenten Bezugsrahmen für mindestens zwei Beobachter". Unsere Vorstellungen von der Welt sind gemeinsam geteilte Vorstellungen, die wir konsensuell erreichen und die durch solche Gegebenheiten wie Kultur und Sprache vermittelt werden.

MATURANA (1980, S. 3), der VON FOERSTER zustimmt, geht davon aus, „alles, was gesagt wird, wird von einem Beobachter gesagt." Für ihn steht der Begriff „Objektivität" immer in Anführungsstrichen. MATURANA kam aufgrund seiner Forschungen über die Physiologie der Wahrnehmung zu dieser Ansicht. Eine Reihe von Experimenten über die Farbwahrnehmung beim Frosch veranlaßte ihn, die allgemein anerkannte Annahme, daß zwischen dem wahrgenommenen Objekt und dem, was die retinalen Zellen empfangen, eine Korrelation besteht, in Frage zu stellen. Da die erwartete Übereinstimmung nicht gefunden wurde, hielten seine Forscherkollegen das Experiment für gescheitert. MATURANA aber stellte sich folgende Frage: Was, wenn die retinalen Zellen die Hirnzellen in einer geschlossenen internalen Schleife aktivieren? Was, wenn dieses Zeichengeben nur innerhalb des Nervensystems abläuft, ohne Input von außen, eben nur mittels einer Art allgemeinen Auslösers? Was dann?

Ja, was dann! Die traditionelle Art, über Wahrnehmung und die Operation des Nervensystems nachzudenken, müßte völlig aufgegeben werden. Man könnte Wahrnehmung nicht länger in Ausdrücken eines kleinen Abbildes, das das Hirn herstellt, beschreiben. Und es gäbe dann keine Möglichkeit mehr, sicher zu sein, daß das, von dem wir überzeugt sind, es zu sehen, auch tatsächlich da ist.

Von dieser Idee ausgehend, entwarf MATURANA ein Experiment mit einem Molch: Er rotierte das Auge des Molches um 180 Grad, um dann ein sich bewegendes Insekt davor zu plazieren. Der Molch drehte sich völlig herum und versuchte dann das Insekt zu fassen, als ob es hinter ihm wäre. Wiederholungen des Experiments verdeutlichten, daß der Molch verhungern würde, ehe er entdecken könnte, wo das Insekt sich tatsächlich befand. Dies schien ein zwingender Beweis für die abgeschlossene Natur des Nervensystems, die MATURANA postuliert hatte.

Diese und vergleichbare Experimente ließen MATURANA und seinen Kollegen Francisco VARELA fragen: „Was ist die Organisation des Lebenden?" (1980, S. XII). Ihre Antwort: Lebende Systeme sind wie ein Homöostat, bei dem die Organisation der Entität selber die kritische Variable ist, die konstant bleiben muß. Die Komponenten können sich oft verändern, etwa wenn Körperzellen sterben und sich erneuern, aber die Identität der Einheit – die dasselbe ist wie ihre Organisation – bleibt gleich. Maturana und Varela suchten nach einer Bezeichnung für diesen Prozeß. Sie wollten zunächst den Begriff „zirkuläre Organisation" verwenden, zogen dann aber „Autopoiese" vor – ein Begriff, den Maturana aus zwei griechischen Wurzeln herleitete: von „auto" (selbst) und „poiesis" (Schöpfung, Produktion) (a.a.O., S. XVII).

Autopoiese beschreibt eine biologische Einheit nicht als materielle Entität, die Stoffe und Energie mit ihrer Umgebung austauscht (was sie auch ist), sondern als ein Informationssystem, das operational abgeschlossen ist und rekursiv auf sich selbst zurückfällt. Um zu verdeutlichen, was er darunter versteht, benutzt MATURANA den Vergleich mit einem Piloten, der eine Blindlandung macht:

> „Was in einem lebenden System geschieht, entspricht etwa dem, was während eines Instrumentenfluges passiert, wo der Pilot keinen visuellen Zugang zur äußeren Welt hat und ausschließlich als Kontrolleur der Werte fungiert, die seine Fluginstrumente anzeigen ... Wenn Pilot nach der Landung das Flugzeug verläßt, bringen ihn die Glückwünsche seiner Freunde über den perfekten Flug und die perfekte Landung, die er völlig im Dunkeln ausgeführt hat, ganz durcheinander. Er ist perplex, weil er sich nach seinem Verständnis in jedem Moment nur darum kümmerte, die Anzeigen auf seinen Instrumenten innerhalb bestimmter Grenzen zu halten, eine Aufgabe, die überhaupt nicht in den Beschreibungen seiner Freunde (und Beobachter) von seinem Tun vorkommt." (a.a.O., S. 51)

MATURANA würde sagen, lebende Organismen machen immer Blindlandungen, selbst wenn sie die ganze Zeit mit der äußeren Welt Informationen austauschen. Wie beschreibt er nun, wie wir es – als informations-abgeschlossene Helen KELLERS – überhaupt fertigbringen zu kommunizieren? Hochinteressant. Er spricht von *struktureller Koppelung,* ein Prozeß, der mir wie Springtau mit verbundenen Augen scheint. Es ist, als ob (informatorisch gesprochen) wir niemals „berühren". Wir können nur Trajektorien (er)schaffen, für uns unsichtbar, die sich gegenseitig einschränken und deren Verbindungen auf unserer Instrumententafel auftauchen. Ein Baby und seine Mutter formen einander derart, daß die Mutter das Baby eines Tages auf den Topf setzt und das Baby entsprechend funktioniert. Die Mutter sagt: „Ich habe Sauberkeitserziehung mit meinem Kind gemacht." Das Baby könnte sagen: „Ich habe Sauberkeitserziehung mit meiner Mutter gemacht." Das Paar ist in diesem Beispiel strukturell gekoppelt. Ein System hat sich mit anderen in dem zusammengetan, was Maturana konsensuelle Validierung konsensueller Validierung nennt.

Alle Kommunikation ist daher notwendigenweise indirekt. In dem Film „Begegnungen der dritten Art" finden wir ein gutes Beispiel. Die Erdbewohner und die Leute aus dem Weltraum versuchen, das Problem der Kommunikation zu lösen, wenn keiner weiß, ob die anderen intelligente Wesen sind oder wie man zu einer gemeinsamen Sprache findet, um eben dies zu bestimmen. Die Leute aus dem All, die vermutlich ein hochentwickeltes Harmoniegefühl besitzen, senden eine Reihe von Tönen und warten. Die Erdbewohner senden dieselbe Reihe zurück. Im Raumschiff bricht Begeisterung aus und die Erdbewohner hüpfen vor Freude. Kommunikation wurde nicht erschaffen, wohl aber Kommunikation *über* Kommunikation.

Ein Kernstück dieser Auffassung ist die, daß es keine „instruktive Interaktion" gibt in dem Sinne, kleine Packen Informationen in die Köpfe anderer Leute zu bringen oder solche Packen selber zu bekommen. Man kann kein Rundreise-Ticket für die äußere Welt kaufen, so wie man in ein fremdes Land reist, dort etwas kauft und mit zurückbringt. Man kann nur eine Karte für eine Runde im eigenen Kopf kaufen. Deshalb malt MATURANA, wenn er über seine Theorien spricht, immer ein Auge in die obere Ecke der Tafel. Er erinnert uns so daran, daß Objektivität buchstäblich nur im Auge des Sehenden ist.

Hier könnte man nun fragen: Wie verbinden wir diese isolationistische Auffassung, in der die biologische Einheit abgesperrt ist, mit BATESONS Beschreibung des geistigen Prozesses als Organismus-plus-Umgebung? Anders gesagt, wie kriegen wir „Autopoiese" und „geistiger Prozeß" zusammen? VARELA (1979) ist in der guten Lage, uns dabei zu helfen, denn er hat eng mit den beiden zusammengearbeitet: mit MATURANA in Chile und mit BATESON in Southampton, Long Island. Er war stärker als MATURANA darum bemüht, einen Weg zu finden, das Konzept der Autopoiese (das im strengen Sinne nur biologische Organismen beschreibt) auf Systeme zu übertragen, die umfassendere Ordnungen einschließen. Um dies zu erreichen, spricht er vom „autonomen System" (a.a.O., S. 53). Ein autonomes System ist jede zusammengesetzte Einheit, die aus Elementen besteht, die selber autopoietisch sind oder nicht. VARELA versteht unter dieser Kategorie nicht nur soziale Gruppen wie die Familie, Management, Nationen und Klubs, sondern auch Organe wie das Hirn und ökologische Aggregate wie den Bienenstock.

Bei der Beschreibung der Interaktionsprozesse, die diese Aggregate definieren, kommt VARELA der Definition geistiger Prozesse, die BATESON vorschlug, schon sehr nahe: „Geist wird immer und überall da hervorgebracht, wo die angemessene Kreislaufstruktur von Kausalschleifen existiert." (BATESON 1972, S. 482). VARELA wählt aber einen interessanten anderen Begriff: „konversationeller Bereich"*. In der Erklärung dieses Begriffs führt er aus, daß Geist in jeder Einheit existiert, die an konversionsgleichen Handlungen beteiligt ist, wie kurzlebig oder räumlich verteilt diese auch sein mögen. Er geht die Definition von Einheiten höherer Ordnung so an, daß er diese nicht nur als Gruppierungen materieller Körper versteht, sondern auch als Gruppierungen oder Ökologien von Ideen, die uns ermöglichen, solche Aspekte mit einzubringen wie Schauspiele von SHAKESPEARE, die Kathedrale von Chartres und Psychotherapie.

Im wesentlichen führt VARELA eine kontroverse Idee ein: daß auf einer Ebene über unserem eigenen individuellen Geist geistgleiche Aktivität besteht und daß Einheiten höherer Ordnung auf dieser Ebene, die dem Bewußtsein nicht direkt zugänglich ist, Beispiele autonomer Systeme sind. So benutzt er die Idee konversationeller Bereiche, um die Möglichkeit des Solipsismus zu leugnen und uns aus der Isolation herauszubringen:

„Wir haben daher notwendigerweise keine Welt gemeinsam geteilter Regelmäßigkeiten, die wir je nach Laune ändern können.

---

*) Dieses Konzept reflektiert die Forschung von Wissenschaftlern wie Gordon PASK über Konversations-Theorie und LINDE und GOGUEN über Diskurs-Analyse (VARELA 1979, S. 269)

*Der Akt des Verstehens ist tatsächlich **jenseits unseres Willens,** weil die Autonomie der sozialen und biologischen Systeme, in denen wir sind, **über** unseren Schädel **hinaus** geht, weil unsere Evolution uns zu einem Teil eines sozialen und eines natürlichen Aggregats macht, die eine Autonomie haben, die mit unserer Autonomie als biologische Individuen kompatibel, aber nicht auf diese reduzierbar ist. Eben deshalb habe ich so sehr darauf bestanden, über die Gemeinschaft der Beobachter, anstatt über einen Beobachter zu reden; der Wissende ist nicht das biologische Individuum. Die **Epistemologie der Partizipation** sieht daher die Menschen in Kontinuität mit der natürlichen Welt." (1979, S. 276)*

Das Problem (er-)schafft das System

Wie beeinflussen diese neuen Vorstellungen (familien-)systemische Arbeit? Einmal sieht die Behandlungseinheit ziemlich anders aus als vorher. Die alte Vorstellung, ein psychiatrisches Symptom zu behandeln, basierte auf der medizinischen Idee, einen Teil des Körpers zu heilen. Die Krankheit ist „in" einer*) räumlich definierten, da-draußen-Einheit. Wir können nicht länger behaupten, daß sie „in" der Familie, noch daß sie „in" der Einheit ist. Sie ist „in" den Köpfen oder Nervensystemen von jedem der Teil daran hat, sie zu spezifizieren. Die alte Epistemologie impliziert, daß *das System das Problem (er)schafft.* Die neue Epistemologie impliziert, daß *das Problem das System (er-)schafft.* Das Problem ist das, woraus auch immer das ursprüngliche Leiden bestand plus das, was auch immer das Leiden auf seiner Rundreise durch die Welt sich hat aneignen können. Man könnte sich so etwas wie ein „infernal tar baby" oder einen Lebkuchenmann** vorstellen. Das Problem ist das Bedeutungssystem, das das Leiden (er-)schaffen hat und die Behandlungseinheit ist jeder, der zu diesem Bedeutungssystem beiträgt. Dies schließt den behandelnden Fachmann ein, sobald der Klient durch die Tür tritt.

Diese Auffassung wird neuerdings auch von Harlene ANDERSON und Harry GOOLISHIAN (1986) in ihrer Diskussion des problemorientierten Systems vertreten. GOOLISHIAN (pers. Mitt. 1985) spricht sich zugleich eindeutig gegen die vorherrschende Einteilung der Therapie in Einzel-, Paar- oder Familienbehandlung aus. Er begründet dies damit, daß wir,

---

) **Anm. d. Hrsg.: Beides sind Figuren aus „Uncle Remus: Biaer Rabbit"

solange wir einen Rahmen benutzen, der auf sozialen Einheiten basiert, in eine lineare Denkfalle geraten. Geht es um eine Organisation, so kann diese dysfunktional sein. Ist sie dysfunktional, enthält sie Pathologie. Enthält sie Pathologie, dann können wir weitermachen und sie heilen. Dies führt uns unvermeidlich zur alten Epistemologie und zur Zweiteilung in die Person, die heilt und die Person, die geheilt wird, zurück.

Was wir hier grundsätzlich in Frage stellen, ist die Repräsentation der Familie als eines kybernetischen Systems. Dieser Eindruck wurde von Schriften der Allgemeinen Systemtheoretiker wie James MILLER (1978) gefördert, die ein amöbengleiches Modell lebender Systeme erstellten, das auf jeder Ebene der Großen Kette der Inklusivität anwendbar ist: Zelle, Organ, Organismus, Gruppe, Organisation, Gesellschaft. Diese Sichtweise, die im familientherapeutischen Bereich zuerst in Don JACKSONS: „The Question of Familiy Homeostasis" (1957) auftauchte, ist ein gutes Beispiel für die Kybernetik „erster Ordnung", denn sie neigt dazu, die Familie als allopoietische Maschine im Sinne VARELAS anzuordnen, die von außen programmiert oder kontrolliert werden kann.

Dieses homöostatische Familienmodell ist in den letzten Jahren philosophisch wie auch pragmatisch grundsätzlich kritisiert worden (BOGDAN 1984, DELL 1982). Für mich, die ich bemüht war, zu einer Würdigung der Kybernetik „zweiter Ordnung" zu gelangen, war dabei die Vorstellung von der Familie als System das größtmögliche Hindernis. Sie trennte nicht nur den Beobachter vom Beobachteten, sondern sie stellte auch eine überaus abwertende Formulierung dar, wie viele Familien, denen die Schuld am Zustand eines leidenden Kindes gegeben wurde, zu ihrem Bedauern herausfanden (mehr dazu später).

Eine Möglichkeit, aus dieser Schwierigkeit herauszukommen, liegt darin, über Therapie in Begriffen eines konversationellen Bereichs zu sprechen. In diesem Fall würde man sich nicht länger auf den Klienten als Einheit konzentrieren, sondern die ganze Gruppe, Familie plus berufliche Helfer, als ein kleines, evolierendes Bedeutungssystem auffassen. Jeffrey BOGDANS „Family Organization as an Ecology of Ideas" (1984) ist nach meinem Verständnis ein sehr nützlicher Beitrag und bringt uns dem Konzept der Konversation näher. Ich bin aber der Ansicht, daß er nicht weit genug geht. Ich würde die Formulierung, daß das *Problem* eine Ökologie der Ideen ist, vorziehen und die Vorstellung aufgeben, daß das, was durch die Tür des Klinikers eintritt, jemals eine Familie an sich ist.

Diese Änderung in der Vorstellung von der Behandlungseinheit ist nur der Anfang einer ganzen Kette von Veränderungen. Der nächste Schritt betrifft die Behandlungsstruktur im traditionellen Verständnis. Um zu erläutern, was das heißt, muß ich meine Darstellung erweitern, um BATESONS Konzept kybernetischer Kreisläufe und die Übersetzung dieser Idee in klinische Begriffe durch die Mailänder Gruppe einzubeziehen.

Lilien auf dem Felde

Als VARELA und BATESON sich in den 70ern in Lindisfarne begegneten, vertrat BATESON eine Auffassung von lebenden Systemen, die ethische und geistige Untertöne hatte. Wenn er sich anfangs auch für die Funktionsweise zirkulär-kausaler Systeme in einem einfachen Sinne „erster Ordnung" interessierte, wie etwa für den berühmten Thermostaten, so hatte sich BATESON in Richtung auf die Betrachtung dessen, was er die Einheit der Evolution nannte, hinbewegt: DNA-in-Zelle, Zelle-in-Körper, Körper-in-Umgebung. Wir wissen bereits, daß BATESON solche Sequenzen unter die Rubrik „Geist" subsumierte, der nach seinem Verständnis nicht nur im Körper, sondern auch im Netzwerk verbindender Kanäle außerhalb des Körpers enthalten war und sich auf die ganze planetarische Ökologie erstreckt.

BATESON warnte vor der Neigung der Menschen, soziale und Umweltfolgen zu kontrollieren und dabei die Kreislaufstruktur dieser umfassenderen Einheit zu mißachten. Er war überzeugt, daß unsere schlimmsten Irrtümer dieser Tendenz entsprangen. Für ihn schloß das Konzept, das er „kybernetische Zirkularität" nannte, eine Ahnung und ein Bewußtsein dieser Tendenz ein, wie auch eine Anerkennung nichtlinearer und gleicher Beteiligung aller Elemente in dieser 'boots-trap' (Stiefelschlaufen)-Beschreibung der Lebensprozesse.

Auch VARELAS Unterscheidung zwischen einem allopoietischen oder „Kontroll"-Modell lebender Systeme und einem autopoietischen oder „Autonomie"-Modell enthält ethische Betrachtungen. Das erste Modell eignet sich für Probleme von Zweck, Macht und Kontrolle. Es läßt sich programmieren; es läßt sich ändern. Das zweite entspricht dem Bibelvers: „Betrachtet die Lilien des Feldes, wie sie wachsen! Sie arbeiten nicht und spinnen nicht." Der Prozeß der Entität ist formal identisch mit dem Ergebnis, nämlich dem Erhalt der Identität. Es läßt sich von außen weder kontrollieren noch programmieren (wir erinnern uns: instruktive

Interaktion?), aber es läßt sich, wie diese Wissenschaftler sagen, verstören und man kann dann beobachten, wie es kompensiert. Oder, wie ich zu sagen pflege, man stößt es an und sieht es springen.

M.C. BATESON (1972) trifft eine andere, verwandte Unterscheidung von Modellen lebender Systeme: Systeme, verstanden als Verteilungen von Energie (Bioenergetik) und Systeme, verstanden als Verteilungen von Information (Entropie-Reduktions-Systeme). Im ersten Fall kümmert man sich um den Durchfluß der Energie durch räumliche Grenzen. Im letzteren Fall kümmert man sich um die Ökologie von Ideen, die keine materiellen Begrenzungen besitzen. Ich glaube, wir haben es mit einem Gestaltwechsel zu tun, daß wir dann, wenn wir denken, dies ist ein Partikel, nicht zu gleicher Zeit denken können, „aber es ist eine Welle".

Möglicherweise ist VARELAS Unterscheidung zwischen allopoietischen und autopoietischen Systemen nur ein Artefakt dieses Gestaltwechsels. Das Problem entsteht dann, wenn man zu sehr der einen oder anderen Auffassung verhaftet bleibt. Meiner Ansicht nach liegt ein wichtiger Aspekt des Konzeptes der Autopoiese in seiner Funktion als Korrektiv, nur an eine „Partikel-Welt" zu glauben, von der man sich lösen und auf die man hinabschauen kann. Stafford BEER (1980) führt dies in seinem Vorwort zu „Autopoiese: Die Organisation des Lebenden" noch weiter:

„Mir scheint, die Architekten des Wandels machen auf der ganzen Welt dieselben Fehler. Sie nehmen das System auf ihrer eignen Ebene der Rekursion als autopoietsch wahr, da sie sich selbst mit diesem System identifizieren und sich selbst für autopoietisch halten, sie bestehen jedoch darauf, die Systeme, die in ihrem System enthalten sind, und jene Systeme, die ihr eigenes System enthalten, als allopoietisch zu behandeln." (a.a.O., S. 72)

In diesem Sinne besitzen nach meinem Verständnis VARELAS und MATURANAS Ideen ethische Untertöne und eben deshalb verbinden sich VARELA und BATESON:

Ende der 70er wurde ich, wohl weil derartige Ideen auftauchten, mit den bestehenden familientherapeutischen Ansätzen unzufrieden. Sie waren extrem kontroll-orientiert und ich konnte sie überhaupt nicht mit BATESONS Vorstellungen verbinden. Um diese Zeit wurde ich zum ersten Mal auf die Arbeit der Mailänder Gruppe aufmerksam: Mara SELVINI-PALAZZOLI, Guliana PRATA, Luigi BOSCOLO und Gianfranco CECCHIN (1978). Diese Gruppe, die sich 1967 gebildet hatte, war anfangs sehr stark von den Ideen aus Palo Alto beeinflußt und sie interessierten sich immer stärker für Batesons Auffassungen. Sie hatten ihren Bateson sehr gewissenhaft gelesen und seine Ideen, für die meisten Leute furchterregende Abstraktionen, auf klinische Praxis bezogen.

Das Konzept der Zirkularität ist ein einschlägiger Punkt. Angeregt durch die vielen Verästelungen dieses Konzepts brachte das Mailänder Team einen charakteristischen Interviewstil (zirkuläres Fragen), einen charakteristischen Beurteilungsprozeß (Hypothetisieren) und eine charakteristische therapeutische Haltung (Neutralität) hervor (1980). Ihre Arbeit schloß auch ein, was man „zirkuläres" Strukturieren des therapeutischen Vorhabens nennen könnte. Sie nahmen die egalitären Implikationen dieser Vorstellung ernst und bezogen sie auf die sozialen Beziehungen innerhalb des Teams. Sie ersetzten Hierarchie durch Position, wobei sie annahmen, daß der Platz, den man einnimmt (hinter der Scheibe, im Raum) stärker als Status oder Titel das bestimmt, was man tun und sehen kann. Und indem sie den Platz der Trainees ständig veränderten, zeigten sie, daß beide Positionen Teil eines Beobachtungssystems sind – in einem sehr wörtlichen Sinne.

Die Beziehung zwischen Team und Klient(en) war gleichfalls sehr nichthierarchisch definiert; wiederum definierte die Position, nicht die Macht, den Unterschied. Einer solchen Auffassung von Behandlung war eine Abneigung gegen aufdringliche Interventionen eigen. Der Therapeut interpretierte selten und wenn, dann meist am Ende der Sitzung und selbst das war eine Meinung, eine Sichtweise von vielen möglichen. Die Verschreibung eines Rituals war möglich, aber wenn die Familie es nicht ausführte, wurde dies ganz selbstverständlich als Rückmeldung darüber akzeptiert, wie das System funktioniert: Daher gab es kaum Konfrontationen oder Eskalationen. Das Team brachte jede Reaktion, selbst feindselige oder herausfordernde, in eine umfassende Hypothese ein, die ständig verändert wurde.

Diese nicht-instrumentelle Tendenz scheint dem sehr nahe zu kommen, wie man mit anderen lebenden Systemen umgehen würde, wenn man wie Maturana und Varela davon ausgeht, daß diese informatorisch abgeschlossene, autopoietische Einheiten sind. In diesem Sinne erinnert mich der Mailänder Ansatz an den Film „Der Extra-Terristische". Versucht man, eine Familie nach den eigenen normativen Vorstellungen, wie eine Familie zu sein hat, umzuformen, dann scheint das für dieses Modell genau so falsch zu sein, wie es für Ärzte und Forscher im Film falsch war, anzunehmen, E.T.s Lebenssystem entspreche dem unsrigen und würde genauso auf Herzschrittmacher und Atemschutzgeräte reagieren.

Die Mailänder Methode hat sich in diese Richtung weiter entwickelt. Nachdem sich das ursprüngliche Team 1978 getrennt hatte, nahmen BOSCOLO und CECCHIN sogar eine noch weniger instrumentelle Haltung ein und argumentierten, daß das zirkuläre Befragen, das sie entwickelt hatten, als solches eine Intervention darstellt und daß die Botschaft des Teams am Ende des Interviews nicht mehr notwendig ist (BOSCOLO et al., 1987)*. Teams der zweiten Generation in Europa und Nordamerika sind sogar noch weiter gegangen. Zum einen gab es bewußte Anstrengungen, dem impliziten Machtungleichgewicht zwischen Therapeut und Familie entgegenzuwirken, das dadurch entsteht, daß ein Team unsichtbar hinter der Scheibe berät. Tom ANDERSEN (persönl. Mitteilung 1985)** von der Universität Tromsö, Norwegen, fragt die Familie am Ende der Sitzung, ob sie bereit sei, der Diskussion des Teams zuzuhören. Stimmt sie zu, beobachten Therapeut und Familie, während das Team, das er „reflektierendes" Team nennt, unterschiedliche Standpunkte betrachtet, ohne vorher festgelegte Strategien in das Gespräch einzubringen. In dieselbe Richtung gehen Tom RUSSELL und Gerry LANE (1984), Institut für Systemische Studien, Atlanta, die ihre Abschlußintervention auf eine nicht-wertende Beschreibung dessen begrenzen, wie das Problemsystem arbeitet. Sie nennen dies „zirkuläre Replikation"***.

Allgemein wurden die ersten Mailänder Techniken, etwa das Opfer des Kindes zugunsten der Eltern zu verschreiben, als eine zu starke negative Konnotation empfunden und aufgegeben, wie das meiste Drumherum des „Paradoxierens" von Familien. Diese Methoden scheinen Überbleibsel aus stärker strategischen Palo-Alto-Zeiten. Es hat sich gezeigt, daß die Praxis, den toten Punkt eines Therapeuten, der um Konsultation bittet, positiv zu konnotieren, einen negativen Effekt

---

*) So weit ich weiß, sind BOSCOLO und CECCHIN formaler und bewußter von den Lehren der Kybernetiker „zweiter Ordnung" beeinflußt worden als SELVINI-PALAZZOLI und PRATA, die Familiensysteme untersuchen mit Hilfe eines machtvollen klinischen Hilfsmittels in Form der „invarianten Verschreibung". Da über diese Arbeit noch nicht umfassend berichtet worden ist, kann ich ihre gegenwärtige Situation nicht darstellen und hoffe, daß sie mir verzeihen, wenn ich die, Bedeutung ihrer Überlegungen in dieser Arbeit zu übergehen scheine.

) **Anm.d.Hrsg.: Inzwischen ist einiges zur Arbeit des reflektierenden Teams geschrieben worden, z.B. „A Conversation with Tom ANDERSEN", AFTA Newsletter No. 23, Spring 1986, 14-18; ANDERSEN „The Reflecting Team"; Fam. Proc. 415-428, 1987, sowie das Interview mit ANDERSEN in Z.system.Ther. 5 (2): 95-104, 1987

***) **Anm.d.Hrsg.:** im Deutschen erscheint: LANE, G. & RUSSELL, T. „Gewalt bei Paaren. Möglichkeiten Änderungen auszulösen. Ein systemischer Ansatz zweiter Ordnung", Z.system.Ther. 5 (2): 112-123, 1987.

schafft und einen Machtunterschied zwischen Therapeut und Supervisor hervorbringt. Um diesem Effekt entgegenzuwirken, haben Peggy Penn und Marcia Sheinberg (1986) vom Ackerman Institut für Familientherapie eine Konsultationsmethode entwickelt, die darauf hinzielt, den Therapeuten nicht wirkungslos zu machen. Insgesamt gesehen, geht der Trend dahin, einige der schwerfälligen Techniken der ursprünglichen Mailänder Methode abzubauen und sich auf ein Format zuzubewegen, das eine größere Gleichheit zwischen Familie und Team bedingt.

Dies führt zu einer weiteren Auswirkung der Kybernetik „zweiter Ordnung" auf die Familientherapie. Geben wir das Experten-Modell auf, müssen wir zugleich die Vorstellung einer Diagnose über Bord werfen. Wir müssen erkennen, in welchem Ausmaß unser Anliegen, einen Grund zu finden und das Problem in einer Einheit irgendwo draußen zu lokalisieren, selbst zu diesem Problem beiträgt. Der Schwerpunkt wechselt von der Ätiologie des Problems zu den Bedeutungen, die dem Problem zugeschrieben werden. Ich glaube, daß hier das konstruktivistische Modell von v. Glasersfeld (1984), mit der Betonung auf kollektiven Prämissen, die Verhalten zugrundeliegen, hilfreich sein kann. Das wollen wir im nächsten Abschnitt herausarbeiten.

Stock und Stein

Wenn es auch klar ist, daß Ideen und Verhalten zwei Seiten derselben Münze sind, so macht es doch einen Unterschied, welche Kategorie in der Therapie betont wird. In der Familientherapie lag der Schwerpunkt – vielleicht als Reaktion auf die intrapsychische Orientierung psychodynamischer Theorien – darauf, Verhalten zu ändern, insoweit es als Teil eines dysfunktionalen Familiensystems gesehen wird. Das Pendel scheint nun zur anderen Seite auszuschlagen. Geistige Phänomene werden aus einem lange andauernden Exil zurückgeholt und Ideen, Annahmen, Haltungen, Gefühle, Prämissen, Werte und Mythen als wichtig erklärt.

An dieser Stelle tritt die konstruktivistische Sichtweise auf. Von Glasersfeld (1984) meint, daß wir die Welt-da-draußen nicht „entdecken", sondern sie, ganz im Gegenteil „erfinden". Erkenntnis und Wissen reflektieren tatsächlich nur die Koppelung zwischen Organismus und Umgebung, die seine (Über-)Lebensfähigkeit sichert. Aus diesem Grunde ist es nicht wichtig, daß unsere Konstrukte mit den Gegebenheiten der Umgebung *übereinstimmen,* denn es reicht für das (Über-)Leben aus, daß sie *passen*. So sagt von GLASERSFELD beispielsweise, ein Maurer könnte daran glauben, daß jede Öffnung der Wand einen Bogen erfordert. Es spielt keine Rolle, ob dies wahr oder falsch ist; was eine Rolle spielt, ist, daß in einer Welt, in der Häuser aus Steinen gebaut werden, diese Prämisse Teil des Passens zwischen dem Erbauer und seiner Umgebung ist.

Paul WATZLAWICK (1984) vergleicht dieses Konzept mit einem Kapitän, der bei Nacht eine Meerenge durchfahren muß. Gelingt dies und er kommt wohlbehalten an, dann hat er das Passende gefunden. Dabei spielt es keine Rolle, wenn er am Morgen zurückblickt und erkennt, daß er den sicheren oder kürzeren Weg, der eine bessere Übereinstimmung ergeben hätte, verpaßt hat. Denn knapp vorbei, ist auch daneben. Die Analogie stimmt natürlich nicht so ganz, denn weder wir noch der Kapitän können jemals wissen, „wie die Dinge wirklich sind". Alles, was wir wissen können, ist die Operation, am Leben zu bleiben.

Hier könnte der aufmerksame Leser einwenden: „Moment. Psychologische Konzepte, die sich auf die soziale Konstruktion der Wahrnehmung gründen, gibt es schon ziemlich lange. Denken wir etwa an die Arbeiten des Persönlichkeitstheoretikers George KELLY, die Wissenssoziologie von BERGER und LUCKMANN und die umfangreiche Literatur über Attributions-Theorie (BERGER & LUCKMANN 1966, HEWSTONE 1983)." Und ich müßte hinzufügen: „Ja und viele familientherapeutische Schulen bekennen sich zu der Vorstellung, daß der Therapeut sich darum kümmert, die Wirklichkeitswahrnehmung des Klienten zu verändern." Was also ist daran neu?

Neu ist die weitreichende philosophische Tradition, die VON GLASERSFELD eingesteht, von KANT und VICO bis zu WITTGENSTEIN und PIAGET. Ich würde auch die Fortschritte in kybernetischer Biologie und Kognition dazuzählen, die ich schon erwähnt habe, die den Nährboden wissenschaftlicher Forschung liefern, den die sozialen Konstruktionstheorien der amerikanischen Sozialpsychologie nicht besitzen.

Ein weiterer Unterschied liegt in der Ergänzung des Konzepts des beobachtenden Systems. Der Glaube, daß ein Therapeut es bewußt darauf anlegen muß, das Annahmen-System der Klienten zu verändern, ist weithin verbreitet. Die Gefahr liegt darin, daß der Therapeut die Annahme der Fehlbarkeit vergißt, die in die Tatsache eingewoben ist, daß wir alle beobachtende Systeme sind und daß es ein HEISENBERGsches Unschärfeprinzip menschlicher Beziehungen gibt, auf das wir uns nicht nicht beziehen können. Nimmt ein Therapeut an, seine Arbeit besteht darin, zu wissen, wie die Realität des Klienten verändert werden kann, dann übersieht er die Möglichkeit, daß seine Auffassung gleichfalls eine Wirklichkeit ist, die der Änderung bedarf.

Und weshalb soll sie verändert werden? Weil die sozial legitimierte Behandlung psychiatrischer Probleme selbst ein Musterbeispiel für die Konstruktion einer sozialen Wirklichkeit ist. Diagnose sog. Geisteskrankheiten ist zumindest in unserer Gesellschaft immer eine Abwertung im Gegensatz zur Diagnose eines biologischen Zustands. Und hier ist der Kinderreim „Sticks and stones can break your bones but names can never hurt you."* in Frage zu stellen. Im Gegenteil, Namen können oft verletzen und manchmal töten. Einer Person oder Gruppe die Schuld für einen bedauerlichen Zustand zuzuschreiben, verstärkt oder vergrößert fast immer diesen Zustand. Geisteskrankheiten sind wirklich geistig, denn sie bestehen mindestens zu 90 % aus Schuldzuschreibung oder Ursachenattributierung, die als Schuld erlebt wird. Viele Familientherapeuten vertreten die Auffassung, daß niemand mit einer negativen Konnotation das Feld verlassen kann. Ich möchte ergänzen, daß man sich unter einer negativen Konnotation auch nicht ändern kann – auf jeden Fall ist das nicht ganz einfach.

Ich vermute, daß die Furcht vor negativer Konnotation mit der Zuschreibung von Schuld zu tun hat, die ein Erkennungsmerkmal von Problemsystemen ist. Schuldzuschreibungen sind allgegenwärtige Formen wechselseitig kausaler Kreisläufe zwischen Menschen, die Zeugnis ablegen, daß solche Gruppen ein besonderes Mitglied zum Sündenbock machen oder daß ein Paar einen symmetrischen Kampf austrägt und jeder davon überzeugt ist, daß der andere schikaniert. Das Familienleben ist sehr eng mit der furchterregenden Macht kollektiver Schuldzuschreibungen verknüpft, da diese eine Bedrohung darstellen; eine Möglichkeit, sich dagegen zu schützen, besteht darin, Koalitionen einzugehen, die Gegen-Zuschreibungen oder einfach: Gegenblöcke (er-)schaffen.

In seinem Artikel „Changing the Family Mind" wendet der Psychologe George Howe (1984) in diesem Sinne kognitive Sozialpsychologie auf Familientherapie an. Howe macht die vielen Züge von Familientherapeuten deutlich, die darauf abzielen, Ideen zu ändern oder zu verschieben, die mit der wahrgenommenen Verantwortlichkeit für Probleme zu

---

*) „Stöcke und Steine können deine Knochen brechen, aber Namen können dich nie verletzen"

tun haben. Diese Interventionen wirken, indem sie Auffassungen über die Ursachen (die vergangenheitsorientiert sind) ebenso in Frage stellen wie Erwartungsmuster (die zukunfts-orientiert sind). Howe führt Techniken an wie: Familienannahmen aus dem Rahmen bringen, lineare Annahmen umdeuten und Familienmitglieder auf Positionen gemeinsamer Verantwortung und wechselseitiger Verursachung zu bewegen. Dies alles sind Möglichkeiten, die negativen Zuschreibungen aufzubrechen, die sonst Leben und/oder Gesundheit jedes einzelnen, der auf diese Weise aus dem sozialen Rahmen gedrängt wird, gefährden können.

Aber es reicht nicht aus, nur in Hinblick auf intrafamiliäre Zuschreibungen und die Politik, die diese unterstützt, zu intervenieren. Nehmen wir die Auffassung ernst, daß wir beobachtende Systeme sind, dann müssen wir eingestehen, daß der Behandlungskontext Teil einer Fehlerzuschreibung ist, die zum Territorium gehört. Nicht von ungefähr tritt das Phänomen Widerstand in allen Diskussionen über Psychotherapie auf, denn es ist fast unmöglich, einen Änderungswunsch – und sei es auch einer, den man sich selbst auferlegt – zu erleben, der nicht auch aussagt, daß etwas mit einem selbst nicht stimmt. Wie geht also der behandelnde Fachmann mit dem Rätsel um, daß genau die Operation, Menschen Änderungen anzubieten, hier im Wege steht?

An diesem Punkt betritt die ganze Technologie des „Paradoxons" die Szene – Symptomverschreibung, Verhindern einer Änderung, positive Konnotation und so weiter (Hoffman 1981). Sie wirken, wie ich meine, nicht, weil der Klient sich trotzig zeigt, was man mit indirekter Suggestion angeht, sondern weil dies alles Möglichkeiten sind, die der Therapeut einsetzt, die Fehlerzuschreibung zu verschieben, die in jedem Versuch, Änderungen hervorzubringen, liegen. Auf diese Weise wird den Klienten der Freiraum zugestanden, eigene Alternativen zu erproben. Die Gefahr, werden solche Spielzüge rein technisch verwendet, ist die, daß der Therapeut dann aus einer strategischen Geisteshaltung heraus operiert. Die Botschaft „dies wird dich wirklich dazu bringen, daß du dich änderst" wird dem Klienten in jeder möglichen nonverbalen und analogen Weise übermittelt, wobei negative Zuschreibungen zugleich mit ausgestrahlt werden, die es dem Kliniker erschweren, sich darüber bewußt zu sein, Systemfaktoren zu beobachten.

Eine weitere nützliche Haltung, negative Zuschreibungen zerplatzen zu lassen, ist die Auffassung, die mit dem Konzept zirkulärer Organisation zusammenhängt. Wenn kein Pferd das erste auf dem Karussell ist, dann folgt daraus, daß wir den Grund oder die Ätiologie eines Problems oder Zustands nicht isolieren können, es sei denn als Artefakt unserer Beobachtung. Dieses rekursive oder 'bootstrap' (Stiefelschlaufen-)Modell der Beschreibung menschlicher Systeme findet seine elegante Entsprechung im Hypothesenbildungs-Prozeß des Mailänder Ansatzes. VON GLASERSFELDS bereits erwähnte Unterscheidung zwischen „stimmen" und „passen" beschreibt die Grundlage dieses Prozesses am besten. In einem Interview nach Mailänder Art gibt es keinen Versuch, die „Wahrheit" zu ergründen, sondern ausschließlich sukzessive Annäherungen, die den größtmöglichen Teil der Daten stimmig in eine sinnvolle Idee einfügen. Diese gemeinsame Erforschung des Problems, dessen Ergebnis vorübergehend und hypothetisch ist, ersetzt die übliche Diagnose eines Experten.

Eine andere Art, das Konzept der Diagnose in Frage zu stellen, entstammt der Palo-Alto-Doktrin der unbeabsichtigten Gewöhnung an Verhalten, das Probleme fördert. Die Gruppe am Mental Research Institute stellte fest, daß Probleme oft durch zufällige Ereignisse ausgelöst werden, aber dann – anstatt wieder zu vergehen – durch die Versuche, sie zu lindern, verstärkt werden, wie etwa in der berühmten Aufforderung an eine nervöse, aufgeregte Person, sich zu „entspannen" (FISCH, WEAKLAND & SEGAL 1982). Und bald – wie ich meine aufgrund der negativen Zuschreibung, die diese Art Aufforderung impliziert – ist die Lösung zum Problem geworden. „Entspannen" wird gleichgesetzt mit „Du bist böse" und die Person, an die sich diese Aufforderung richtet, steht unter größerer Spannung als je zuvor. Die Palo-Alto-Gruppe zeigt uns einige Möglichkeiten auf, diesen Effekt zu vermeiden.

Ich möchte noch einen letzten Aspekt dieser Betonung der Bedeutung anstelle von Verhalten nennen. Traditionelle Familienmodelle neigen dazu, sich auf „objektiv" wahrgenommene Verhaltensbereiche zu konzentrieren: Interaktionsmuster, dysfunktionale Familienstrukturen und dergleichen mehr. Diese Modelle bleiben im Rahmen des beobachteten Systems. Wechselt man zum Rahmen des beobachtenden Systems, zeigt man sich sofort an dem interessiert, was BATESON (1972) unter *Prämissen* versteht – gemeinsame Ideen, die Familienmitglieder kollektiv teilen, die auf der Ebene einer Tiefenstruktur lagern und auf einer höheren Abstraktionsebene operieren als jede einzelne Verhaltensweise.

Sucht man aber nach einer Prämisse, die die Anwesenheit eines Problems erklären würde, dann muß man sich über die Nicht-Objektivität nicht nur der Wahrnehmungen der Familie, sondern auch der Konstruktion des Beobachters von eben diesen Wahrnehmungen im Klaren sein. Eine Prämisse läßt sich nicht immer in Worte fassen. Sie wird oft durch Pantomime ausgedrückt, sozusagen in analogen Handlungen und Gefühlszuständen. Faßt der Beobachter sie in Worte, dann ist es nur eine Vermutung, die keine Gültigkeit hat, ehe sie nicht von der Familie aufgegriffen und bestätigt wird. Dies verleiht der Entwicklung von Hypothesen im Verlauf eines Familieninterviews die Qualität einer Konstruktion, die Therapeut und Familie zusammen (er-)schaffen.

Viele Mailänder Interventionen fangen mit der Beschreibung einer Prämisse an („In dieser Familie scheint es, daß die Eltern meinen, daß sie perfekt sein müssen", „Männer sind immer die Beschützer der Frauen", „Kinder fühlen, daß ihre Eltern verletzbar sind"). Bleibt eine Prämisse auf der Strecke, können auch viele Subkategorien des Verhaltens stürzen. Mir scheint, Umdeutungen sind lange Zeit verwendet worden, Prämissen zu verändern, ohne diese Erklärung zu benutzen. Entsprechend kann eine Aufgabe, die Verhaltensänderungen einschließt, eine Prämisse treffen, wofür die Palo-Alto-Strategie steht, einen Perfektionisten aufzufordern, vorsätzlich Fehler zu machen.

Diejenige Person, die gegenwärtig in Hinblick auf Familienprämissen am innovativsten erscheint, ist Peggy PENN: In ihrer Arbeit „Feed Forward: Future Questions, Future Maps" (1985) greift sie eine Prämisse auf und bezieht sie auf eine hypothetische Zukunft, wodurch sie von einem festgelegten Kontext befreit und in eine Zukunft projiziert wird, wo sie noch nicht festgelegt ist. Der Unterschied dieser Operation zum Umdeuten ist nicht immer deutlich, aber ich glaube, daß hier viel weniger die Überzeugung hineinspielt, der Therapeut mache etwas an oder für Klienten (in dem Sinne, eine Änderungsstrategie zu entwerfen), sondern daß hervorgehoben wird, eine Verstörung zu (er)schaffen, die einen Effekt hat oder nicht. So bleibt das Unschärfeprinzip menschlicher Beziehung immer klar bewußt.

Auf dem Wege zu einer systemischen Familientherapie „zweiter Ordnung"

Ein junger Architekt aus einer Familie, die ich einmal gesehen hatte, sagte mir, daß er auf einer Konferenz einen Workshop geleitet und versucht hatte, so zu arbeiten wie ich. Ich fragte, was das sei. Er sagte: „Macht abgeben." Ich habe seitdem lange über diesen Satz nachgedacht und wenn ich auch nicht genau weiß, was er bedeutet, so fühle ich, daß er etwas damit zu tun hat, wie man daran geht, Menschen im Rahmen eines kybernetischen Modells „zweiter Ordnung" zu beeinflussen. Im strengen Sinne kann man keine *Menschen* beeinflussen – man beeinflußt nur den *Kontext,* und von diesem kann man vielleicht auch nur den eigenen beeinflussen.

Ich beschreibe hier keine Therapie-Methode, sondern eher so etwas wie eine Haltung. Das neue Paradigma – das BATESON in eindringlich eloquenten Begriffen darstellte – spezifiziert keine bestimmte Art zu handeln, sondern trägt zu einer Anzahl von Richtlinien bei, wie wir die Methoden, die wir benutzen, praktisch umsetzen. Nach meiner Auffassung hat daher jede Therapie, die eine kybernetische Epistemologie respektiert, folgende Merkmale:

1. Eine Haltung des „beobachtenden Systems" und den Einschluß des Kontextes des Therapeuten.

2. Eine Struktur der Zusammenarbeit anstelle der Hierarchie.

3. Ziele, die den Kontext für Veränderungen schaffen, aber nicht die Veränderung spezifizieren.

4. Möglichkeiten, sich gegen zuviel Instrumentalität zu schützen.

5. Eine „zirkuläre" Abschätzung des Problems.

6. Eine nicht-pejorative, nicht wertende Haltung.

Dies heißt nun aber nicht, daß wir nicht auch in einer Welt leben, die BATESON als eine NEWTONsche Welt der Kräfte, die auf Dinge einwirken, verstand. Wenn es auch zutreffender ist zu sagen, daß man immer sowohl in einer Kybernetik „erster" wir auch „zweiter Ordnung" handelt, neige ich zur Vereinfachung und sage: „Gib NEWTON die Dinge, die seine sind." Nicht neutrale „lineare" Haltungen und Handlungen sind oft 1. notwendig, 2. angemessen und du wirst 3. dafür bezahlt. Zwang, Druck, Verführung und Kraft sind anerkannte Wege, Resultate hervorzubringen, besonders dann, wenn zerbrechliche Körper vor Unheil zu schützen sind. Kinderverführer ins Gefängnis zu stecken oder mißhandelte Kinder aus der Familie zu nehmen, ändert natürlich nicht das Rezept bei Mißhandlungen, das von Generation zu Generation weitergegeben wird. Zuallererst ist das menschliche Leben und Recht zu schützen. Die einzige Regel ist die, sich darüber im klaren zu sein, wessen Hut man trägt: den der sozialen Kontrolle oder den einer systemischen Änderung.

Ein anderer Punkt ist der, daß man nicht neutral sein kann und Elternteil, Lehrer oder Polizist. In diesen Rollen muß man in der Lage sein zu sagen: „Dies ist richtig und falsch" und man muß moralische Urteile abgeben können. Die Mailänder Gruppe will aus eben diesem Grund keine Personen, die diese Rollen innehaben, als Teil des Teams hinter der Scheibe. Sie sagen, wenn es nötig ist: „Ruf die Polizei. Wende Dich an die Klinik. Stell eine Suizid-Wache auf." (BOSCOLO, CECCHIN et al., 1987)

Dasselbe gilt für soziale oder politische Reformen. Die Mailänder Auffassung ist von Feministinnen wie MCKINNON und MILLER zurückgewiesen worden, weil man soziale Ungerechtigkeiten nicht angreifen kann, ohne sich auf Macht zu beziehen oder „Neutralität" aufzugeben. Dem stimme ich zu. Aber dies führt zu einer Frage: Gibt es so etwas wie Feminismus „zweiter Ordnung" und wenn ja, wie würde dies sein? Der Feminismus (und die meisten aktiven Bewegungen) kann sich noch die Einsichten der Kybernetik zunutze machen; ich denke, dies würde zu einer immensen Stärkung führen.

Wir müssen uns auch vergegenwärtigen, daß dann, wenn Neutralität positive Konnotation und systemisches Denken zur Lebensart werden, die Unterschiede, aus denen systemisches Denken entsteht, gehemmt werden. Ich kenne eine Gruppe, die bei ihrem Versuch, neutral zu sein und alles positiv zu konnotieren, anfing, sich untereinander zu mißtrauen und nach einem freimütigeren Austausch zu sehnen. Deshalb ist es im Verlauf der Teamdiskussion wichtig, mit linearen Auffassungen zu beginnen und sich zu stärker zirkulären hinzuarbeiten.

Ein Ansatz „zweiter Ordnung" fördert auch die Toleranz für Unterschiede. Ich selber arbeite innerhalb eines Mailänder „systemischen" Rahmens und kann es gut zulassen, Methoden anderer therapeutischer Schulen einzubeziehen, solange ich mir darüber im klaren bleibe, was ich weshalb tue*. Zur Zeit arbeite ich mit einem ERICKSONschen Hypnotherapeuten in einem Raum und gehe mit meinem Kotherapeuten und

---

*) Der Anspruch „systemisch" (der von BATESON stammt) wurde ursprünglich von der Mailänder Gruppe benutzt, ihre Arbeit zu beschreiben. Später ist er aber von vielen anderen Praktikern übernommen worden, deren Arbeit eine kybernetische Grundlage besitzt. Er ist von SLUZKI (1983) und KEENEY (1985) auch benutzt worden, strukturelle, strategische und interaktionale Schulen wie auch die Mailänder Schule (so in „die systemischen Therapien") zusammenzufassen.

der Familie Hypothesen in einer vernünftigen direkten Weise nach. Ich meine, daß der Einsatz eines Teams hinter der Scheibe mit Ausnahme von Trainingszwecken eher einen zu großen Einschnitt zwischen Therapie- und Familiengruppe macht und unbeabsichtigt eine Ethik der Macht begünstigt.

Eine weitere Idee, die ich in einer anderen Arbeit untersuchen will, hier aber erwähnen möchte, ist die Anwendung von Francisco VARELAS (1976, 1979, S. 99) Stern-Logik auf den therapeutischen Prozeß. Ich bin der Überzeugung, sie gibt uns eine neue Möglichkeit, die Oszillationen zu beschreiben, die BATESON double bind nannte, und sie verweist auf eine Methodologie, die darin besteht, sich auf eine umfassendere Komplementarität zuzubewegen.

Allgemeiner gefaßt, sehe ich den heutigen Beitrag der Familientherapie als eine Art „Erster Teil" eines größeren Vorhabens. Es ist, als hätte ich die ersten 20 Jahre der Familientherapiebewegung in den Gebirgsausläufern verbracht. Der Berg erwies sich als viel größer, als ich gedacht hatte. Der Blick von seinen Abhängen zeigt mir, daß die wissenschaftliche Gemeinde sich von einer Grundmetapher, die sich um Energie dreht, zu einer solchen, die sich um Kybernetik dreht, hinbewegt. Mit diesem Wandel geht eine Bewegung einher von einem behavioralen zu einem imaginalen Rahmen – die Wiedergeburt PLATONischer Ideen in kybernetischer Verkleidung.

Angesichts dieses Rahmens wird der Begriff „Familientherapie" immer unzutreffender. Es wird immer weniger möglich, eine medizinische Analogie für sogenannte psychiatrische Probleme zu benutzen. Diese Probleme fallen mehr in die Kategorie der Zauberei – kollektive Illusionen, die aufzulösen, anstelle biologischer oder sozialer Einheiten, die zu heilen sind. Dementsprechend wird ein Problem am besten als Ökologie des Denkens beschrieben, an dem lebende Systeme auf verschiedenen Ebenen teilhaben.

Nach meinem Dafürhalten wir zukünftig das Problem-System in seinem menschlichen Kontext stärker dargestellt, wobei die Ausgangslage des Mental Research Institut erweitert wird, und man wird sich weniger der Familie zuwenden. Und ich gehe auch davon aus, daß man sich von den überaus instrumentellen Modellen „erster Ordnung" – seien es offen direktive autoritative Formen oder verdeckte direktive Strategien – wegbewegen wird. Hier hat, so wie ich es sehe, das Mailänder Modell mit dem Einbeziehen des beobachtenden Systems eine notwendige Reform eingeläutet.

Für mich liegt der größte Unterschied zwischen Teil Eins und Teil Zwei in der allgemeinen Richtung, in der man vom Diktum, eine Änderung herbeiführen zu müssen, herabsteigt. Die Position der Forscher aus Palo Alto bestand darin, die nicht-direktive Haltung des psychoanalytischen Establishments in Frage zu stellen. Indem sie ihr Vertrauen in die Technologie setzten, blieben sie dabei, daß man zu einem Therapeuten gehen könne, so wie man zu einem Mechaniker geht, um sein Auto reparieren zu lassen. Diese Analogie scheint heute nicht mehr haltbar.

Wenn ich vor Technologie warne, so befürworte ich keine Greenpeace-Familientherapie oder einen vagen Familientherapie-Buddhismus. Auch wenn die Meinung zunimmt, daß eine objektive Wirklichkeit nicht existiert, werden wir, solange wir westliche Wissenschaft und westlichen Geist haben, fragen: Wie ist es gemacht? Wie kann man es ändern? Ein Vorzug neuerer kybernetischer Forschung über Kognition liegt darin, daß sie „die Organisation des Lebenden" aufhellt. Wenn wir dies besser begreifen, dann erkennen wir auch die Prozesse, die mit der Veränderung dieser Organisationen einhergehen, selbst wenn wir nur erklären, was sie nicht sind. Wesentliche Einsichten, die diesem Wissen entstammen, sind in Maturanas radikaler Aussage zusammengefaßt, daß es in der Welt des Lebenden keine instruktive Interaktion geben kann. Diese Auffassung wird im Bereich systemischer Therapien für eine lange Zeit vermutlich mehr als alles andere wiederklingen. Es liegt jetzt an uns, ein nicht-verwirrendes, nicht-zweckgebundenes Vokabular für Veränderungen zu finden, das diese Art der Organisation respektiert. Wir müssen so von/über uns denken, als seien wir alle E.T.s.

Eine konstruktivistische Position
für Familientherapie

KOPERNIKUS...hob erfolgreich die egozentrische Vorstellung auf, daß der kleine Planet auf dem wir leben, das Zentrum unseres Universum sein muß. Wir wissen, daß es einen schwierigen Schritt zu machen galt und daß der Widerstand gegen ihn länger als ein Jahrhundert andauerte. Es scheint, daß nun trotzdem noch ein anderer, sogar schwierigerer Schritt von uns in diese Richtung gemacht werden muß, nämlich unsere Vorstellung aufzugeben, daß die Darstellungen, die wir aus unserer Erfahrung konstruieren, überhaupt eine Welt reflektieren sollten, wie sie ohne uns sein könnte.

VON GLASERFELD (1987b, S. 143)

Regelmäßig (obwohl nicht oft während der Lebenszeit) findet eine Veränderung statt, die sich von dem bisherigen Rahmen so radikal unterscheidet, daß sie als Verwandlung der Gestalt, wenn nicht des Paradigmas zu benennen ist. Als ich 1963 Familientherapie entdeckte, erlebte ich eine solche Veränderung. Ich gab die Position auf, daß ein Symptom ein Merkmal der Einzelperson war, und wandte mich der Idee zu, daß es im Zusammenhang mit dem „Familiensystem" verstanden werden müsse. In den folgenden zwanzig Jahren untersuchte ich Familien mit dem Ziel festzustellen, welche Interaktionsmuster oder Beziehungsstrukturen mit den Problemen verbunden waren, die eine FamilientherapeutIn gefragt werden könnte zu behandeln.

In den letzten Jahren habe ich eine andere Veränderung zu einer philosophischen Position erfahren, die „Konstruktivismus" genannt wird (VON GLASERFELD, 1984). Konstruktivismus besagt, daß wir aufgrund der Struktur unseres Nervensystems nie erkennen können, was „wirklich" da draußen ist. Deshalb müssen wir von der Wirklichkeit des „beobachteten Systems" (die Vorstellung, daß wir die objektive Wahrheit über andere und die Welt erkennen können) zur Wirklichkeit des „beobachtenden Systems" wechseln (die Vorstellung, daß wir nur unsere eigene Konstruktion von anderen und der Welt erkennen können). Dieser Standpunkt hat eine lange und noble Abstammung, von VICO und KANT bis zu WITTGENSTEIN und PIAGET.

Während ich mit diesem Standpunkt experimentiere, versuche ich die Vorstellung objektiv behandelbarer Familienstrukturen aufzugeben.

Dies bedeutet nicht, daß sie nicht existieren; aber mittlerweile glaube ich nicht mehr daran, daß ich oder irgendjemand sicher wissen kann, daß sie existieren. Es sind lediglich Ideen, welche von einer BeobachterInnengruppe auf einem gegebenen Feld, wie Tinkerbell´s Auditorium, übereinstimmend geglaubt werden. Für mich repräsentiert dieser konstruktivistische Standpunkt einen Veränderungssprung bezüglich meines anfänglichen Denkens auf diesem Gebiet.

Es besteht auch ein taktischer Grund für meine Position. Eine diagnostische Kategorie als unabhängige Wirklichkeit aufzustellen, erschafft Pathologie. Zum Beispiel haben die jetzigen EntwerferInnen der dritten Ausgabe des Diagnostic and Statistic Manual of Mental Disorders (DSM III RL) zwei neue offizielle Diagnosen hervorgebracht: die selbstzerstörerische Persönlichkeitsstörung (z.b. Frauen, die mißbraucht wurden) und die sadistische Persönlichkeitsstörung (z.b. diejenigen, die sie mißbrauchen). FeministInnen machen bereits auf die verhängnisvollen politischen Folgen dieser Bezeichnungen für Frauen aufmerksam. Die Familientherapie hat ihre eigene inoffizielle Diagnose beigesteuert, die in der Idee enthalten ist, daß dysfunktionale Familienstrukturen die Schuld für viele Probleme der Einzelnen tragen. Das Ergebnis war eine Gruppe wie die National Alliance for the Mentally Ill (Nationaler Bund für Geistigbehinderte), die im Grunde genommen der Familientherapie den Krieg angesagt hatte.

Im Hinblick auf eine generelle Tendenz, Pathologie zu objektivieren, geht die Veränderung, von der ich sprechen werde, in eine ausgleichende Richtung. Aber sie richtet sich auch gegen die Mehrheitsposition auf dem Familienfeld. Ich sollte hinzufügen, daß ich nicht so sehr von Europa wie von den Vereinigten Staaten spreche, wo die Mehrheitsposition schon in hohem Maße praktisch und technologisch ist. In den Augen dieser Familienpioniere, die ihren Unterschied zu nicht-direktiven individual-bezogenen Ansätzen betonten, bestand die Aufgabe der TherapeutInnen darin, das Problem, mit dem die Familie sie aufsuchte, zu „reparieren". Die TherapeutIn war so etwas wie eine MechanikerIn – eine SozialingenieurIn.

Aber wenn man eine MechanikerIn hat, muß man etwas zum Reparieren haben. Das ist der Punkt, an dem die Familiensystemidee so bedenklich nützlich wurde. In der frühen Familientheorie sagte man, daß das Familiensystem so wie die kybernetische Maschine versucht, sich durch die „von Fehlern aktivierte Rückkopplungsschleife" (Jackson, 1957) zu stabilisieren. Ein Symptom wurde als ein Teil dieses homöostatischen Mechanismus beschrieben. Hat man einmal so eine Einheit, ist es leicht, sie in Ausdrücken der Dysfunktion zu sehen. Besonders von Familiensystemen, die zu rigide waren, wurde geglaubt, daß sie Pathologie hervorbringen. Man nahm an, daß die TherapeutIn wußte, was eine „funktionierende" Familienstruktur sein sollte und sie sollte die Familie dementsprechend ändern. Für fast fünfzehn Jahre akzeptierte ich diese Position kritiklos. Lassen Sie mich der Entwicklung meiner Auffassungsänderungen nachgehen.

Die „neue Epistomologie"

Ungefähr gegen Ende der 1970er begannen die Familienforscher Paul DELL und Harold GOOLISHIAN einige wichtige Fragen über die bestehende Familientheorie aufzuwerfen (DELL & GOOLISHIAN, 1979). Diese Autoren stellten die Idee infrage, daß die Familie wie eine selbst-stabilisierende Maschine funktioniert. Sie sagten, es ist falsch, so zu reden, als ob ein Symptom homöostatisch wirke, um die Familienbalance zu bewahren. Man kann nicht sagen, daß ein Teil eines gegebenen System (der „Regler") den anderen Teil (den Rest) regelt, weil alle Elemente als Teile eines wechselseitigen rekursiven Prozesses interagieren. Wenn wir einen homöostatischen Regulator sahen, war dies nur etwas, das wir als BeobachterInnen dem Prozeß auferlegten.

Ausgehend von BATESONS systemischer Sicht griff DELL auch Familientheorien der Schizophrenie deswegen an, weil sie Erklärungen auf Konzepte linearer Kausalität stützte und nicht auf nicht-lineare Dynamiken komplexer Systeme (DELL, 1980). Er hatte den Eindruck, daß die Idee, die Familieneinheit zu behandeln, nicht nur irreführend war, sondern auch zu einer pejorativen Auffassung über die Familie führte, deren dysfunktionale Struktur geistige oder emotionale Schwierigkeiten „verursachte".

Durch Kritik wie diese fühlte ich mich angesichts der Idee des Familiensystems und der damit verbundenen Reparatur-Idee unwohl, wie auch mit der Kluft zwischen beiden. Ich hatte gerade mein Buch *Foundation of Family Therapy* (HOFFMAN, 1981) beendet, und genau das war das Bild der FamilientherapeutIn, das ich die ganze Zeit gezeichnet hatte. Als Versuch der Selbstkorrektur schrieb ich ein Vorwort und ein Nachwort, die versuchten den Weg zu einem weniger kontroll-orientierten Modell zu zeigen, ein Modell, das die TherapeutIn weder außerhalb noch über die Familie stellte.

Kurz vor der Veröffentlichung meines Buches hatte ich schon den Psychologen Brad KEENEY getroffen. Ich war fasziniert von seinem Schnüffeln in den Ideen, die um die Informationstheorie, Allgemeine Systemtheorie und Kybernetik während der Josiah-Macy-Konferenz nach dem Zweiten Weltkrieg herumwirbelten, und beeindruckt von seinem Buch *The Aesthetics of Change* (KEENEY, 1983), das BATESONS oft geheimnisvolle Auffassungen in einen historischen Zusammenhang stellte. KEENEY selbst schlug für die Familientheorie eine „ökosystemische Epistemologie" vor, die eine ästhetische und keine rein pragmatische Position betonen sollte (KEENEY & SPRENKLE, 1982).

Meine Version dieser Geschichte wäre die zu sagen, daß viele familientherapeutischen Modelle, die ich geholfen hatte, bekannt zu machen, zu weit darin gingen, der TherapeutIn die Kontrolle der Therapie in einem technologischen Sinne zu geben. Ich glaubte – wie KEENEY – daß die Zeit für einen Stoß in eine andere Richtung gekommen war. Zu dieser Zeit wurde mein Denken wesentlich von AutorInnen beeinflußt, die im Rahmen dessen tätig waren, was als „Kybernetik zweiter Ordnung" bekannt wurde.

„Kybernetik zweiter Ordnung"

Im Sommer 1984 nahm ich an einer Gordon-Konferenz über Kybernetik teil. Diese Zusammenkunft wurde initiiert, um etwas von der Atmosphäre und der Aufregung der ursprünglichen Josiah-Macy-Konferenzen der 1950er wieder herzustellen (HEIMS, 1977). Sie wurde von den Kybernetikern Heinz VON FOERSTER, Humberto MATURANA, Francisco VARELA organisiert zusammen mit einem vierten, der zu diesem neuen Denken beitrug, dem Kognitionspsychologen Ernst VON GLASERFELD. Die Ideen dieser Forscher waren schon in unser Gebiet durchgesickert. KEENEY hatte uns das Denken von VON FOERSTER und VARELA vorgestellt; Paul DELL hatte die Ideen von MATURANA in Aufsätzen und Workshops eingeführt; und Paul WATZLAWICK hatte *Die Erfundene Wirklichkeit*, eine Zusammenstellung von Arbeiten über Konstruktivismus, veröffentlicht, einschließlich der Aufsätze von VON GLASERFELD, VON FOERSTER und VARELA (DELL, 1985; WATZLAWICK, 1984).

Diese Wissenschaftler boten eine Version der kybernetischen Theorie an, die sie „Kybernetik zweiter Ordnung" nannten. VON FOERSTER vertrat unter Bezugnahme auf Forschungen des neuronalen Netzes die Auffassung, daß wir unsere Version der Welt aktiv errechnen (VON FOER-

STER, 1981). Er ist es auch, auf den die Idee des „beobachtenden Systems" zurückgeht.

Auf ähnliche Art hatten MATURANAS Experimente mit Farbbildern diesen davon überzeugt, daß das Nervensystem das ist, was er „informationell abgeschlossen" nannte (MATURANA & VARELA, 1980). Das brachte ihn zu der Überzeugung, daß keine Übertragung von Bildern aus der Außenwelt in unser Gehirn stattfindet, das dann Bilder wie eine Kamera widergibt. Das Gehirn errechnet die Wirklichkeit digital, so wie Musik auf eine CD gebracht wird. Das war die Grundlage seines Glaubens, daß es keine „instruktive Interaktion" (d.h. direkte Übertragung von Informationen) zwischen Menschen geben kann.

VON GLASERFELD fügte einen weiteren Punkt hinzu, wie ich bereits an anderer Stelle (im Kapitel *„Jenseits von Macht und Kontrolle"*) erwähnt habe, indem er sagt, daß man nicht nach Wahrheit suchen sollte, sondern nach dem Passen unserer Versuche, die Welt zu verstehen (VON GLASERFELD, 1984). Nach konstruktivistischer Auffassung ist es nicht möglich, daß unsere Wahrnehmungen mit den Gegenständen in der Umgebung übereinstimmen (match); wichtig ist, daß sie ausreichend passen, um unsere fortgesetzte Viabilität zu sichern.

In diesem Sinne bedeutet Wissen Überleben, aber es ist nicht unbedingt eine zutreffende Darstellung der „Welt da draußen". VON GLASERFELD (1979) stellt fest, daß Überleben nur bedeutet, nicht mit der Umgebung tödlich zu kollidieren und daß es von einer Art negativen Wissens abhängig ist:

> Um unter den Überlebenden zu bleiben, muß ein Organismus an den Zwängen, welche die Umgebung besitzt, „vorbeikommen". Er muß sich durch das Gitter der Zwänge quetschen.

Die Idee, daß Wirklichkeit konstruiert wird, führte zu einer Unterscheidung zwischen kybernetischen Systemen, die als Maschinen gesehen wurden, die man programmieren konnte, und solchen kybernetischen Systemen, die sich sozusagen selbst programmieren können. Lebende Systeme würden in diese letztere Kategorie gehören. VARELA stellte „allopoietische Systeme" (Systeme, die von außen kontrolliert werden können) den „autopoietischen Systemen" (Systeme, die selbst-organisiert und selbst-erhaltend sind) gegenüber (VARELA, 1979). Biologische Systeme sind autopoietisch. Soziale oder ökologische Systeme aber haben nicht die klare Kohärenz biologischer Systeme, und so benutzte VARELA den umfassenderen Ausdruck „autonom", um diese anderen

Vielfältigkeiten zu beschreiben. Das Erforschen autopoietischer oder autonomer Systeme gehört eindeutig zu der Kybernetik „zweiter Ordnung".

Diese Ideen unterstützten einen Trend, der sich vom Glauben an eine „da draußen" Pathologie entfernt. Wenn man die Idee beobachtender Systeme ernst nahm, würde man Therapie als Eintauchen in ein größeres System sehen müssen, das einen selbst und auch andere Fachleute einbezieht. Die TherapeutIn wäre nicht fähig, eine objektive Sicht auf Strukturen oder Sequenzen in der Familie zu haben, die sich ändern müssen. Man hat auch die Tatsache zu respektieren, daß man niemals wirklich wissen konnte, was ein anderes Lebewesen ist, oder wie es sein sollte.

Allmählich baute sich ein erschreckendes Bild auf, daß die ganzen bequemen Konzepte über Bord geworfen werden müßten, wenn man diesen nicht-objektiven Standpunkt einnahm. Wie ich bereits gesagt habe, wäre die Idee des Familiensystems als etwas in Frage zu stellen, das manipuliert werden könnte. Das wäre eine Idee der Kybernetik erster Ordnung. Eine andere Vorstellung, die zu überdenken wäre, war die Idee, daß man Standardinterventionen für Standardsituationen benutzen konnte. Nach dieser neuen Position konnte die Familie durch erwartungsvolle kleine Untersuchungen „verstört", aber das Ergebnis nicht vorausgesagt werden. Auch die Idee des objektiven Wissens wäre in Frage zu stellen – soviel zur Forschung. Lineare Kausalität müßte verworfen werden – soviel zur Ätiologie. Was würde diese bekannten, ja wichtigen Grundstützen der klinischen Tätigkeit ersetzen?

Betonen von Bedeutungen

Eine Idee war, das Ziel der Therapie anders zu definieren – ich pflegte es „die Sache in den Büschen" zu nennen – von einer Art Verhalten zu einer Art Bedeutung. Davon handelt Konstruktivismus. Tatsächlich sehen wir auf vielen Gebieten ein Abrücken von der Vorstellung der objektiv wahrnehmenden Wahrheit zugunsten dessen, was man „Schablonen-Theorie" nennen könnte: die Vorstellung, daß Menschen, Stämme, Nationen oder was auch immer Konstrukte (eingebettet in Mythen, Prämissen, Konzepten oder Glaubenssystemen) über die Welt aufbauen und dann nach ihnen leben. Von Glaserfeld (1979) kommentiert:

> Daher definieren wir „Wissen" so um, daß es sich auf Invarianzen in der Erfahrung des lebenden Organismus bezieht und nicht auf Dinge, Strukturen und Ereignisse in einer unabhängig existie-

renden Welt. Entsprechend definieren wir „Wahrnehmung" anders. Sie ist nicht Aufnahme oder Vervielfältigung von Informationen, die von außen reinkommen, sondern die Konstruktion von Invarianzen mittels derer der Organismus seine Erfahrung assimilieren und ordnen kann. (S. 40)

In der Erweiterung dieser Idee bezieht sich VON GLASERFELD (1979) auf das „Kontroll-Theorie"-Modell, das vom Kybernetikingenieur William POWERS vorgeschlagen wurde. POWERS präsentiert die Zeichnung einer einfachen kybernetischen Rückkopplungsschleife mit drei Haltestationen: die erste für hereinkommende Informationen und dessen Wahrnehmung; die zweite, wo diese Informationen mit Bezugswerten verglichen werden; und die dritte, um Verhalten so zu ändern, daß neu hereinkommende Informationen besser mit dem Bezugswert übereinstimmen. Auf Grund dieser Beschreibung kann man sagen, daß das Verhalten die Wahrnehmung kontrolliert und nicht anders herum.

Mit anderen Worten, wenn ich wahrnehme, daß dort ein Feuer brennt, wird meine Wahrnehmung von Unbehagen verglichen mit dem Bezugswert von Behagen. Die sich ergebende Lücke zwischen der Wahrnehmung von Unbehagen und dem Bezugswert veranlaßt mich, mich anders zu verhalten. Ich rufe die Feuerwehr an oder laufe aus dem Gebäude oder mache etwas anderes, mit dem Ergebnis, daß meine Wahrnehmung von Behagen und mein Bezugswert von Behagen wieder übereinstimmen. POWERS sagt, daß solche Bezugswerte in Hierarchien eingebettet sind, eine Art Leiter von einfachen Zielen zu immer stärkeren globalen Abstraktionen.

BATESONS Idee der Prämisse – Axiome, von denen er annahm, daß sie auf der Ebene der Tiefenstruktur liegen und dem Bewußtsein nicht zugänglich sind – ist ein weiteres Beispiel einer Schablonen-Theorie. Dasselbe gilt für die Wertehierarchie von Roy RAPPAPORT (1979), einer der beliebtesten Briefpartner BATESONS. RAPPAPORT hält daran fest, daß Einzelpersonen, Familien und Gesellschaften ein verbundenes Wertenetzwerk entwickeln, das von Anweisungen für unterste Ebenen, z.B. das Koordinieren der Muskeln, über Regeln oder Axiome des Handelns auf einem höheren Niveau (was Männer tun sollten, was Frauen tun sollten) bis zu Prinzipien allgemeiner Art wie „Freiheit für alle" reicht. Er war der Ansicht, daß Schwierigkeiten dann entstehen, wenn man den Wert der mittleren Ebene wie „Was gut für General Motors ist, ist gut für den Staat" auf die Ebene „Auf Gott vertrauen wir" erhöht.

Die Schablonen, die Haltungen oder Verhalten in einer Familie oder bei einer Einzelperson regeln, haben dieselben Eigenschaften. Aber es ist

meistens schwer an sie heranzukommen, weil sie nicht auf einem kleinen Papierschnipsel stehen (wie das Motto in einem Glückskeks), sondern weil sie nicht-verbal ausgedrückt werden und außerhalb des Bewußtseins bleiben. Viele FamilientherapeutInnen, auch ich, untersuchen fortwährend Methoden, um die Schablonen zu finden, die die
stärkste erklärende Macht besitzen, diese oder jene Problemsituation
zu skizzieren.

Das problem-determinierte System

Es gab eine andere Tendenz, das Konzept des Familiensystems ganz
und gar abzuschaffen. Mitte der 1980er begannen KlinikerInnen wie
Evan IMBER-BLACK (1985), Luigi BOSCOLO und Gianfranco CECCHIN über
das „bedeutsame" oder das „bedeutungsvolle System" zu sprechen,
d.h. die Konfiguration der Beziehungen und Sachverhalte um ein gege-
benes Problem herum. Ungefähr zu dieser Zeit kamen Harlene ANDER-
SON, Harry GOOLISHIAN und Lee WINDERMAN vom Galveston Family Institute mit dem Konzept des „problem-determinierten Systems" hervor
(1986). Ich hatte auf eine ähnliche Weise gedacht und ich formulierte
es so: „Das System erschafft nicht das Problem, das Problem erschafft
das System."

ANDERSON, GOOLISHIAN und WINDERMAN sahen ihr Konzept als eine Infragestellung der von ihnen benannten „Zwiebeltheorie" sozialer Rollen.
Diese Theorie beschrieb die Gesellschaft als eine Reihe ineinanderge-
schachtelter Kreise und Ringe. Jede Schale der Zwiebel – Einzelperson, Familie, Netzwerk, Kommune – sollte der höheren Ebene unterge-
ordnet sein und alle sollten zum Wohle der umfassenderen sozialen
Ganzheit wirken. Diese normative Theorie, die die AutorInnen mit dem
Werk des Soziologen Talcott PARSONS verbanden, war ihrer Meinung
nach für die Entwicklung der „objektiv" determinierten Behandlungsein-
heiten wie z.B. Einzelperson, Paar oder Familie verantwortlich. Anstelle
dieser Einheiten setzten die AutorInnen die Idee des problem-determinierten Systems. Dieses System würde aus einer Konversation oder
einem Bedeutungssystem bestehen, das die Beiträge der TherapeutInnen und anderer Fachleute in den Prozeß miteinschließt.

Die Abwendung von der Idee des Familiensystems gab mir ein uner-
meßliches Gefühl von Freiheit. Aber ich war besorgt, daß die Bezeichnung „Problemsystem" als ein weiterer Bestandteil der objektivierenden
Pathologie verstanden werden würde. Um wirklich genau zu sein, müßte man es „das System, das von einer Konversation über das Problem

gebildet wird" nennen. Daher nehme ich nicht an, daß es so etwas wie ein Problemsystem irgendwo, ganz auf sich gestellt, gibt. Es ist immer etwas, das von Beteiligten und BetrachterInnen spezifiziert wird.

Als ich über Problemsysteme nachdachte, erinnerte ich mich an das Volksmärchen vom jungen Mann, der eine Zaubergans stahl. Jeder, der diese Gans berührt, bleibt an ihr haften, und jeder, der diese Person berührt, bleibt auch an ihr haften. Zum Schluß bildet sich eine lange Schlange von Menschen, die durch das Land laufen und die alle aneinander und an der Gans haften geblieben sind. Dies ist ein gutes Beispiel für ein Problemsystem. Die wichtige Änderung ist die, daß die Komponenten eines solchen Systems nicht die einzelnen Personen sind, sondern die Ideen, die sie verbinden. Ein Problemsystem ist keine Menschensammlung, sondern ein Netzwerk aus Bedeutungen.

Der konversationelle Bereich

Diese Perspektive wird ferner unterstützt durch die Konversationstheorie Gordon Pasks (1976), der behauptet, daß die „psychologische Einzelperson" nicht durch die Haut beschränkt wird, sondern auch eine Dyade oder Gruppe einschließen kann. Diese Idee suggeriert, daß die Vorstellung der informationell geschlossenen biologischen Einheit nicht auf Gemeinschaften anwendbar ist. Wenn wir von Familien oder Therapiegruppen reden, wäre es besser in solchen Begriffen zu denken, die Varela als „konversationellen Bereich" bezeichnet.

Wenn Varela dieses Konzept beschreibt, sagt er, daß „Geist in jeder Einheit existiert, die in konversationsähnlichen Handlungen beteiligt, aber räumlich verteilt oder kurzlebig ist" (Varela, 1979). Solche Einheiten höherer Ordnung, wie Varela sie nennt, sind nicht auf die Beiträge der Einzelpersonen rückführbar. Varela zitiert Linde und Goguens (1978) Untersuchungen einer Planungssitzung als ein Beispiel eines konversationellen Bereichs, in dem das Produkt ein „Gemisch" der Beteiligungen der teilnehmenden Einzelpersonen war.

Varela betont nachdrücklich, daß das beobachtende System für ihn immer die Gemeinschaft von BeobachterInnen und nie nur eine einzelne Person bedeutet, denn wir errichten unsere Wahrnehmungen der Welt nicht nur durch unser individuelles Nervensystem, sondern durch die sprachlichen und kulturellen Filter, durch die wir lernen. So gesehen, ist Therapie kein Ereignis, wo jemand versucht, für oder mit jemand anderem etwas zu tun, sondern ein bedeutungsvoller Prozeß, der ein eigenständiges Leben führt, unabhängig von den beteiligten Personen.

Von mir selbst existiert eine ähnliche Beobachtung, die damit zu tun hat, in der Therapie das herzustellen, was ich „geteilt unbewußt" nennen würde. In einem interessanten Satz beobachtet VARELA, daß man keinen direkten Zugang zu irgendeiner Einheit höherer Ordnung haben kann, von der man selbst ein Teil ist. Kürzlich habe ich mich gefragt, ob irgendein individuelles Unbewußtes existiert, das nicht mit einem familiären oder einem gesellschaftlichen oder kulturellen Unbewußten vermischt ist. Jedesmal, wenn ein Gespräch oder ein interaktiver Prozeß zwischen Menschen abläuft, bildet sich meines Erachtens immer ein geteiltes Bewußtsein. Therapie besteht immer aus dem Aufspüren – oder dem Erweitern – dieser unterirdischen Quelle. Das war ein weiteres Argument, das mich davon überzeugte, daß man dann, wenn man Therapie allzu sehr zu einer Angelegenheit rationaler Planung machte, den allergrößten Teil dieses Unternehmens beiseite ließ.

Ein dialogisches System

Eine andere Auffassung über Konversation stammt vom norwegischen Soziologen Stein BRATEN (1984). BRATEN spricht von gesellschaftlichen Interaktionen in Form von „dialogischer Systemtheorie". Er glaubt, daß Bewußtsein nur vorhanden sein kann, wenn es einen Dialog zwischen Perspektiven gibt. BRATEN erklärt, was er meint, indem er sich auf den Begriff „Kybernetik" bezieht. Er weist darauf hin, daß dieser Ausdruck vom griechischen Wort für Steuerung oder Navigation abgeleitet ist. Wenn BRATEN eine Weltsicht, die monolithisch wird, mit einer Haltung vergleicht, die widersprüchliche Ansichten zu läßt, so schreibt er:

> In PLATOS Metapher des Steuerns und Navigierens (aus dem Dialog Gorgias), kann eine Einzelperspektive mit der Unfähigkeit verglichen werden, die Gegenpeilung festzustellen, die den Navigationshorizont entscheidend einschränkt. Das heißt, daß ein offensichtlicher Dialog zum Monolog wird; daß eine Konversations-Dyade sich in eine Monade verändert, unfähig des Bewußtseins, da sie das Kreuzen der Perspektiven nicht erlauben kann. (S. 193)

BRATEN überträgt diese Position auf seine Analyse der Nachkriegswirtschaft in Norwegen und spricht von einem Dialog, der in einen Monolog oder in ein solches einseitiges, lineares Modell zusammenbricht, das gerade faschistische Regimes so bekannt gemacht haben. Diese Position hat eine enorme Relevanz für Therapie. Nach den Modellen, die mich gegenwärtig so interessieren, ist ein Suchen nach multiplen und unterschiedlichen Perspektiven immer die Grundlage der Untersuchung.

Braten (1987) geht sogar noch einen Schritt weiter und schlägt die radikale Position vor, daß wir nicht als Monaden, sondern als Dyaden auf die Welt kommen. Es ist falsch, wenn wir in ein Elektron, das sich um sich selbst dreht, zusammenbrechen. Er spricht von dem Raum, den jeder an seiner Seite für den virtuellen Anderen trägt. Damit meint er nicht nur Raum für eine andere Person, sondern Raum für eine andere Sichtweise, für die loyale Konkurrenz oder für den geliebten Feind.

Indem ich auf diese Ideen einging, dachte ich an Batesons Betonung der Dualitäten in der Natur: der bisymmetrische Körper, unser binokulares Sehen, das Zweikammerngehirn. Ich dachte auch an das Sperma und die Eizelle und die vorgeburtliche Erfahrung des Kindes, das mit seiner Mutter verbunden ist. Ich hatte intuitiv den Eindruck, daß, selbst wenn diese Theorie des virtuellen Anderen als unwahr bewiesen werden könnte, ich dennoch an sie glauben wollen würde. Auf einer Konferenz fragte ich Braten, ob er den Raum für den anderen so gemeint hätte, wie Motorräder Beiwagen haben. Er sagte „Ja", und so war der „Beiwagen-Konstruktivismus" entstanden – mit anderen Worten, ein Konstruktivismus, der nicht auf das einzelne Gehirn begrenzt ist.

Braten unterscheidet sich daher von Maturana in der Weise, daß er nicht den Einzelnen zur Einheit der Autonomie macht, sondern die Dyade mit ihrer Implikation komplementärer Perspektiven. Er sagt: „Die Metapher der Selbst-Rückbezüglichkeit von der Schlange, die sich in ihren Schwanz beißt, mag zu der Idee des Dialogs passen, wenn zwei so verschlungen sind" (Braten, 1984, S. 24).

In der Therapie impliziert eine dialogische Sichtweise, daß, wenn man ein Problemsystem hat, man herausfindet, daß Menschen unfähig geworden sind, die Perspektiven anderer Menschen zu übernehmen oder sich in einem Dialog im Ich-Du-Sinne zu unterhalten. Jede Person ist sozusagen in eine Monade zusammengebrochen, und es wird wichtig, Wege zu finden, die Verbindungen wieder so zu ersetzen, daß sie wieder einen Sinn für den virtuellen Anderen zulassen.

Narren stürmen drauflos

Aus dem Buch *Wo Engel zögern* (Bateson & Bateson, 1987) stammt ein letztes Stück meiner Argumentation – aus dem Buch, das Mary Catherine BATESON posthum aus einem unvollständigen Manuskript ihres Vaters zusammengestellt hat. Es ist eine wahre Zusammenarbeit, da diese Tochter den Spieß umgedreht hat, indem sie einige Metaloge einfügte, die denen, die ihr Vater schrieb, entsprechen. Selbstverständlich sind die Charaktere weiterhin Vater und Tochter, mit dem Unterschied, daß es jetzt die Tochter ist, die die Worte in den Mund ihres Vaters legt.

Ich bin diesem Buch dankbar für die wundervolle Art, in der es BATESONS (Vater) Ideen über Transformation und Veränderung im komplexen System abrundet. Die beiden BATESONS merken an, daß es in vielen Bereichen des „Heiligen" weder effektiv noch nützlich ist, wenn die eine Hand immer weiß, was die andere tut. BATESON (Vater) behauptet, daß zuviel Bewußtsein einige erwünschte Handlungsfolgen unmöglich machen kann. Unter mehreren Beispielen zitiert er den Fall des Seemanns („Ancient Mariner") (aus dem Gedicht von COLERIDGE), der verflucht wird, nachdem er einen Albatros getötet hat. Um ihn zu bestrafen, binden seine Schiffskameraden ihm den Vogel um den Hals. Erst, als er einige Wasserschlangen „unabsichtlich" segnet, fällt der Albatros von seinem Hals. BATESON beobachtet, daß, wenn er absichtlich beschlossen hätte, die Wasserschlangen zu segnen, er nicht dasselbe Ergebnis erzielt haben würde.

Derselben Logik folgend, kann es in der Therapie notwendig werden, eine Vorrichtung für weniger bewußte Prozeduren zu errichten. Ich pflegte über die Techniken „Einschränken von Änderungen" zu reden. Hier wäre das Argument passend, daß die TherapeutIn diejenige ist, die von Veränderung abgehalten werden sollte. Mit anderen Worten, es kann wichtig werden, das Bewußtsein der TherapeutIn auf Änderungen zu drängen oder Strategien dazu zu entwerfen, zu minimalisieren.

Das Mailänder Team und Bateson

Soweit habe ich Ideen auf der Ebene abstrakter Konzepte diskutiert. Jetzt möchte ich näher auf die Ideen eingehen, die FamilientherapeutInnen aufgrund ihrer täglichen Arbeit im Kampf mit menschlichen Problemen entworfen haben. Von meinem Standpunkt war die Schwierigkeit der meisten etablierten Familientherapie-Modelle, daß sie mit Ausnahme des Mental Research Institute aus Palo Alto von einer objektiven Wirklichkeitssicht abhängig sind. Der einzige neuere Ansatz, der mit dem neuen Denken übereinzustimmen scheint, ist die Mailänder Methode, für die Maria SELVINI-PALAZZOLI, Luigi BOSCOLO, Gianfranco

CECCHIN und Guiliana PRATA bahnbrechende Arbeit geleistet haben (1978). Ich möchte ihre Methode beschreiben, bevor wir dann sehen, wie eng ihre klinischen Konzepte mit der Kybernetik zweiter Ordnung und den Grundsätzen des Konstruktivismus zusammenhängen.

Die Mailänder Methode war von Anfang an als eine Art Experiment gedacht. Die vier Mitglieder des Teams trafen sich vor der Sitzung, um erste Hypothesen über die Familie zu besprechen. Zwei TherapeutInnen (später nur noch einer) interviewten dann die Familie, während die anderen hinter der Scheibe beobachteten. Die BeobachterInnen konnten Fragen oder Vorschläge einbringen und gegen Ende der Sitzung setzten sie sich mit der InterviewerIn zusammen, um Ideen zu besprechen, während die Familie wartete. Das Team entwarf dann eine Botschaft, die die InterviewerIn der Familie mitteilte. Der Familie konnte etwas über die Eindrücke des Teams gesagt werden oder es wurde eine Verschreibung gegeben oder ein Ritual. Eine nächste Sitzung wurde in zwei Wochen oder in einem in Monat festgelegt.

Die Arbeit der Mailänder Gruppe war ursprünglich von einer strategischen Perspektive geprägt. Im Buch *Paradoxon und Gegenparadoxon* (SELVINI-PALAZZOLI et al., 1978) wird Familientherapie als ein Spiel mit hohem Einsatz dargestellt, das die TherapeutIn zu gewinnen sucht. 1980 trennten sich BOSCOLO und CECCHIN von den anderen, um ein Trainingsinstitut zu gründen, während Maria SELVINI und Guiliana PRATA sich auf die Forschung konzentrierten. Die beiden Frauen gingen einen Schritt weiter in eine stärker strategische Richtung, und sie entwickelten eine Theorie „psychotischer Spiele", die nicht sehr schmeichelhaft gegenüber Familien war. Die beiden Männer nahmen demgegenüber eine Haltung ein, die wesentlich nicht-feindselig und nicht-beschuldigend war. Ich fühlte mich deshalb zu ihnen hingezogen.

Das Mailänder Team hatte den Vorteil, daß ihre Methode während der zehnjährigen Periode Gestalt annahm, die mit der Veröffentlichung von BATESONS „Ökologie des Geistes" (1972) begann, und die mit „Geist und Natur" (1979) endete. Bei ihren Studien von BATESONS Arbeiten stieß das Mailänder Team auf die Idee der „zirkulären Kausalität" – ein Begriff, den BATESON benutzte, um die rekursive Organisation zu beschreiben, die seiner Meinung nach lebende Formen kennzeichnen. Das Team setzte diese Abstraktion in eine Anzahl neuer und interessanter klinischer Ideen um. Der Aufsatz „Hypothetisieren, Zirkularität, Neutralität" (SELVINI-PALAZZOLI et al., 1980) wurde kurz vor der Trennung des Teams geschrieben, und er beinhaltet eine Beschreibung dieser Ideen.

Wie ich andernorts erwähnt habe (BOSCOLO et al., 1987), entdeckte das Team eine „zirkuläre" Methode zur Beurteilung der Familien *(Hypothetisieren)*; eine „zirkuläre" Darstellung der therapeutischen Haltung *(Neutralität)*; und einen „zirkulären" Ansatz des Interviews *(zirkuläres Fragen)*.

In ihrer Hingabe an einen zirkulären – oder wie sie es anfingen zu nennen: „systemischen" – Rahmen achtete das Mailänder Team besonders darauf, keine lineare Kausalität für das Problem zu begründen, mit dem eine Familie zur Therapie kam. Sie bevorzugten die Beschreibung, wie die Elemente des Problemsystems ineinandergreifend zusammenpaßten, der eine Teil den anderen unterstützte, und das ganze sich logisch über die Zeit entwickelte. Dies wurde der Grundstein einer Hypothese, die nicht nur die Person mit dem Problem, sondern die gesamte Verhaltens- und Glaubenskonstellation, die daran gebunden waren, einzubezog.

Sie waren auch in ihrer Wortwahl sehr aufmerksam. Sie bemühten sich, die Idee zu vermeiden, daß klinische Beschreibungen etwas anders seien als subjektive Interpretationen, so daß sie den Gebrauch des Wortes „ist" verbannten. Anstatt „er ist depressiv" oder „sie ist ängstlich", sagten sie, „er zeigt Depression" oder „sie verhält sich, als ob sie ängstlich sei". Und mittels zirkulärer Fragen erfragten sie die *Ideen* einer Person *über* ein Verhalten und sie fragten nicht die Person direkt: „Warum tust Du das?" oder "Warum bist Du traurig?" Dies war eine frühe Übernahme einer konstruktivistischen Position, noch bevor Konstruktivismus auf diesem Gebiet gut bekannt war.

Meine Bekanntschaft mit dem Mailänder Team verlief stufenweise. 1978 besuchte das Team das Ackermann Institut für Familientherapie, um ihre Arbeit vorzustellen. Mehr als alles andere erstaunte mich die Art und Weise, in der sie sich um die Team/Familie-Schnittstelle kümmerten. Meines Wissens war es das erste Mal, daß die TherapeutIn routinemäßig als Teil des Problems einbezogen wurde. Zum Beispiel in den Fällen, in denen eine TherapeutIn zur Konsultation kam, weil sie feststeckte, könnte eine Intervention darin bestehen, der TherapeutIn zu empfehlen, die Familie vor einer Veränderung zu schützen. Beide, Familie und TherapeutIn, könnten dann kooperieren, sich sehr schnell zu ändern. Oder eine Familie könnte von dem Team dafür gelobt werden, daß sie eine Sitzung ausgelassen haben, als Zeichen dafür, daß sie die Therapie verlangsamen möchten. Diese Praxis stellte den Rahmen von Familie und TherapeutIn so in Frage, fast wie ESCHERS Zeichnung der beiden Hände, die sich gegenseitig zeichnen, den KünstlerIn-Subjekt-Rahmen durchbricht.

Die Idee der positiven Konnotation war für mich nicht weniger beeindruckend. Die Mailänder Gruppe hatte die paradoxe Intervention – eine Art, das Symptom zu verschreiben, was zu einem Kennzeichen des Mental Research Institute in Palo Alto geworden war – in eine wohlwollende Begründung für das Verhalten jeder Person übersetzt, das mit dem Problem verbunden ist. Nicht nur das Problem, sondern der ganze Interaktionskomplex wurde positiv konnotiert oder verschrieben. Diese Technik schuf einen Kontext, in dem manchmal dramatische Fortschritte stattfanden. Indem sie einen entgegengesetzten Weg einschlug als den, die Familie zu einer Veränderung zu drängen, paßte die positive Konnotation sehr gut zu meinem späteren Wunsch, mich von einer instruktiven Methodologie zu entfernen.

Nachdem ich das Mailänder Team arbeiten gesehen hatte, begann ich sofort, selbst mit einem Team zu experimentieren. Aber diese Methode schien in den Vereinigten Staaten andere Konsequenzen als in Mailand zu haben. Von meinem Standpunkt aus könnte das Team hinter der Scheibe sowohl für die Familie wie für die InterviewerIn zu mächtig erscheinen. Die Familie sah die InterviewerIn oft als GehilfIn des Teams, die hinter die Bühne geht, um Anregungen zu erhalten und die wiederkommt, um Botschaften zu übermitteln. Schlimmer noch, die Familie wurde über die Begründung des Teams für diese Botschaften im dunkeln gelassen. So wie wir naiv „paradoxierten", erweckten wir den Eindruck von Sarkasmus. Manchmal wurden Familienmitglieder so wütend, daß sie aus der Behandlung ausschieden.

Auf der anderen Seite des Spiegels war ich oft entsetzt, mich als Teil einer besonders konkurrierenden Debatte wiederzufinden, wo verschiedene Teammitglieder sich untereinander stritten, die „Bombe" zu finden, die das Familiensystem explodieren ließ. Es bestand ein allgemeines Gefühl, sich mit der Familie im Krieg zu befinden und sie ausmanövrieren zu müssen. Wo immer das Mailänder Vorgehen in den Vereinigten Staaten akzeptiert wurde, schien es den Weg für einen immer stärker strategischen Ansatz zu ebnen.

Boscolo und Cecchin hatten sich von der Betonung der Strategie entfernt, die mit der frühen Mailänder Methode assoziiert war. Dies zeigte sich in ihrer zunehmenden Tendenz, die Befragung selbst als Intervention zu behandeln. Die ominöse Mitteilung am Ende des Interviews wurde immer weniger betont und die kriegerische Sprache der Spieltheorie fiel weg.

Auch wurden Ideen stärker betont. Anstatt alles in der Familie in Begriffen von Manövern, Koalitionen und Spielen zu sehen, lag der Fokus auf Glauben, Vorannahmen und Mythen. Diese Veränderung wurde teilweise durch BATESONS eigenen konstruktivistischen Glauben beeinflußt, daß in lebenden Organismen die Art abstrakter Prämissen, die mit Überleben zu tun haben, in einer Tiefenstruktur zugrunde gelegt sind. Anstatt zu versuchen, Familienstrukturen, Interaktionsmuster oder ähnliches zu verändern, zielten BOSCOLO und CECCHIN auf die leitenden Ideen, die unbedeutendere Einstellungen oder Verhaltensweisen regulieren.

Diese Entwicklung hatte eine interessante Auswirkung. Wir begannen letztendlich ein „Konversations"- oder „Diskurs"-Modell für die Therapie zu sehen, das das „Spielmodell" ersetzte, das so lange eine so fruchtbare Metapher auf diesem Gebiet gewesen war. Außerdem begannen wir den Effekt des Konstruktivismus und der Kybernetik zweiter Ordnung in der Praxis der Familientherapie zu sehen. Das Vehikel dieser neuen Ideen war größtenteils das Netzwerk, das ich als post-Mailänder Team zu bezeichnen begann. Lassen Sie mich dieses Phänomen beschreiben.

Die post-Mailänder Teams*

Diese Teams schossen vor zehn Jahren im Gefolge der umherreisenden Italiener aus dem Boden. Nachdem BOSCOLO und CECCHIN ihre Trainingsaktivitäten begonnen hatten, wurden sie gebeten, ihr Modell an verschieden Orten auf der ganzen Welt zu zeigen. Ablegerteams schlugen Wurzeln in vielen europäischen Gemeinschaften, in Großbritanien, Kanada, den Vereinigten Staaten und Australien. Wegen der geografischen Verteilung dieser neueren Teams entstand eine Praxis, die als „Team"-Konferenzen bekannt ist und zu der zuerst von den Mailänder Kollegen nach Italien eingeladen wurde, und die dann plötzlich in anderen Ländern auftauchte. Da die Mailänder Methode sich stark an BATESONS Ideen ausrichtete und weil BATESON ein gemeinsames Erbe mit den

---

*) **Anm.d.Hrsg.:** Mittlerweile haben sich die hier vorgestellten Teams verändert – anders zusammengeschlossen, aufgelöst oder es sind weitere , neue Teams entstanden. Insofern handelt es sich hier um eine „historische Momentaufnahme".

Gründern der Kybernetik zweiter Ordnung teilte, neigten die entstehenden Teams mehr oder weniger zu einer konstruktivistischen Auffassung.

Das Mailänder Modell bot seinen Ablegerteams auch eine Palette neuer Techniken. Teams der zweiten Generation gründeten ihren ganzen Ansatz oft auf eine dieser Techniken. Karl Tomm (1987a) von der Universität in Calgary hat das zirkuläre Befragen von Mailand übernommen und es zur Grundlage eines Ansatz gemacht, den er „das Interview als Intervention" nannte. Dasselbe könnte von den Zukunfts- und hypothetischen Fragen von Peggy Penn und Marcia Sheinberg vom Ackerman Institut in New York gesagt werden (Penn, 1985). Auch Penn und Sheinberg haben das Konzept der Prämisse in ihrer klinischen Arbeit angewendet. Meine eigene Arbeit hat sich auf die „positive Konnotation" konzentriert, uminterpretiert als „logische Konstruktion" des Problems und nicht als spezifische Intervention, sondern als umfassende Haltung verstanden. Ich habe an diesem Ansatz mit einem Team in Amherst gearbeitet, das William Matthews, Mary Olson, Dan Olshanski und Joanne Christianson umfaßt.

Das „Reflektierende Team" ist eine andere post-Mailänder Idee, die von Tom Andersen, Magnus Hald, Anna Margareta Flam und anderen aus Tromsö im Norden Norwegens entwickelt wurde (Andersen, 1987). Diese Gruppe hat mit einer veränderten Form des Mailänder Teams experimentiert, bei der das Team spontan kommentiert, während die Familie hinter dem Spiegel zuschaut. Die Familie wird dann gebeten, die Kommentare des Teams zu kommentieren. Diese wirksame Idee erweiterte das „Konversations"-Modell der Therapie in Richtung auf einen weniger hierarchischen und authentisch rekursiven Dialog. Es gibt eine andere Gruppe, die nicht nur mit mir, sondern auch mit der Tromsö-Gruppe eng zusammenarbeitete, um mit diesem Ansatz zu experimentieren: es sind William Lax, Dario Lussardi, Judy Davidson und Margaret Rathenau vom Brattleboro Familieninstitut in Vermont (Lax, 1989).

FamilientherapeutInnen wie Rosalind Draper, David Campbell, Martin Little und Peter Lang aus London haben die Anwendung der Mailänder Methode auf soziale Institutionen und den öffentlichen Sektor untersucht (Campbell & Draper, 1985). Nollaig Byrne, Imelda McCarthy und Phil Kearney aus Dublin haben mit Familien und den mit ihnen befaßten sozialen Einrichtungen in einem einfallsreichen Ansatz hinsichtlich der Bedeutungen von Inzest gearbeitet (siehe ihr Konzept der „Fünften Provinz" – McCarthy & Byrne, 1988). Mia Andersson, Klas Gravelius und Ernst Salamon, ein Stockholmer Team, haben das Konzept des

Problemdefinierers und der Problemdefinition in ihrer Forschung verwendet (1987). Karin BARTH und Jarle RAKNES aus Bergen haben mit dem Reflektierenden Team experimentiert und darüber geschrieben. Es existieren einige Teams in Deutschland nach Mailänder Vorbild, die sich für einen kybernetischen Ansatz zweiter Ordnung interessieren: unter ihnen Helm STIERLINS und Gunthard WEBERS Gruppe aus Heidelberg sowie Kurt LUDEWIGS Gruppe, die mit dem Herausgeber Jürgen HARGENS aus Hamburg verbunden ist. Das Mailänder Zentrum brachte einige hervorragende junge SystemforscherInnen hervor, unter ihnen Laura FRUGGERI (FRUGGERI, DOTTA, FERRARA, & MATTEINI, 1985), Valeria UGAZIO (1985) aus Mailand und Umberta TELFNER aus Rom (TELFNER & CERUTI, 1987).

Ein U.S.-Team, das einen systemischen Ansatz bei familiärer Gewalt untersuchte, ist das Southeastern Institute für systemische Studien in Atlanta, gegründet von Gerry LANE und Tom RUSSELL. Sie haben mit gewalttätigen Paaren mit einer Technik gearbeitet, in der sie die Bedeutung des Problemsystems zurückgaben, was sie „zirkuläre Replikation" nennen (LANE & RUSSELL, 1987). Zwei andere PionierInnen, die die Kybernetik zweiter Ordnung auf Inzest und Gewalt angewendet haben, sind die Feministinnen Dusty MILLER (1988), die jetzt mit der Brattleboro Gruppe verbunden ist, und Laurie McKINNON aus Sydney, Australien (McKINNON & MILLER, 1987).

Es gibt zwei Gruppen, die nicht aus der Mailänder Arbeit entstanden sind, aber ein neues Denken eigener Art repräsentieren. Eine ist das Team, das mit Bradford KEENEY an der Texas Tech Universität in Lubbock, Texas, zusammenarbeitet, und die andere besteht aus einer Anzahl von Leuten, die über die Jahre von Harold GOOLISHIAN und seinen KollegInnen des Galveston Family Institute in Texas ausgebildet worden sind. Beide, KEENEY wie GOOLISHIAN, sind ausgebildete Psychologen, die den Weg der Kybernetik zweiter Ordnung ernst genommen haben und ihr Interesse auf die Gebiete der Hermeneutik und der postmodernen Anthropologie ausgeweitet haben. Dieses sind nur einige der Gruppen, die klinische Arbeit auf einer konstruktivistischen Position aufbauen.

Konstruktivismus und die Praxis der Familientherapie

Aus den vielen Konzepten und klinischen Innovationen, die ich beschrieben habe, hat sich ein grundlegender Stil systemischer Therapie ergeben, der es verdient, als von einem konstruktivistischen Ansatz beeinflußt gesehen zu werden. Obwohl sich meine Arbeit als Klinikerin von der Boscolos und Cecchins und der post-Mailänder Teams unterscheidet, bestehen gewisse Gemeinsamkeiten, die ich hier aufzählen möchte. Ich beginne mit der Diskussion über therapeutische Haltung und allgemeine philosophische Richtlinien. Einiges davon wird das zusammenfassen, was ich bereits beschrieben habe.

Es gibt keinen Glauben an eine objektive Wahrheit. Dies klingt, als würde ich sagen, daß deshalb kein Problem, keine schlechte Sache mehr existiert. Ich sage das nicht. Im Gegenteil, ich sage, daß Probleme existieren, aber nur im Bereich der Bedeutung. Wenn ich beispielsweise erfahre, daß ein Kind in einer Familie von Gewalt bedroht ist, werde ich dies anzeigen oder versuchen zu stoppen. Wäre das Opfer eine Person, die als hirntot gilt und deren Familie entschlossen ist, sie sterben zu lassen, indem sie die medizinischen Geräte abstellt, würde ich möglicherweise schweigen. Aber es ist meine Verantwortung, mein eigenes Glaubenssystem zu konsultieren und/oder das der Einrichtung, für die ich arbeite. Ich würde sagen, daß diese Position eher mehr als weniger Handlungsimplikationen in sich birgt, die aus dem eigenen Gewissen stammen.

Der Effekt dieser Aussage ist zuerst der, daß man erstarrt. Plötzlich weiß man nicht mehr, wie man Therapie „lehrt" und noch weniger, wie man Therapie „macht". Man verliert seinen Status, man verliert seinen Status als ExpertIn. Die ganze westliche Erziehung scheint zum Fenster hinausgeworfen; aber so, wie bei einer Person, die sich drinnen aufhält, nachdem sie von der Sonne geblendet wurde, kehrt die visuelle Wahrnehmung nach einiger Zeit wieder - gedämpft zwar, aber intensiver. Ich greife auf mein altes Repertoire an Techniken zurück, aber ich setze sie jetzt in Anführungsstriche. Ich gebe Interventionen und Aufgaben, aber sie sind „Ideen" über Interventionen oder „Ideen" über Aufgaben. Ich benutze Umdeutungen, die keine Umdeutungen mehr sind, sondern glaubhafte Meinungen. Die Welt ist dieselbe, und ist es doch nicht.

Es gibt eine Verlagerung vom Verhalten zu Ideen. Dies folgt der allgemeinen Veränderung auf dem Gebiet der Psychologie, vom Behaviorismus zum Interesse an Kognitionen. Für die Familientherapie bedeutet dies sowohl eine Betonung der Veränderung innerer Strukturen, als auch der äußeren Strukturen. Dies geht nicht nur auf die Zeit der Einzelarbeit zurück. Die Verlagerung vom intrapsychischen System zum

Interaktions-System wird beibehalten, und es besteht nicht nur ein Interesse an persönlichen Ideen, sondern auch an kollektiven Ideen; wechselseitig bestehenden Prämissen; gegensätzlichen Bezugswerten; und an dem, was ich für das „gemeinsame Unbewußte" halte, das im bewußten individuellen Geist nicht einfach zugänglich ist. Symbole, Träume, Geschichten, Trance sind alles wichtige verbindende Elemente im Bedeutungssystem, an dem Menschen kollektiv beteiligt sind.

Das Problem erschafft ein „System". Anstatt sich die Behandlungseinheit als das „Familiensystem" vorzustellen, gibt es gar keine Behandlungseinheit. Wir sehen vielmehr eine Gruppe von Leuten, die über ein Problem reden. Dieses Gespräch wird als eine bestimmte Art der Ökologie von Ideen definiert, eine, wo einige Leute sich beklagen und einige (gewöhnlich) nicht. Wenn Therapie erfolgreich ist, endet die Konversation als eine, in der kein Problem diskutiert wird. Therapie ist in diesem Sinne ein Narrativ oder ein Text. Der übliche Bruch zwischen denen, die behandeln, und denen, die behandelt werden, existiert nicht mehr, weil alle an diesem Text mitwirken.

Es gibt nicht so etwas, wie eine absolute Sicht (VON GLASERFELD, 1984). Die TherapeutIn nimmt keine „Metaposition" ein, um den Begriff zu benutzen, der von den Mailänder KollegInnen vorgeschlagen wurde. Wenn wir selbst die Wirklichkeit konstruieren können, können wir niemals einen Ort außerhalb finden, diese zu betrachten. Damit wird die Perspektive ungeheuer betont. Die TherapeutIn versucht, es zu ermöglichen, daß die private Welt jeder Person verstanden wird und sie bemüht sich „hinter" jede einzelne Person zu kommen. Das ist ein Unterschied wie der zwischen der AutorInnen-Allmacht einer SchriftstellerIn des 19. Jahrhunderts wie TOLSTOI und der intensiv ausgemalten persönlichen Welten, die ein DOSTOJEWSKI heraufbeschwört. Der Philologe Michail BAKTIN nannte dies DOSTOJEWSKIS „polyphone" Vision, verstanden als „eine Vielfalt von Bewußtseinen, das jedes eine eigene Welt besitzt."

Die TherapeutIn ergreift Partei für jeden. „Neutralität" im Mailänder Sinne (gemeint ist, daß die TherapeutIn keine Partei ergreift) trägt eine unglückliche Konnotation. Die Leute sind verwirrt, indem sie fragen: „Du meinst neutral wie die Schweiz? Was ist mit mißhandelten Ehefrauen und Kindesmißbrauch?" Begriffe wie „Multiparteilichkeit" (beigesteuert von Harry GOOLISHIAN vom Galveston Family Institute) oder „Pluralität" (Laura FRUGGERI vom Mailänder Zentrum) werden als zutreffender empfunden. Die Theorie besagt, daß die TherapeutIn für jeden Partei ergreifen muß, um zu versuchen, die Bedeutung sogar hinter den widerwärtigsten Handlungen oder Ereignissen zu finden.

Ein interessantes Argument wurde von VON GLASERFELD vorgebracht mit seiner Unterscheidung von „Viabilität" und „Adaptation". Wie ich bereits sagte, merkte er an, daß unser Wissen von der Welt negativer Art ist. Es läßt uns in keiner Weise erkennen, wie diese Welt ist, es repräsentiert unseren Erfolg nur, indem es Zusammenstöße vermeidet. Dies unterscheidet sich sehr von der Aussage, daß unser Wissen uns hilft, uns anzupassen. Unser Verhalten mag sehr fehlangepaßt sein, aber solange wir nicht auf Einschränkungen treffen, existieren wir weiter. Solange ein alkoholisierter Autofahrer keinen Unfall baut und keinen Alkoholtest machen muß, fährt er weiter. Daher ist es möglich, alle Überzeugungen und Verhaltensweisen, sogar die von Adolf HITLER, darauf zu betrachten, wie diese Überzeugungen oder Verhaltensweisen viabel geblieben sind. Das ist einer der Grundsätze für das, was ich als „logische Konstruktion" eines Problems betrachte.

Es besteht eine relative Abwesenheit der Hierarchie. Das Reflektierende Team beispielsweise bezieht die Familie in das Denken des Teams ein. Die Statusstruktur, die in den meisten Familientherapiemodellen vorhanden ist, paßt hier nicht, weil nicht nur die Familie gebeten wird, den Überlegungen der Fachleute zuzuhören, sondern weil ihr das letzte Wort gegeben wird. Darüber hinaus werden die Fachleute gebeten, über die Familie zu diskutieren, ohne das, was sie sagen werden, geplant zu haben. Für TherapeutInnen, die professionelle Distanz und Schutz der Anonymität gewohnt waren, kann das ein Schock sein. Eine ähnliche Veränderung ist eine zunehmende Tendenz zur Selbstenthüllung. In diesem Modell scheint es natürlich, die eigenen Überzeugungen, Neigungen oder Lebenserfahrungen zu teilen, da das, was man sagt oder tut, nur im Licht der eigenen subjektiven Meinungen interpretiert werden kann.

Macht und Kontrolle werden viel weniger betont. Hier würde ich gerne den Unterschied klären zwischen dem, was „erzwungene" Macht und „reziproke" Macht genannt werden könnte. Mit ersterem meine ich jeden kurzsichtigen, einseitigen Versuch, Ereignisse zu kontrollieren, ohne Rücksicht auf die gesellschaftliche und natürliche Ökologie zu nehmen. Ich glaube, diese Art Macht wird sich schließlich als Bumerang gegen sich selbst erweisen. Das trifft zu, egal ob über die Kontrolle von Gefühlszuständen, von anderen Menschen, von Waffen, von landwirtschaftlichen Erträgen, von therapeutischen Ergebnissen oder jedem anderen menschlichen Bereich gesprochen wird.

Die Alternative ist ein Konzept der Macht, das so wirkt, daß es zum Ausgleich der beteiligten Interessen(lagen) beiträgt. Um das zu erreichen, muß ich gegen die Modelle in der Familienarbeit, in denen ich ausgebildet wurde, ankämpfen, die immer darauf gerichtet waren, den „Kampf um Kontrolle" gewinnen zu müssen. Wenn eine Familie zum Beispiel eine Sitzung absagt oder nur einige Mitglieder kommen, behandele ich dieses nicht länger als ein „Manöver", dem entgegengewirkt werden muß, sondern ich werde versuchen, die Logik, die hinter dieser Handlung steht, zu verstehen. MATURANA sagt in seiner Theorie des Strukturdeterminismus, daß lebende Systeme tun, was sie aufgrund ihrer Struktur tun müssen, weil das das einzige ist, was sie tun können. In diesem Sinne haben sie immer „recht". Wenn man so denkt, wird man niemals das erleben, was andere Modelle als „Widerstand" bezeichnen. Dies ist nur ein Name, den TherapeutInnen verwenden, die nicht die Ergebnisse erzielen, die sie gerne hätten.

Das Konzept der Position. Hierarchie weniger zu betonen bedeutet nicht, daß man alle Unterscheidungsmerkmale verwirft. Bilder von einem auf und ab in diesem Modell werden durch horizontale Bilder wie Mitte und Rand ersetzt. Was man sehen, denken und tun kann, hängt davon ab, wo man steht. Um den Sinn der Gültigkeit unterschiedlicher Perspektiven zu erkennen, muß man sich über Grenzen im klaren sein. Das Team hinter der Scheibe kann ganz anders als die InterviewerIn im Raum sehen, beide sehen anders als die Familie, und jedes Familienmitglied und jedes Teammitglied sieht anders als die anderen.

Diese Unterschiede aufrecht zu erhalten, ist eine Aufgabe der Therapie. Daher tendiert das Reflektierende Team dazu, daß es den Teammitgliedern nicht erlaubt, Übereinstimmung vor den Reflexionen herzustellen und daß Unterschiede zwischen Untergruppen bestehen. In einer Konsultation werden z. B. KonsultantIn, TherapeutIn und Familie auseinander gehalten. Die KonsultantIn behandelt die „feststeckende" TherapeutIn nicht als einen Teil der Familie. Wenn KonsultantIn und TherapeutIn gemeinsam vor der Familie reflektieren, achten sie darauf, die Familie nicht durch verbale oder non-verbale Kommunikation einzubeziehen.

Die Tendenz, Intentionaliät zu verhindern. Wenn es sich im Alltag als zutreffend erweist, daß zuviel bewußte Absicht manchmal fehlschlagen kann, wieviel zutreffender ist es dann in der Therapie. Therapie scheint genau für diese Gelegenheiten konstruiert zu sein, wo die eigenen bewußten Absichten und die anderer am wenigsten hilfreich sind, wo Willenskraft und rationale Intelligenz und gutgemeinter Ratschlag fehlgeschlagen sind. Deshalb kehre ich zu einer weniger veränderungs-orientierten Auffassung zurück, wenigstens im unmittelbaren Sinne. Ich bin immer noch am Ziel der Veränderung ausgerichtet, aber nicht als etwas, das ich mit meiner Technologie oder meiner Kunst kontrollieren kann. Das beste, worauf ich hoffen kann, ist, sich der Familie anzu-schließen, um einen Kontext zu errichten, in dem Veränderung „unbe-merkt" geschehen kann.

Zusammenfassung

In diesem Aufsatz habe ich versucht, ein Bild verschiedener Formen klinischer Arbeit zu zeichnen, das sich wie ein Polaroidfoto immer klarer vor unseren Augen entwickelt. Diese Arbeit scheint den Begriff „Thera-pie" zu umgehen. Sie vermeidet die Implikation, etwas, das kaputt ist oder das nicht funktioniert, zu reparieren, und wird eher eine Art hoff-nungsvoller Diskurs. Sie ist soweit wie möglich nicht-bewertend und nicht-pejorativ. Sie ist nicht kontroll-orientiert. Sie ist eher lateral als hierarchisch in ihrer Struktur. Sie hütet sich davor, eine instruktive Hal-tung einzunehmen. Sie weicht einem Einfluß aus, der in erster Linie bewußte Absichten und Zielsetzungen verfolgt. Sie ist ihrem Wesen nach pluralistisch, indem sie auf viele Ansichten und nicht auf eine einzige fokussiert. Es gibt nicht die Vorstellung von Objektivität oder Wahrheit.

Nach meiner Überzeugung paßt diese Haltung gut zu konstruktivisti-schem Denken. Familiensystemarbeit hat sich immer als vor-wissen-schaftliches Unternehmen dargestellt. Sie betrachtete lebende Systeme mit dem frischen Geist der KünstlerIn, aber ohne Berechtigung des wissenschaftlichen Rahmens. Konstruktivismus, der ein Teil des größe-ren Unternehmens Psychologie und kognitiver Wissenschaften ist, bie-tet einen solchen Rahmen an. Er bietet auch eine weniger ethnozentri-sche Haltung an. Eine zeitlang glaubte ich, daß wir uns auf dem Weg befanden, die Rosette der symptomatischen Kommunikation zu enträt-seln. Ich hatte den Eindruck, „das ist wahre Naturwissenschaft". Anstatt mich mit dem Bild der EthnographIn zu identifizieren, die die Sprachen der Eingeborenen analysiert, fühle ich mich jetzt wie eine Person, die darum kämpft, Wesen anderer Planeten zu verstehen. Ich habe die Hoffnung, daß sich aus diesem Kampf eine übergreifende Sprache entwickelt, die für alle zugänglich ist.

Kapitel 2

Theorie an die Praxis anschließen

In den beiden nächsten Beiträgen - dem „Vorwort" zu Tom ANDERSENS Buch *„Das Reflektierende Team"* (1990) und Richard SIMONS Interview mit mir in *The Family Therapy Networker* (1988) – fokussiere ich auf Möglichkeiten, meine Zen-gleichen philosophischen Ideale auf klinische Arbeit zu beziehen. Im wesentlichen suchte ich nach Praxiselementen, die nicht nur zu meinem nicht-objektivierenden und nicht-pejorativen Rahmen passen würden, sondern auch einen Arbeitsstil aufzeigen, der mit meiner „anderen Stimme" übereinstimmte, wenn ich auch damals nicht genau wußte, wie die Einzelheiten dieser Praxis aussehen würden.

Einige Aspekte der Arbeit der beiden Mailänder, Luigi BOSCOLO und Gianfranco CECCHIN, bewegten sich schon auf diesen Stil zu (BOSCOLO, CECCHIN, HOFFMAN & PENN 1987). Ich schätzte ihre Betonung des Fragens als Substitut für Interventionen und ihren Fokus auf Glaubensannahmen statt auf Strukturen. Mir wurde aber immer unwohler in Hinblick auf die geheimen Diskussionen des Teams hinter der Scheibe und auch in Hinblick auf die sogenannte positive Konnotation, die oft als das genaue Gegenteil erlebt wurde.

Ein weiteres Problem bestand für mich in dem, was die „Orgie der negativen Konnotation" hieß, wo das Team hinter der Bühne sich über die familiären Kosten amüsierte oder kritische Reaktionen herausließen. Die Begründung war die, daß dieses Ritual dazu diente, die negativen Gefühle der Leute zu thematisieren. Ich hatte den Eindruck, daß es diese Gefühle nur verstärkte. Ich suchte nach einem Stil, der die Distanz zwischen den Fachleuten und der Familie verringerte, die durch die unsichtbaren BeobachterInnen von Anfang an begünstigt wurde.

Einen solchen Stil fand ich schließlich in Tom ANDERSENS (1987) Erfindung des Reflektierenden Teams. ANDERSEN war ins Brattleboro Family Institute gekommen, wo ich mit dem Psychologen Bill LAX und anderen aus seiner Gruppe unterrichtete, und wir wurden alle zu diesem brillianten und interessanten Format bekehrt. Ein Reflektierendes Team unterschied sich sehr von einem Team im Mailänder Stil, indem es Ideen über die Familie, vorwiegend nicht-pejorative, austauscht, während

TherapeutIn und Familie zusehen und zuhören. Dann wird die Familie gebeten, diese zu kommentieren, während das Team zusieht und zuhört.

Ich begrüßte diese Innovation, weil sie meine Gebete für eine stärker horizontale und positive Arbeitsweise - nicht nur mit Familien, sondern auch mit Trainees - erhört. Sie war auch weniger fordernd. Die Mailänder Methode verlangte, daß KlinikerInnen mit Botschaften kamen, die schwer zu komponieren und denen nicht leicht zuzustimmen war. Der reflektierende Prozeß ermöglichte es jeder Person, ihre eigenen Gedanken unabhängig einzubringen, anstatt zu einer Einigung kommen zu müssen. Wie viele AnhängerInnen Mailands fand auch ich diesen Wechsel ungeheuer erleichternd.

Ein Teil dieser Erleichterung entsprang der Tatsache, daß ich mich immer weniger für die Richtung der Therapie verantwortlich fühlte. Ich hörte damit auf, irgendwelche Annahmen über das Problem zu machen oder aktiv das zu kontrollieren, was die Leute sagten oder taten. Aber es fiel mir, einer gut ausgebildeten FamilientherapeutIn, schwer, einfach ruhig dazusitzen, ohne insgeheim zu glauben, daß ich völlig ineffektiv bin. Ich befürchtete auch, von der Familie, die strategische TherapeutInnen oft mit Monstern verglichen hatte, verschlungen zu werden. Das war, als ich mir vorzustellen begann, ich sei ein großer Strand. Die Wellen würden kommen und die Wellen würden gehen, aber der Strand (von Hurrikans abgesehen) würde immer noch da sein.

Ich fand hunderttausend Möglichkeiten, den reflektierenden Prozeß zu nutzen, wie ANDERSEN ihn nun nannte. Das kleine „Vorwort", das ich für dieses Buch verfaßte, beschreibt die Art, wie ich ein reflektierendes Format in Seminaren, Supervisionsgruppen, Workshops, Konsultationen etc. nutze. Selbst dann, wenn du ganz allein mit einer Familie sprichst, kannst du mit einem Familienmitglied oder einem Teil der Familie reflektieren, während die anderen zuhören. Die Frauen können reden, während die Männer zuhören oder die Kinder, während die Eltern zuhören usw. Es löste mit Macht das von TherapeutInnen entworfene Interview auf, denn es bestand keine Möglichkeit, einseitig die Richtung der Konversation zu kontrollieren, sobald dieser Prozeß in Gang gekommen war.

Ich spielte eine zeitlang mit Leitlinien für Reflektierende Teams, gab es aber auf, um nicht zu riskieren, daß es in der Form erstarrt. Ich stehe im wesentlichen zu einem einfachen Prinzip: einer bejahenden und bezogenen Haltung. Das war etwas, was ich von Virginia Satir bekommen hatte; ich nannte es ihren unerbittlichen Optimismus. Von allen Einzelheiten der Therapie, die ich in den 25 Jahren, wo ich die Arbeit anderer TherapeutInnen studiert habe, gelernt habe, war das die eine Sache, zu der ich unbeirrt stehe. Wenn ich es beschreibe, dann möchte ich nicht den Ausdruck „positiv" benutzen - wie in „positiver Konnotation" -, weil das zu sehr nach einer kleinen Notlüge klingt. Es war entscheidend, daran zu glauben, daß jede die Möglichkeit hatte, ein guter Mensch zu sein.

Das Reflektierende Team bot für dieses Ziel einen hilfreich unterstützenden Rahmen. Leute, die vor einer Familie sprechen, müssen auf die klinische Sprache, die sie sonst meist benutzten, um familiäre oder individuelle Dynamiken zu beschreiben, verzichten. Ausdrücke wie „verstrickte Familie", „überengagierte Mutter", „projizieren", „kontrollieren" und ähnliches sind in einer solchen Situation nicht angemessen. Daher hatte das Reflektierende Team auf die Fachleute einen ebenso großen Einfluß wie auf die Familie. Soweit ich weiß, wurde damit zum ersten Mal in der Geschichte der Psychotherapie ein Schutz gegen diesen beschuldigenden Fachdiskurs installiert.

Ich erkannte auch die radikale Natur der Arbeit, die Harlene Anderson und Harry Goolishian in Galveston leisteten. Harlene pendelte zwischen Houston, wo sie mit Harry arbeitete, und Boston, wo sie praktizierte und lehrte, hin und her. Beide stellten die Idee des Familien-Systems als Behandlungseinheit infrage. Ich erinnere mich, daß ich bald nach meinem Umzug nach Amherst mit Harry zu Abend aß und mit ihm über meine Idee sprach, daß „das System nicht ein Problem erschafft, sondern daß das Problem ein System erschafft." Er und Harlene hatten einen ähnlichen Gedanken in ihren Begriffen formuliert: „problem-organisierendes, problem-auf-lösendes System" (Anderson & Goolishian 1988).

Als ich Bänder ihrer Interviews auf Workshops sah, war ich beeindruckt, weil ich sah, daß sie einem Stil den Weg bahnten, der dem sehr nahekam, wonach ich selber suchte. In ihren Interviews folgten sie dem Denken und Fühlen der Leute, mit denen sie arbeiteten, anstatt ihre eigenen Ansichten durchzusetzen. Sie hielten sich eng an die Formulierungen der Leute, griffen oft ein Wort auf und boten andere an, die ähnlich waren, aber hoffnungsvollere Optionen enthielten. Ich nannte dies „Rattenfängerei". Vor allem aber boten sie eine respektvolle Wertschätzung der oft merkwürdigen Methoden, die die Leute einsetzten, um mit Schwierigkeiten in ihrem Leben umzugehen. Allein diese Haltung schien den Leuten, die sie sahen, sehr zu helfen, denn es waren zumeist die vom psychosozialen System Ausgeschlossenen mit mindestens zehn Etiketten. Diese Haltung lief also auch auf eine grundsätzliche Kritik des Systems selber hinaus.

Harry und Harlene provozierten eine beträchtliche Kontroverse, indem sie sagten, sie wollten von einer Position des „nicht wissen" kommen. Zuerst widersetzte ich mich dieser Idee. Jede TherapeutIn kommt mit Gepäck in die Sitzung, und ich dachte, das einzige, was man tun könnte, wäre, sich dieses Gepäcks so bewußt wie möglich zu sein. Ein anderer Einwand, den viele machten, war der, daß Harry und Harlene sehr großes Können und sehr große Erfahrung hatten, Therapien zu machen, wie also konnten sie behaupten, „nichts zu wissen"?

Aber die extreme nicht-pathologisierende Atmosphäre, die aus ihrer Zurückweisung des ExpertInnen-Status resultierte, war überaus willkommen, und ich merkte, daß allein damit die Galveston-Gruppe zusammen mit der Tromsö-Gruppe ein Element beisteuerten, das ich nirgendwo sonst in unserem Bereich fand. So stellte ich fest, daß ich selber Aspekte von beiden Gruppen in meine eigene Arbeit einbezog.

Im Jahre 1988 wurde mir von Richard Simon die Möglichkeit geboten, über praktische Fragen zu sprechen, der mich für eine Ausgabe über Konstruktivismus für den *Family Therapy Networker* interviewte. Der Titel des Interviews war aus einer meiner eigenen Ausführungen genommen: *„Wie eine freundliche Herausgeberin"*. Harry Goolishian merkte später an, daß die Analogie der HerausgeberIn die Idee der überlegenen TherapeutIn enthielt, die besser als die Familie wußte, wie die Geschichte gehen sollte. Ich stimmte zu, daß der Ausdruck „Mit-HerausgeberIn" besser gewesen wäre, selbst wenn auch er immer noch implizierte, daß die Geschichte überarbeitet werden mußte. Diese Sensibilität für Sprache machte mir deutlich, daß es nicht ganz einfach sein würde, die alten Beschreibungen zu verlassen. Viele von uns kamen tatsächlich zu der Überzeugung, daß die Beschreibung das Tun war; die beiden Facetten waren unlösbar.

Im Interview fragte Richard mich, wie meine Kritik an der traditionellen Familientherapie sich mit der Kritik, die Feministinnen üben, vergleiche. Ich sprach über meine eigenen Ideen über Sexismus in Familientherapie. Ein Beispiel war natürlich die Idee, daß die TherapeutIn die Therapie zu kontrollieren habe. Ich hatte immer mehr Einwände gegen die Praxis der Macht-Therapie, die wie Modevorschriften nur ein anderes

Beispiel dafür schien, wie der Geschmack der Männer auf die Frauen angewendet wurde. Hierarchie war ein weiteres Beispiel eines Konzepts, das in Institutionen, die von Männern geleitet wurden, entstand. Ich erläuterte, daß ich interessiert sei, eine Praxis zu finden, die mit Wertsystemen und Kommunikationsweisen zusammenpaßt, die üblicherweise mehr mit Frauen assoziiert werden.

Richard wollte auch wissen, wie ich Konstruktivismus mit dem verband, was ich tat. Ich erzählte eine Geschichte über eine Tätigkeit, die zeigte, wie wir unsere Wirklichkeit konstruieren und nicht entdecken. Diese Auffassung war natürlich schon lange von vielen TherapeutInnen akzeptiert worden, insbesondere von ERICKSONianern, aber die Betonung hatte immer darauf gelegen, daß die TherapeutIn über die Fähigkeit verfügte, die Wirklichkeit der KlientIn zu ändern; es war keine Straße, die in beide Richtungen befahrbar war. Eingebettete Suggestionen und andere strategische Techniken stellten die TherapeutIn in die überlegene Position. Was ich als KonstruktivistIn glaubte, war, daß die Auffassung von der TherapeutIn als TechnokratIn der Änderung unzutreffend war. Meine Argumentation war die, da die Familie keine Maschine war - d.h. ihre Mitglieder waren autonome, sich selbst schaffende Wesen -, würde jede Änderung ko-konstruiert werden müssen. Zu dieser Zeit existierten viele Begriffe mit der Vorsilbe „ko-": ko-evolvieren, Ko-AutorIn usf. Die Idee war die, eine stärker gleichberechtigte Haltung zu kreieren (Entschuldigung: zu ko-kreieren).

Ich möchte hier eine Geschichte über Richards Besuch in Brattleboro erwähnen, um mich zu interviewen. Er sah eine Sitzung, die Bill LAX und ich mit einem Paar durchführten, deren Sohn Probleme in der Schule hatte. Es war heiß und hitzig hinter der Scheibe, das Interview dauerte länger als eine Stunde und die Frau blieb ruhig, während der Mann die meiste Zeit redete. Trotz der Tatsache, daß die Sitzung hilfreich gewesen schien, war sie von einem strukturellen, um nicht zu sagen von einem feministischen Standpunkt aus ketzerisch.

Richard war nach dem Interview höflich, er sagte nur, daß wir sehr viel Geduld besitzen müssen, so zu arbeiten und fragte sich, weshalb wir die Frau nicht mehr hatten sagen lassen. Wir erklärten, daß wir besonders darauf achten, das Interview nicht zu stark zu kontrollieren, obwohl wir sicherstellten, daß, als die Frau schließlich dazukam, ihr Beitrag zählte. Als wir drei später zusammen zum Essen gingen, erzählte Richard uns von einer Konferenz, wo er gerade gewesen war, wo MINUCHIN eine seiner Glanzvorstellungen gegeben hatte. Es war deutlich, daß MINUCHIN eine seiner HeldInnen war.

Als Richard auseinandersetzte, was MINUCHIN gesagt und getan hatte, bemerkte ich, daß ein älteres Ehepaar am Nachbartisch zuzuhören schien. Schließlich beugte sich der Mann zu uns herüber. Er fragte: „Reden Sie zufällig von Salvador MINUCHIN, den berühmten Familientherapeuten?" Richard antwortete „Ja." Der Mann sagte: „Nun ja, wir waren MINUCHINS erste Familie, als er nach Philadelphia kam. Unser neunjähriger Sohn war anorektisch."

Ich war fasziniert, weil ich 1969 über HALEY von diesem Fall gehört hatte, bevor ich jemals in Philadelphia gewesen war. Es ging um einen Jungen, der seine Diät herunterzuschrauben begann, indem er sich zuerst weigerte, irgendetwas aus dem Tierreich zu essen, dann irgendetwas aus dem Gemüsereich; das Königreich der Mineralien war alles, was noch blieb. Der Vater sagte: „Wir gingen gewöhnlich nach Hause und weinten - MINUCHIN war so gemein und er schaffte es, daß wir uns so schlecht fühlten. Aber er rettete unserem Sohn das Leben. MINUCHIN veranlaßte mich, mit meinem Jungen in den Wald hinter unserem Haus zu gehen und zu ihm zu sagen, 'Du mußt essen! Ich bestehe darauf, daß du ißt!' Und er kam zurück und fing an zu essen. Er ist jetzt ein erfolgreicher Banker, verheiratet, und es geht ihm gut. Er lebt hier in der Nähe."

Es wäre schwer, meine Reaktionen zu beschreiben. Ich fragte mich, mit welchem Recht MINUCHIN gekommen war und meinen Abend störte. Gerade als ich mich von seinem Einfluß freizumachen begann, mußte er zurückkommen und die Führung übernehmen. Und ich ärgerte mich über mich selber. Die Tatsache, daß ich mich von einem Geist bedroht fühlte, hieß, daß ich mich doch nicht von MINUCHINS Schatten emanzipiert hatte. Wie dem auch sei, die folgenden Beiträge werden die Revolution im Denken beschreiben, die mich schließlich von strukturellen Ansichten befreiten, die sich so in meine Arbeit eingeschlichen hatten.

Vorwort zu
„Das Reflektierende Team"

Man kann dies hier durchaus ein Buch nennen, aber ebensogut könnte man von der Beschreibung einer neuen Flugmaschine sprechen. Als ich zum ersten Mal von TOM ANDERSEN über die Idee des Tromsö-Teams vom Reflektierenden Team hörte, war ich von seiner Schlichtheit beeindruckt und von seinen radikalen Implikationen verblüfft. Ich interviewte einmal eine Familie, als ein sehr zorniger und betrunkener Vater drohte, das nächste Mal werde er mit einer Handvoll Steinen wiederkommen und sie durch die Einwegscheibe werfen. Ich habe ihn und seine Familie nie gebeten, den Platz mit dem Team zu tauschen. Aber genau das ist es, was das Reflektierende Team den Leuten ermöglicht.

So gesehen, ist es eine Aussage, die die Position der Familie in ihrer Beziehung zu den Fachleuten, die sie sehen, drastisch verändert. Ich spreche davon, "Klienten zum Vorstand" zu machen. Eine Familienbetreuerin, die ich kenne, lud Vertreterinnen einer Müttergruppe, deren Familien alle mit Alkohol- oder Gewaltproblemen zu tun hatten, zum jährlichen Bankett des Vorstands ihrer Organisation ein. Sie wurden gebeten, die Dienstleistungen kritisch zu würdigen, die sie aufgrund gerichtlicher Auflagen erhielten. Sie erledigten sich dieser Aufgabe mit großer Würde – trotz des bestehenden Lampenfiebers. Diese Mütter, von denen viele sexuell mißhandelt und deren Kinder zum Teil ebenfalls mißhandelt und mißbraucht worden waren, erhalten inzwischen eine kleine Förderungssumme von der Organisation, um für andere Familien ein Handbuch über sexuellen Mißbrauch von Kindern zusammenzustellen.

Das Reflektierende Team ist ein ähnliches Konzept. Familien erleben es nicht einfach als Stärkung ("empowerment"), sondern sie scheinen fasziniert davon, den Konversationen der Fachleute über sie selber zuzuhören. Selbstverständlich bestehen Regeln darüber, positive Beschreibungen abzugeben und Ausdrücke von Konkurrenz und Kritik wegzulassen. Die Kommentare bieten im allgemeinen neue Optionen und Beschreibungen und keine Vorstellungen dessen, was falsch ist. Es ist von größter Bedeutung, daß die Leute nicht durch Kritik oder Schuldzuschreibung besonders herausgehoben werden.

Diejenigen unter uns, die begonnen haben, mit dieser Idee zu experimentieren, finden immer neue Verwendungsmöglichkeiten. Ich bin angefangen, eine reflektierende Konversation in meinen Ausbildungskursen zu benutzen, wobei ich Gruppen von jeweils fünf Personen bitte, ein Thema oder einen Fall zu diskutieren, während alle übrigen zuhören. Dann kommentiert die große Gruppe, was sie gehört hat. Dann wird die kleine Gruppe gebeten, diese Reflexionen zu kommentieren oder wir kommen wieder zu dem zurück, was ich jetzt "Gerangel" nenne.

Einige meiner StudentenInnen kamen in Rage. Sie sagten: "Das ist doch viel zu künstlich. Was ist mit offener und ehrlicher Kommunikation?" Ich erläuterte, daß Menschen dann, wenn man keine Regeln gegen Rivalität und negative Konnotation aufstellt, dazu neigen, miteinander zu konkurrieren. Die Redner der einen Gruppe, ich nenne sie "Löwen", nehmen den ganzen Raum ein und die "Lämmer" werden immer stiller. Ohne Einmischung teilen sich Ausbildungskurse in zwei Gruppen, die sich selber dann sehr schnell als "schlau" und "stumm" erleben.

Ich merke auch an, daß die Vorstellung einer "offenen und ehrlichen Kommunikation" eine ebenso künstliche Struktur ist, die der Humanistischen Psychologie der letzten Jahrzehnte entstammt. In vielen Ländern dieser Welt – Korea, Vietnam, Puerto Rico – gilt diese Art der Kommunikation als überaus respektlos, insbesondere in hierarchischen Beziehungen. Ein ähnlicher Faktor, auf den ich ganz zufällig stieß, ist die Scheu oder das Gefühl, unter Druck gesetzt zu werden, die entstehen können, wenn man direkt angeschaut wird. Ich hatte eine junge Therapeutin gebeten, vor einer Workshop-Gruppe einen Fall darzustellen und ich teilte die TeilnehmerInnen in Reflektierende Teams. Ich hatte sie gebeten, untereinander zu sprechen und ihre Beobachtungen nicht direkt mir oder der Therapeutin neben mir mitzuteilen. Einige vergaßen das und sprachen uns direkt an. Und dann vergaß ich es auch. Am Ende konnte ich nicht widerstehen, einen "Abschlußkommentar" zu geben und so wendete ich mich der Therapeutin zu und gab eine in meinen Augen profunde und interessante Zusammenfassung ihres Dilemmas. Dann lehnte ich mich zurück und wartete, daß sie darüber reflektierte, was sie gehört hatte.

Zu meiner Überraschung schien sie sehr bekümmert und verwirrt. Sie faßte sich an den Kopf und sagte, ohne mich anzusehen: "Ich konnte Ihnen nicht zuhören, ich konnte Ihnen nicht zuhören. Als alle miteinander sprachen, konnte ich zuhören, aber nicht, als Sie mich direkt ansahen." Sie schien ihre Reaktion nicht fassen zu können und ich muß wohl kaum hinzufügen, daß auch ich fassungslos war. Aber es war ein

Augenblick, den ich nie vergesse. Ich begann zu sehen, daß die geschützte Kommunikation, die das Reflektierende Team anbietet, überaus nützlich ist, Leuten die Freiheit zu geben, einen Gedanken oder eine Idee anzunehmen oder zu verwerfen, sogar die Freiheit, überhaupt zuzuhören.

Um die Vielseitigkeit und Vielgestaltigkeit dieses Konzeptes einmal an einem Beispiel zu verdeutlichen: In einem Team von FamilienarbeiterInnen, mit denen ich konsultiere ("People's Bridge Action" in Athol, Massachusetts), haben wir die Reflektierende Kommunikation übernommen und das geschaffen, was wir ein "erzählendes Modell" von Supervision nennen. Anstelle des üblichen Problemlösens, wo jeder seine Vorstellungen los wird, was der- oder diejenige, der/die einen Fall vorstellt, tun kann oder soll, gehen jetzt alle im Raum umher und bringen Assoziationen aus Spiel, Film, Erzählungen, ihrem eigenen Leben oder anderen Fällen ein. Bei diesen Improvisationen hat jede(r) ihre (seine) Raum-Blase und soviel Zeit wie sie (er) braucht. Unterbrechungen und Wortgefechte sind nicht gestattet und der- oder diejenige, der oder die den Fall vorstellt, spricht zuerst und zuletzt. Wenn wir dann wollen, können wir in die alte "Rangelei" zurückfallen. Aber oft wünscht die Gruppe eine weitere Reflexionsrunde, die sich dann aus der ersten entfaltet und darauf aufbaut, fast so, wie sich geschlagenes Eiweiß in Kuchenteig verwandelt (ich bitte alle die LeserInnen um Verzeihung, die nie einen Kuchen gebacken haben). Metaphern, Poesie und Weisheit werden möglich, und die Gruppe ist oft selbst von der Bandbreite ihres Vorstellungsvermögens überrascht. Und oft taucht eine nützliche neue Idee auf, bei einem Fall weiter zu arbeiten, ohne daß ganz klar ist, wie dies zustandekam.

Die Gleichheit und Gleichberechtigung zwischen KonsultantIn und KlientIn ist das, was mich beim Reflektierenden Team am meisten anspricht. Selbst wenn Leute, die gebeten werden, die Reflexionen zu kommentieren, dies nicht tun oder einfach nur einige freundliche Bemerkungen machen, so wird ihrem Sachverstand und ihrer Kompetenz implizit Respekt gezollt. Und auch die Fachleute zeigen sich der Familie ganz anders. Ich werde nie vergessen, wie ich einen Therapeuten über eine Familie interviewte vor überaus "geradeaus denkenden" SozialarbeiterInnen einer psychiatrischen Privatklinik. Die SozialarbeiterInnen "durften" Familientherapie machen, aber sie hatten kaum Mitsprache am Behandlungsplan der Patienten. Hier war der Psychiater König (oder, was natürlich auch sein kann: Königin) und traf sämtliche klinischen Entscheidungen.

Der Therapeut stellte mir den Fall eines zehnjährigen Mädchens vor, das während eines häuslichen Vorfalls die Fassung verlor und weinend die Straße hinunterlief. Ihre Mutter war, wie jede gute Mutter, sehr besorgt und stellte sie einer Psychiaterin vor. Diese Ärztin, die unmittelbar vor ihrem Schwangerschaftsurlaub stand, wollte ganz sicher gehen und schickte sie in die Klinik. In der Klinik interviewte ein anderer Psychiater das Mädchen und gab ihr eine Diagnose, die automatisch eine stationäre Behandlung für mindestens ein Jahr vorschrieb. In den darauffolgenden zehn Wochen war es – dies galt als Regel für alle aufgenommenen Kinder – dem Mädchen untersagt, ihre Eltern zu sehen.

Da ich mit einem Reflektierenden Team arbeitete, hatte ich darum gebeten, den Therapeuten in Anwesenheit der Eltern zu sprechen (die Tochter, immer noch in der Klinik, war nicht anwesend). Ich erklärte, daß die Eltern als mein reflektierendes Team fungieren sollten. Obschon der Therapeut den Eltern sehr gute Noten für ihre Mitarbeit gab und erwähnte, wie hart sie an ihren Eheschwierigkeiten gearbeitet hatten, sagten die Eltern, daß sie sich weniger zuversichtlich fühlten. Sie gaben sich die Schuld am Zustand ihrer Tochter – ganz besonders die Mutter –, die den Berichten der Klinik entnommen hatte, daß sie als "symbiotische Mutter" betrachtet wurde. Nach anfänglichem Zögern sprach der Vater von ihrer großen Verzweiflung. Er sagte, sie erführen nichts über die "Krankheit" ihrer Tochter oder über ihre Fortschritte. Sie hatten keine Ahnung, wann sie wieder nach Hause kommen dürfte oder wie sie ihr helfen könnten, wenn sie nach Hause käme.

Ich fühlte mich außerstande, etwas zu sagen und erzählte stattdessen über eine Zeit, wo ich glaubte, ich würde selber eine meiner Töchter verlieren. Ich sagte, die Vorstellung, daß irgendjemand seinem eigenem Kind geschadet hätte, wäre die größte Beunruhigung eines jeden Elternteiles. Ich sagte auch, daß diese Ängste und Gefühle von Schuld und Schuldzuschreibung, die damit einhergehen, die elterliche Beziehung – so wie beim überraschenden Tod eines Säuglings – schwer belasten könnten. Der Therapeut kommentierte mitfühlend und ergänzte, daß er keine Kontrolle über die Klinikpolitik hätte. Als das Paar ging, traf ich sie auf dem Flur und umarmte die Mutter ganz spontan. Ich konnte meine Tränen nicht zurückhalten und so verdrückte ich mich schnell in die Toilette, um mich wieder herzurichten. Danach traf ich mich mit dem Sozialarbeiter, der mir von seiner Frustration erzählte, so wenig Einflußmöglichkeiten bei diesem speziellen Fall zu haben und er ließ mich seine persönliche Kritik wissen, wie mit diesem Fall umgegangen wurde.

Mich beeindruckte bei diesem Reflektierenden Team besonders, daß es der Familie möglich war, die Handhabung ihres eigenen Falles zu kommentieren oder zumindest einige wesentliche Fragen zu stellen. Da diese Fragen sich auf Unterschiede in unserem Bereich bezogen, die mit der Diagnose von Geisteskrankheit und daraus resultierenden Behandlungsplänen zu tun hatten, war es schwer, diese direkt zu beantworten, besonders in einer Privatklinik. Aber ich denke, wenn ich gekommen wäre und die Familie als Expertin "von außen" interviewt hätte, würde ich niemals eine solche Rückmeldung erhalten haben. Der Therapeut und die MitarbeiterInnen, die dabei saßen, hätten sie nicht gehört. Und ich hätte den Eltern auch nicht die Botschaft gegeben: Eure Stimme zählt. Der interessanteste Kommentar, den sie gaben, war, als der Vater zum Therapeuten sagte: Sie haben uns oft Fragen gestellt, aber wir haben nie Fragen gehört, die Ihnen gestellt wurden.

Ein anderer Aspekt des Reflektierenden Teams ist die Schnelligkeit, mit der Leute es aufgreifen und benutzen. Es scheint irgendeinen Nerv zu treffen. Die Notwendigkeit von Richtlinien, so wie dieses Buch sie gibt, ist klar, wenn man das populäre Format bedenkt und die Wahrscheinlichkeit, mit der es ohne ausreichendes Training eingesetzt wird. Andersens Ausweitung ihrer ursprünglichen Vorstellung – er und sein Team sprechen jetzt von "Reflektierender Position"- fügen ihrem Modell weitere, wichtige Dimensionen hinzu. Das Kapitel von JUDY DAVIDSON, WILLIAM LAX und DARIO LUSSARDI vom Brattleboro Family Institute ist eine elegante und wohlüberlegte Beschreibung, wie sich ein solches Format auf eine Privatpraxis anwenden läßt und zwar nicht nur in der Therapie, sondern auch in Ausbildung und Supervision. ARLENE KATZ' "Nach-Worte" sind eine poetische Beschreibung, die verdeutlicht, wie sich eine "Nachuntersuchung" durchführen läßt, indem man zur Inspiration reflektierende Positionen benutzt.

Eine Frage, die natürlich gestellt wird, lautet: Handelt es sich um eine neue Methode? Ist es eine neue familientherapeutische Schule? Meine Antwort dazu wäre: "Nein." Es betrifft eine allgemeinere Abstraktionsebene, eine Ebene therapeutischer Werte und therapeutischer Haltungen. Es zeigt einen Weg auf, einen Berufsstand zu de-medikalisieren, der in vielen seiner Erscheinungsformen – Psychiatrie, Sozialarbeit, Psychologie und allen Spielarten von Beratung – gezwungen war, immer stärker mit sogenannten objektiven Beurteilungen umzugehen.

Diese Beurteilungen betreffen den Grad der individuellen Pathologie oder den Typus familiärer Dysfunktion. Etiketten, die auf solchen Beurteilungen basieren (und oft mit dem Begriff "Diagnose" ausgezeichnet werden) sind meist stigmatisierend und gewöhnlich entwertend. BEN FURMAN, ein Psychiater aus Helsinki, hat in einem noch unveröffentlichten Artikel von "Glasnost in Psychiatrie, Psychotherapie und verwandten Gebieten" gesprochen. Er richtet unser Augenmerk auf die Verheimlichung von Informationen gegenüber den Patienten, die routinemäßig geschieht, vermeintlich zum "Schutze" der Patienten. Und darüberhinaus diskutieren Kliniker untereinander oft auf eine Art über ihre Fälle, die voller Vorurteile über die Patienten steckt, aber natürlich nicht vor den Patienten.

FURMAN sagt, daß diese Praxis, die anfänglich mit dem Schutz des Patienten begründet wird, oft eine implizite Berechtigung für das enthält, was er "unverhüllte Schuldzuschreibung" nennt. Er hat den Eindruck, daß dies eine Unterdrückung der sogenannten geistig Kranken durch sogenannte geistig Gesunde sei. Die Idee des Reflektierenden Teams kommt zu einer Zeit, wo viele von uns in der Familientherapie, besonders diejenigen unter uns, die mit dem neuen Schwerpunkt der Kriminalität in Familien umgehen müssen, meinen, daß auch wir kooptiert werden als Vehikel für "unverhüllte Schuldzuschreibung". Das Auftauchen solcher Formen wie des Reflektierenden Teams lassen uns hoffen, daß eine Korrektur möglich wird. Aus diesem Grund ist die Veröffentlichung dieser Arbeit ein wichtiges Ereignis – eines, daß jeder Praktiker und jede Praktikerin im familientherapeutischen Feld nur begrüßen kann.

Wie eine freundliche Herausgeberin:
Richard Simon interviewt Lynn Hoffmann

Lynn HOFFMAN ist keine Befürworterin des klinischen Show-Rummels und des sofortigen Problemlösens. Sie zeigt sogar eine kleine Spur von Stolz, wenn sie sich selbst als eine „langweilige" Therapeutin beschreibt, eine Frau, deren Stil solche Kommentare herauslockt wie: „Du mußt eine Menge Geduld besitzen, um so zu arbeiten". Wie sie selbst zugibt, wird sie kaum viele ZuhörerInnen des Familientherapie-Workshop-Zirkus fesseln – oder, wie sie dies bezeichnet: unsere „Hunde- und Ponyschau".

Mit einer Hingabe, die selten ist auf einem Gebiet, das sich durch eine Gleichgültigkeit gegenüber theoretischen Fragen auszeichnet, hat HOFFMAN sich Ansehen als Erklärerin und nicht als klinische ErneuerIn erworben – als jemand, die Ideen studiert und die die abstrakte Konzepte und Annahmen erläutert, die ihre stärker pragmatisch gesinnten KollegInnen als gegeben hinnehmen. In etlichen Aufsätzen, in denen sie die Rätsel der Systemtheorie untersuchte und – am bedeutsamsten – in ihrem Buch *Grundlagen der Familientherapie* hat sie gezeigt, wie sie über grundlegende Annahmen klinischer Praxis gegrübelt hat und sie diente somit als intellektuelle Wegbereiterin, die Familientherapie mit Entwicklungen der umfassenden naturwissenschaftlichen Gemeinschaft verbanden.

Seit HOFFMAN ihre Stellung am New Yorker Ackerman-Institut zu Beginn der achtziger Jahre aufgab und nach Amherst, Massachussetts, zog, nahm ihre Karriere einen anderen Verlauf. Obwohl sie im Laufe der Zeit mit fast jedem größeren Familientherapieansatz in Verbindung gebracht wurde, hatte sie dennoch keine Methode gefunden, mit der sie sich ganz wohl fühlte – bis vor kurzem. Im folgenden beschreibt HOFFMAN, wie ihr Interesse am Konstruktivismus sie dahin brachte, viele der Ideen über Systeme und Veränderung abzulegen, die ihr vorher so lieb waren.

Frage: Ich bin sicher, daß es für Sie kein Geheimnis ist, daß viele KlinikerInnen Begriffe wie „Kybernetik zweiter Ordnung", „die neue Epistemologie" und „Konstruktivismus" als eine Art esoterischen Hokuspokus betrachten, der nichts mit der richtigen Aufgabe, den Leuten zu helfen, zu tun hat. Was sagen Sie den Leuten, die bezweifeln, daß irgendwelche dieser abstrakten Ideen für die Erfahrung eines durchschnittlichen Klinikers wichtig sind?

Hoffman: Obwohl viele TherapeutInnen die Idee, Leute zu etikettieren, abgelehnt haben, ist mein Ausgangspunkt der, daß wir dies niemals grundlegend in Zweifel gezogen haben. Mir scheint, daß Konstruktivismus – oder sozialer Konstruktivismus, wie ich es eher nennen würde – nur eine Beschreibung der Aussage ist, daß, egal was wir beschreiben, es von uns erfunden ist. Deshalb müssen wir sehr vorsichtig mit der Annahme einer „ExpertInnen-Position" sein und dem Versuch, die Leute, die wegen Hilfe zu uns kommen, zu diagnostizieren oder zu beeinflussen.

Aber es ist mehr als nur das. Ich denke, der Fehler, den viele FamilientherapeutInnen machten, wenn sie erst einmal die individuelle Psyche analysiert hatten, war, daran zu glauben, eine „wirkliche" Beschreibung der Welt zu haben. Eine Beschreibung, wie eine Familie funktioniert, ist in keiner Weise „wirklicher" als andere Arten der Beschreibung.

Frage: Warum, glauben Sie, hat Konstruktivismus die Aufmerksamkeit von FamilientherapeutInnen auf sich gezogen?

Hoffman: Ich glaube, wir befinden uns mitten in einer Bewegung weg von der Verhaltensorientierung, hin zu einer stärker kognitiven Sichtweise. Familientherapie begann mit dem Fokus darauf, die Art und Weise zu ändern, wie Menschen handelten und nicht darauf, ihr Denken darüber zu ändern. Nun gibt es auf diesem Feld und auch in anderen Disziplinen eine Veränderung, die sich an dem orientiert, was ich „Geschichten-Theorie" nennen würde. Damit meine ich die Übereinkunft, daß wir die Welt in ein System kleiner Bedeutungspakete aufteilen – sie können Geschichten, Parabeln, Prämissen, Themen genannt werden. Es scheint, als ob die Wirklichkeit aus den Geschichten besteht, die die Leute sich selbst erzählen, um der Welt einen Sinn zu geben und um sich darin zurecht zu finden. Mit anderen Worten, es reicht vielleicht nicht aus, nur zu versuchen, das Verhalten von jemandem zu ändern. Vielleicht müssen wir bis zu den Geschichten vordringen, die sie benutzen, ihrem Leben und den Metaphern, nach denen sie leben, einen Sinn zu geben.

Ich habe auch den Eindruck, daß die gesamte systemische Auffassung, auf der die Familientherapie basiert, in Frage gestellt werden wird. In unseren Beschreibungen sozialer Systeme entfernen wir uns von der zeitlosen Kreis-Metapher, die diese Auffassung repräsentiert – z.B. Homöostase, Zirkularität, Autopoiesis – hin zu den Metaphern des Fließens-in-Zeit, interessiert an Narrativen, Geschichten, Fließen. Die kybernetische Analogie menschlicher Gruppen, die im wesentlichen räumlich ist, könnte sich schon verflüchtigen. Für mich bedeutete dies, daß ich einige dieser Ideen, mit denen ich sehr vertraut war, in Frage stellen mußte.

Frage: Warum geben Sie so viel auf die Diskussion dieser Bewegung, die so unklar und schwer zu verstehen scheint?

Hoffman: Nun, wenn man erstmal von einem Fokus auf Verhalten zu einem auf Bedeutung wechselt, fällt es einem schwerer, sich präzise auszudrücken. Verhalten ist ohne weiteres zu beobachten, Gedanken sind es nicht. Man kann nicht sehen, wie sie sich verändern. Ich glaube auch nicht, daß Ideen „im Innern" der Leute zu finden sind, so wie Weissagungen in Glückskeksen sind. Ideen ähneln mehr dem Fließen der Zeit – sie entstehen in Dialogen und ändern sich ständig, manchmal auch ziemlich langsam. Eine therapeutische Konversation nutzt diese Tatsache.

Der Abstieg von der Bergspitze

Frage: Vielleicht könnten Sie diese Diskussion etwas Konkreter machen, indem Sie beschreiben, wie weit sich die konstruktivistische Perspektive veränderte, und wie Sie als Therapeutin vorgehen?

Hoffman: Sie hat mich rigoros verändert. Ich begann mich zu fragen, wie meine Arbeit aussehen würde, wenn ich alle diese Ideen, Leute zu instruieren, aufgäbe und aufhörte, eine ExpertInnen-Haltung einzunehmen. Und das war wie Bowling; meine ganzen alten Ideen begannen, wie Kegel zu fallen. Als ich an der Philadelphia Child Guidance Clinic war, fand ich heraus, daß (Salvador) MINU-CHINS leitende Art, Therapie zu betreiben, überhaupt nicht zu mir paßte. Ich pflegte zu sagen, daß ich eine Therapie der Schwachen brauchte. Ich hatte bis dahin noch nichts dafür unternommen.

Die Art und Weise, in der ich begonnen habe zu arbeiten, entfernt sich von der Haltung, die Leute verändern zu wollen. Es ist viel stärker eine Sache, sich mit den Leuten hinzusetzen und ihnen zu helfen, ihre Geschichte zu erzählen – wie ein Ghostwriter könnte man sagen oder wie eine freundliche HerausgeberIn. Ich könnte einige alternative Rahmen vorschlagen, aber grundsätzlich ist es ihr Text. Und wenn das, was ich mit anderen Leuten mache, funktioniert, beginnen sie, sich besser zu fühlen und das Problem wird entweder einfacher zu lösen sein oder nicht, aber es wird nicht länger als Problem angesehen.

Aber lassen Sie mich betonen, daß das, was ich in Therapie mache, nicht konstruktivistische Familientherapie genannt werden sollte – es ist nur meine eigene Anwendung dieser Ideen auf

84

klinische Arbeit. Die Dinge, die ich mache, haben sich nicht so sehr verändert, als vielmehr die Tatsache, daß ich persönlicher und weniger verdeckt als Therapeutin geworden bin. IndividualtherapeutInnen waren schon immer darüber empört, daß die therapeutische Beziehung ein Stiefkind der Familientherapie ist. Auf meine eigene Art und Weise versuche ich, diese Beziehung wieder hinein zu bringen.

Frage: Könnten Sie ein klinisches Beispiel geben, wie Sie ihre philosophische Haltung des Konstruktivismus in die Praxis umsetzen?

Hoffman: Okay. Ich werde Ihnen von einer Mutter und ihrer jungen erwachsenen Tochter berichten, die vor drei Jahren zu mir kamen, nachdem eine gewaltige Auseinandersetzung sie auseinander gebracht hatte. Die Familie war diese kleine Insel der drei Frauen gewesen – Großmutter, Mutter und Tochter –, aber nachdem die Großmutter gestorben war, wollte die Mutter, daß die Tochter mehr für sie da war. Die Tochter, die schon alleine lebte, blockte ab und sagte: „Ich muß mein eigenes Leben leben". So hatten sie diesen großen Streit und sahen sich nicht mehr. Sie suchten schon einmal eine TherapeutIn auf, um einige Dinge zu regeln, aber sie begannen, sich wieder zu streiten.

Nach einigen Sitzungen, in denen es mißlang, sie zu versöhnen, fragte ich mich, ob ich ihren Konflikt wirklich verstanden hatte. So teilte ich den beiden Frauen mit, daß ich glaubte, in die falsche Richtung gegangen zu sein. Mein Versuch, sie zusammen zu bringen, könnte für sie das schlimmste auf der Welt gewesen sein.

Ich sagte ihnen auch, daß ich vielleicht nicht die richtige Therapeutin für sie bin, weil meine eigenen erwachsenen Töchter sich von mir entfremdet hatten. Ich sagte dies aus dem Grund, weil ich vielleicht zu sehr versucht hatte, sie zusammen zu bringen. Ich fühlte mich zunehmend ungehalten über die Mutter, weil sie so wütend war, aber nachdem ich meinen Ärger ausgedrückt hatte, fühlte ich, wie mein eigener Ärger verschwand. Das erste, was die Mutter danach zu mir sagte, war: „Warum bezahlen wir Sie dann für die Therapie?" Eine Weile später wandte sie sich aus heiterem Himmel ihrer Tochter zu und sagte: „Ich möchte, daß Du weißt, daß ich Dich nicht für meine Depressionen seit Omas Tod verantwortlich mache." Danach hatten Mutter und Tochter ihr erstes positives Gespräch nach drei Jahren.

Frage: Ich bin mir nicht sicher, inwiefern dieser Fall konstruktivistisches Denken widerspiegelt.

Hoffman: Ich glaube insoweit, daß ich zurücktrat und mich daran erinnerte, welcher Teil meiner eigenen „Geschichte" mich beeinflußt haben könnte und diese Reflexion mitteilte. Früher hätte ich das Paar als mir „Widerstand Leistende" bezeichnet und hätte mir wahrscheinlich ein paar Gegenmanöver ausgedacht. Ich hätte nicht auf meine Gefühle geachtet. Besonders hätte ich nicht meine Schwierigkeiten mit meinen Töchtern diskutiert.

Natürlich gab es auf der Ebene der Techniken einiges, das man als „konstruktivistisch" bezeichnen könnte. Zum Beispiel, wie Mutter und Tochter „Wirklichkeit" konstruierten, war nicht besonders hilfreich, deshalb bot ich einen anderen Weg an, sie zu konstruieren, so daß sich beide wohl fühlten. Das Problem war immer noch da, aber ich versuchte, seine Bedeutung zu verschieben.

Aber meine Haltung unterschied sich von der aus früherer Zeit. Als ich aufhörte, eine „Expertin" zu sein, wurde ich auch weniger distanziert und anonym. Ich zeige jetzt eine viel persönlichere Seite von mir, und ich gebe Fehler zu, wenn ich im Unrecht war. So viele Familientherapiemodelle halten an TherapeutInnen fest, die auf der Bergspitze stehen, oder sich hinter einem Spiegel verstecken. Ich fühle mich damit zunehmends unwohler.

Annahmen infragestellen

Frage: Reden wir über einige grundlegende Konzepte der Familientherapie, die Sie in Frage stellen. Zuallererst scheinen Sie die Vorstellung zu bezweifeln, daß die Familie der entscheidene Fokus der Arbeit der TherapeutIn sein sollte.

Hoffman: Ja. Das war sehr schwierig, weil ich eine der enthusiastischen BefürworterInnen des Familiensystem-Modells war. Harlene ANDERSON und Harry GOOLISHIAN haben mit Begriffen wie „problemorganisierendes, problem-auf-lösendes System" experimentiert. Ich bevorzuge die Formulierung, daß anstelle des Systems, das das Problem schafft, das Problem das System erschafft. Ich sage, daß das, womit ich in der Therapie zu kämpfen habe, nicht das Problem ist, sondern eine Konversation über ein Problem. Sehr oft bleibt das Problem bestehen, aber die Leute brauchen nicht länger darüber zu reden. Das ist für mich gleichbedeutend mit „Heilung".

Frage: Sie scheinen auch über die Idee unglücklich zu sein, daß Familienprobleme mit einem Durcheinander in der Familienhierachie zusammenhängen. Was ist an dieser Idee falsch?

Hoffman: Ich hatte mich schon immer etwas unglücklich über die Hervorhebung der Hierarchie gefühlt, aber ich akzeptierte die Idee der Organisationstheorie, daß eine funktionierende Familie klare Grenzen zwischen Statuslinien hat. Ich bin jetzt nicht mehr so sicher. Eine Familie ist keine bürokratische Einrichtung wie beispielsweise Armee oder Kirche. Ich denke lieber in Begriffen von Position und Perspektive, anstatt von oben und unten. Wie beeinflußt der Standpunkt der Leute, ihre Art zu fühlen und zu sehen? Wenn man ein Dogma aufstellt, wie ein normales Familienmuster sein sollte, beschuldigt man stillschweigend Familien. Das ist das, was (Selbsthilfe-)Gruppen wie National Alliance for Mentally III lautstark ablehnen. Zu vielen Familien wurde die Schuld für die Schwierigkeiten ihrer Kinder angelastet.

Frage: Wie würden Sie ihre Kritik an der Familientherapie mit der von feministischen FamilientherapeutInnen vergleichen?

Hoffman: Ich teile nicht die Meinung, daß FamilientherapeutInnen die feministische Sache aufgreifen und für die Rechte der Frauen kämpfen sollten. Ich ziehe es vielmehr vor zu untersuchen, wie geschlechtsbezogene Ideen unser klinisches Denken beeinflussen. Wenn man beginnt, so zu denken, gehen alle möglichen Idole unter. Ein Idol, das in unserer Kultur mit den männlichen Werten assoziiert wird, ist eine Machthaltung. In der Familientherapie, gab es diese Regel, daß die TherapeutIn „den Kampf um Strukturen" und „Kontrolle" zu gewinnen hat. Es ist ein von oben nach unten gerichtetes Machtsystem. Zuerst kommt die TherapeutIn, dann die Eltern und dann die Kinder. Ich stimme damit überhaupt nicht mehr überein. Lieber bin ich für die Familie wie ein großer Strand und lasse die Wellen kommen und über mir am Ufer brechen. Früher dachte ich von Familien, daß sie versuchten, mich zu überlisten. Therapie wurde zu einer militärischen Operation – entweder ein direkter Feldzug, den wir zu gewinnen hatten, oder ein Guerillakampf. Ich weiß nicht, was mir unangenehmer war. Frauen sind nicht geschult, so zu denken.

Frage: Dort kommt also Ihre Betonung der Therapie als Konversation anstatt als Spiel her?

Hoffman: Ja. Wenn Sie die alte Metapher benutzen, in der die TherapeutIn eine Person verkörpert, die in ein „Spiel" mit PatientInnen verwikkelt ist, sehen Sie Therapie weiterhin als einen feindlichen, kriegerischen Prozeß. Ich nähere mich der Therapie lieber als einer besonderen Art der Konversation. Die Metapher der Konversation, als Bild für den Therapieprozeß, ist für mich bei weitem zutreffender als die des Spiels. Eine Konversation ist gleichberechtigt und nicht ausdrücklich zielgerichtet, die Leute ergreifen keine Partei, niemand gewinnt und niemand verliert.

Die Gefahren bewußter Zielsetzung

Frage: Sie scheinen von dieser Konversation zu glauben, daß in ihr Ziele und bewußte Absichten eine kleine Rolle spielen sollten.

Hoffman: Ja, sie verkörpert die Idee, daß, wenn man zu gewollt versucht, ein Ergebnis zu erzielen, man eine böse Überraschung erleben kann. Dieses steht in Einklang mit der systemischen Kritik am gesunden Menschenverstand. Die Leute, die menschliche Systeme auf dem Computer simulieren, finden, daß vernünftige Lösungen komplexer Probleme überaus unangebrachte Ergebnisse zeigen, die meist genau in die entgegengesetze Richtung gehen. Wie die Gruppe am MRI sagt, wird die Lösung Teil des Problems. Familientherapie vertreibt KonsumentInnen, die sich dadurch schuldig fühlen. Medikation und psychiatrische Etikette machen seelische Krankheit nur schlimmer.

Ich nenne dies Ansichten der „ersten Ordnung". Ansichten „zweiter Ordnung" sind einen Schritt von diesem Prozeß zurück und gestatten es, den sonst verborgenen Einfluß ebenso klarer zu sehen wie unser Einmischen, das die ganze Sache noch verschlimmert. Eine Ansicht erster Ordnung würde die TherapeutIn mit einer UmweltingenieurIn vergleichen, die versucht, den Lauf eines Flusses zu verändern. Eine Ansicht zweiter Ordnung würde die TherapeutIn mit einer KanufahrerIn vergleichen, die auf dem Fluß navigiert. Eine konstruktivistische Haltung gibt uns automatisch eine Ansicht erster wie zweiter Ordnung. Sie ist also nicht besser, sondern einfach umfassender.

Ein Großteil meiner Skepsis gegenüber dem zu-viel-Planen entstammt auch meinen eigenen Erfahrungen. Je mehr ich versuchte, Therapie hintenherum zu kontrollieren, desto unsicherer wurde ich, weil ich nicht darauf zählen konnte, daß die Dinge richtig liefen. Manchmal funktionierten sie, manchmal nicht. Teils, weil ich so darauf fixiert war, die Leute zu verändern. Nun, wo ich dieses Ziel aufgegeben habe, habe ich den Eindruck, daß ich bei weitem erfolgreicher geworden bin.

Frage: Besteht da nicht die Gefahr, daß, wenn wir unser Interesse an Ergebnissen und unser Gefühl, als KlinikerIn verantwortlich zu sein, aufgeben, Therapie ungeheuer vage und unspezifisch wird? Es könnte schwer werden, den Unterschied zwischen Therapie und Kanalisieren zu benennen.

Hoffman: Sicher. Übernimmt man die konstruktivistische Perspektive, dann wird es schwieriger, klar zu begründen, was du tust oder ein therapeutisches Ergebnis zu definieren. Therapie wird offen subjektiv. Aber das hat einen Vorteil. Für lange Zeit vertrat ich die Idee, daß die TherapeutIn die Fähigkeit haben sollte, „neutral" zu sein, eine „Meta-Position" einnehmen zu können. Dieses regte viele KollegInnen auf, weil sie den Eindruck hatten, daß ich einen Hände-weg-Ansatz der Probleme von Gewalt und Brutalität praktizierte. Eine konstruktivistische Position befreit mich aus dieser

Kontroverse, da sie besagt, daß man keine alles überblickende, Gott-ähnliche Sicht einnehmen kann. Alles, was du hast, ist ein Bewußtsein der eigenen Subjektivität. Das bedeutet, daß du immer von deinem eigenen Wertesystem aus handelst und/oder dem der Einrichtung, für die du arbeitest. Ich teile nun diese Wertesysteme mit den KlientInnen, wenn sie für die Therapie relevant sind. Aber immer als „meine Meinung" oder „die Position, die der Staat einnimmt", aber nicht als „objektive Wahrheit".

Freundlichkeit und Helligkeit

Frage: Es hört sich so an, als ob in der Therapie, die Sie ausüben, Konfrontation keinen Platz hat. Können Sie sich vorstellen, jemals zu versuchen, „Widerstand" einer KlientIn zu durchbrechen?

Hoffman: Wenn du sagst, jemand verleugne die Wirklichkeit, urteilst du darüber, wie ihre Wirklichkeit sein sollte. Ich mache das nicht. Viele Therapiemethoden hängen davon ab, jemanden dahin zu bringen, das zu sehen oder zu tun, von dem du meinst, sie sollten es sehen oder tun. Diese Methoden erster Ordnung funktionieren nicht nur nicht sehr gut, sie sind nicht nur nicht sehr widerspenstig, sondern hier sagen jetzt einige Leute, daß wir nichts Absolutes haben, das auf objektiven Kriterien beruht, die diese Methode absichern. Ich umgehe dieses Problem, indem ich sage: "Dies ist meine Idee von Wirklichkeit. Es may nicht deine sein, aber es ist die beste, die ich habe."

Frage: Was ist mit Leuten, die behaupten, daß in Ihrer Art der Arbeit zu viel Freundlichkeit und Helligkeit herrschen?

Hoffman: Ich denke, sie haben recht. Es ist eine sehr verhaltene und unaufdringliche Art zu arbeiten, fast ROGERS-mäßig. Leute bemerken, wie dieses den Familien „Respekt" zeigt. Ich bin immer davon überrascht, als ob wir nicht alle versuchen würden, den Familien „Respekt" zu zeigen. Und dann erinnere ich mich daran, wie furchtbar meine eigenenErfahrungen in der Familientherapie waren, wie unzulänglich ich mich fühlte und wie hoffnungslos. Die meisten Eltern haben große Angst, daß entdeckt wird, daß sie ihrem Kind geschadet haben, aber Familientherapie basiert größtenteils auf der Prämisse, daß sie genau das getan haben. Diese Idee wird kommuniziert, selbst wenn dies stillschweigend geschieht. Ich denke, um das zu verhindern, müssen FamilientherapeutInnen viel vorsichtiger als EinzeltherapeutInnen sein. Seitdem ich auf diese Weise vorsichtiger arbeite, habe ich bemerkt, daß die Leute, die ich sehe, oft zu mir sagen, „Ich fühle mich wohler bei Ihnen", und sie hatten so etwas niemals zuvor gesagt.

Das Reflektierende Team

Frage: Ich weiß, daß Sie besonders interessiert sind an dem Ansatz des „Reflektierenden Teams". Wie begann es?

Hoffman: Es wurde von einem norwegischen Psychiater namens Tom ANDERSEN entwickelt, der im Mailänder Ansatz ausgebildet worden war. Vor meheren Jahren supervidierte Tom einen Trainee hinter einer Einwegscheibe. Er versuchte ständig, den Trainee dazu zu bringen, das, was in der Familie passierte, positiv zu konnotieren, aber der Trainee blieb dabei, diese negativen Dinge zu sagen. Tom erkannte, daß, je mehr er den Trainee in ein schlechtes Licht setzte, desto mehr geriet er in Konflikt mit seinen eigenen Ideen über positive Konnotation. Letztendlich bat er den Trainee, die Familie zu fragen, ob sie gerne dem Team hinter der Scheibe zuhören möchten. Sie war einverstanden, und das Team begann, über seine Ideen zu sprechen, während Familie und Trainee zuhörten. Nachdem die Familie die Kommentare des Teams gehört hatte, wurde sie gebeten, diese ihrerseits zu kommentieren. Das Endergebnis war, daß alle sich erleichtert fühlten. Es befreite den Supervisor aus der Position, den Trainee zu kritisieren, stoppte den Trainee, die Familie zu kritisieren, und gab der Familie einen Ehrenplatz am Tisch. Dies ist ein nettes Beispiel von der Arbeit, die ich als „ernenne die KlientIn zur DirektorIn" bezeichne.

Frage: Welche Rolle spielt, wenn überhaupt, Strategie im Reflektierenden Team?

Hoffman: Keine, die ich kenne. Ich selbst mache keine strategische Therapie mehr. Ich neige immer mehr dazu, die Gründe für das, was ich tue, den KlientInnen zu sagen. Ich könnte auf eine strategische Idee kommen, aber ich würde die Begründung dafür offenlegen. Und ich werde über meine eigene Therapietheorie reden – wie ich Probleme sehe und wie ich beabsichtige, gegen sie vorzugehen.

Frage: Was ist mit Ritualen und Aufgaben? Haben Sie die auch aufgegeben?

Hoffman: Ja, als ich anfing, in diese Richtung zu denken. Dann sagte Gianfranco CECCHIN, „Oh, in einem Reflektierenden Team gibt man keine Verschreibungen, man erteilt eine „Idee" einer Verschreibung". So gebe ich den Leuten die „Idee" einer Aufgabe oder eines Rituals. Ich sage ihnen, egal, ob sie sie nutzen und ausführen oder nicht, die Information, die zurückkommt, ist das, was wichtig ist. Ich sollte hinzufügen, daß Tom ANDERSENS Gruppe gar keine Aufgaben oder Verschreibungen benutzt. Ich bin immer noch von den Modellen beeinflußt, in denen ich ausgebildet wurde und wo man Vorschläge und Anweisungen erteilte. In diesem Sinne gehöre ich nicht zur reinen Lehre.

Frage: Wie verhält es sich mit dem Verlust der Privatsphäre in der Konversation zwischen TherapeutInnen und Team oder TherapeutIn und KonsultantIn? Gab es dort irgendetwas Negatives?

Hoffman: Meistens nur Positives. Offensichtlich gibt es kaum Gelegenheiten, in denen man sein Denken nicht offen machen kann, denn meistens kann man. Und ich bin davon überzeugt, daß die Praxis, hinter der Scheibe negative Kommentare auszutauschen, clevere Strategien und zu lachen, also so, wie ich es in Mailänder Therapie gewohnt war, ein unbeabsichtigtes Klima von Distanz erschuf. Das Reflektierende Team ist nützlich, weil es die Leute schult, eine positive Beschreibung zu gebrauchen, wenn sie über KlientInnen reden oder denken. Es bekämpft auch die herabsetzende Sprache der Diagnose und des Klassifizierens.

Wohlwollende Absichten

Frage: Mich beeindruckt die Betonung, die Sie auf Wohlwollen legen. Warum legen Sie soviel Wert darauf, alle Motive so positiv zu sehen?

Hoffman: Naja, das hat mit dem Glauben zu tun, daß – zumindest in der Familientherapie – die Leute es schwer finden, sich unter einer negativen Konnotation zu ändern. Manchmal denke ich, daß 99 Prozent des Leidens, das ich behandle, damit zu tun hat, wie abgewertet sich die Leute durch Etiketten fühlen, die ihnen auferlegt wurden oder durch die abfälligen Meinungen, die sie über sich selbst haben.

Frage: Diese Ideen über Konstruktivismus und Therapie scheinen in Europa mehr Wurzeln geschlagen zu haben als in den Vereinigten Staaten. Wie verstehen Sie das?

Hoffman: Die EuropäerInnen, besonders aus den Ländern, die ich als die „soziale Gerechtigkeit"-Länder Nordeuropas bezeichne, scheinen sehr begeistert von BATESONS Ideen und den Ideen einiger seiner KollegInnen, wie den Kybernetikern Heinz VON FOERSTER, Humberto MATURANA und Ernst VON GLASERFELD. Sie wurden auch sehr stark durch die Arbeit der Mailänder Therapeuten Luigi BOSCOLO und Gianfranco CECCHIN beeinflußt. Ich denke, die EuropäerInnen reagieren auf das Mißtrauen gegenüber der stillschweigenden Technologie in dem Denken dieser Gruppe und der Konsequenzvorstellung, daß Therapie eher eine Ich-Du Sache, als eine Sache für SozialingenieurInnen ist. Vielleicht wurden sie auch durch die Betonung auf eine kollaborierende Beziehung in der Therapie auf diese Seite gezogen, anstatt auf die, die die TherapeutInnen zu „Fachleuten" macht. Aber ich habe dieselbe Meinung, daß der Konstruktivismus sich in den Vereinigten Staaten nicht so stark ausgewirkt hat. Er ist nicht im Einklang mit dem amerikanischen Pragmatismus und dem Macher-Charakter. Der Tag, an dem es keine Werbungen mehr im „*The Networker*" für die „MastertherapeutInnen" – Bänder gibt, ist der Tag, an dem ich beginne zu glauben, daß ein „Meister" zu sein nicht ein beständiges Ideal der amerikanischen Familientherapie ist.

Kapitel 3

Der Sprung zur Postmoderne

Gegen Ende der 1980er begann ich, das gesamte systemische Modell grundlegend zu kritisieren. *„Das Konstruieren von Realitäten: Eine Kunst der Optik"* war das Ergebnis. Harry GOOLISHIAN und Harlene ANDERSON, mit denen ich mich von Zeit zu Zeit verständigte, unterstützten mich sehr. Harry war ohnehin nie eine wirklich systemisch-orientierte Person gewesen und seine Skepsis dem kybernetischen Modell gegenüber vertiefte und unterstützte meine eigenen Vorbehalte.

Harry und Harlene hatten auch begonnen, Konstruktivismus infragezustellen. Harry zeigte auf, daß diese Auffassung wesentlich zur Biologie der Kognition paßte und überaus kopfgebunden war. Ich dachte, daß er recht hatte; genauer betrachtet, hatten diese Vorstellungen wenig mit dem zu tun, was in einer Therapie von einem relationalen Standpunkt aus ablief. Eine Zeit lang hatte ich zusammen mit Harry GOOLISHIAN und Lee WINDERMAN (1988) versucht, diesem Problem entgegenzuwirken, indem wir das Wort „sozial" dem Konstruktivismus voranstellten. Dann wurde aber unübersehbar, daß dies nicht den Standpunkt der KonstruktivistInnen traf. Das Nervensystem wurde von KonstruktivistInnen als „informationell abgeschlossen" gezeichnet, auch wenn es vom Standpunkt des materiellen Austausches mit der Umgebung aus als offen galt. Ich hatte früher das Bild einzelner Tauchkugeln verwendet, um die informelle Isolation auf die Spitze zu treiben – und es kam zurück, mich heimzusuchen.

Tatsächlich hatte ich eine viele bedeutendere Theorie übersehen, die ich in meiner Ignoranz mit Konstruktivismus verwechselt hatte: sozialen Konstruktionismus, eine Theorie, die der Sozialphilosoph Kenneth GERGEN (1985) bekanntmachte. Diese Theorie geht davon aus, daß das, was wir wissen, sich nicht vorrangig aus dem individuellen Nervensystem heraus entwickelt, sondern in dem dichten versprachlichten Geben-und-Nehmen zwischen Menschen. Möglicherweise treffen beide Theorien zu, aber sozialer Konstruktionismus ist auf Therapie besser anwendbar als die andere Auffassung. Ich wäre viel besser dran gewesen, wenn ich von dort aus losgegangen wäre.

Aber ich greife meiner Geschichte vor. Meine Ernüchterung über den kybernetischen Rahmen wurde dadurch beschleunigt, daß ich dabei war, als Harry GOOLISHIAN diese Auffassung aufgab. 1988 – während

Tom ANDERSENS Konferenz „*Greek Kitchen in the Arctic*" – saß ich mit fünf weiteren sogenannten Epistemologen auf einem Podium, um vor einer internationalen Gruppe von KlinikerInnen zu sprechen. Die anderen fünf waren Professoren der Biologie, Soziologie, der künstlichen Intelligenz und der Kommunikation. Was sie verband, war die Tatsache, daß sie sich alle für den kybernetischen Rahmen interessierten. Ich war die einzige Frau, die einzige Praktikerin und die einzige Nicht-Akademikerin. Ich fühlte mich ziemlich fehl am Platz und wünschte mir vor allem, daß Harry, der im Publikum saß und in akademischen Debatten sehr gut war, mit mir dort oben säße.

Ich bemerkte, daß Harry unruhig auf und ab ging, die Stirn runzelte und vor sich hinmurmelte. In den Gesprächen während der Pausen konnte er das eine oder andere kritisieren, was eine der PodiumsteilnehmerInnen gesagt hatte, aber erst am letzten Tag der Konferenz kam er zu einem Ergebnis. Mit glücklicher und aufgekratzter Miene sagte er mir: „Ich habe es schließlich herausbekommen. Sie versuchen, die Kybernetik vor sich selbst zu retten. Deshalb sagt MATURANA, daß Kybernetik die Wissenschaft von Bedeutung und Verstehen ist. Norbert WIENER nannte es ursprünglich die Wissenschaft von Kommunikation und Kontrolle. Es ist ein Ingenieurskonzept, und man kann es nicht aus diesem Rahmen herausnehmen."

In diesem Moment erkannte ich, daß, würde ich Harry zustimmen, was ich tat, dann müßte ich alle diese faszinierenden Ideen aufgeben, die sich auf Systeme und Rückkopplungsschleifen und systemische Ganzheiten gründeten. Ich müßte auch den Konstruktivismus aufgeben. Es gab keine Möglichkeit, die Organismus-Maschine-Analogie beizubehalten, die aus der Heirat von Biologie und Kybernetik hervorgegangen war. Nicht einmal Konzepte „zweiter Ordnung" könnten helfen; sie waren nützlich, indem sie den Einfluß der BeobachterIn auf das Beobachtete einbezogen, aber sie forderten nach wie vor eine Descartsche Spaltung in den unteilbaren sozialen Prozeß, der Therapie nun einmal war. Ich war sehr unglücklich. Ich fragte mich, wie ich, nachdem ich öffentlich eine konstruktivistische Position so befördert hatte, widerrufen könnte, ohne ziemlich dumm dazustehen.

Harry war nicht unglücklich, denn er hatte die Publikationen entdeckt, die unter dem zunehmend modischen Begriff „Postmoderne" zusammengefaßt waren. Er schickte mir ständig dicht geschriebene Computer-Ausdrucke, die er mit Harlene verfaßt hatte. Sie zeugten von regelmäßigem Lesen postmoderner Linguistik und Hermeneutik, insbesondere im neu belebten Feld der Hermeneutik. Diese Ausdrucke waren gespickt mit Begriffen wie „Intersubjektivität" und „der Kreis des Unausgesprochenen". Sie enthielten Bezüge auf WissenschaftlerInnen, von denen ich noch nicht einmal gehört hatte. Ich gebe zu, ich war weit zurück geblieben und fragte mich, ob Harry auf Gold gestoßen oder nur um die Ecke gebogen war.

Aber ich war nicht die einzige, die sich wunderte. Postmoderne, was immer das auch bedeuten mochte, war einige Jahre für viele von uns SystemikerInnen eine kleine dunkle Wolke am Horizont. Dann entlud sie sich mit der Macht eines Gewitters über dem familientherapeutischen Bereich, begleitet von einigen Blitzen von Feministinnen, die meinten, dies stütze ihre Ansichten. Es ist ein Tribut an die Festigkeit meiner eigenen intellektuellen Loyalität, daß ich persönlich die Postmoderne so lange ignoriert hatte. Ich hatte vom französischen Dekonstruktionismus gehört und auch verschiedene Artikel von postmodernen amerikanischen LiteraturkritikerInnen gelesen, allerdings schienen ihre Schriften bewußt affektiert und undurchsichtig und mir war zusätzlich ihr überhebliches, selbstgefälliges Benehmen zuwider.

Dann las ich einen Artikel von Gerald ERICKSON (1988), einem kanadischen Sozialarbeiter und Sympathisanten des Feminismus, mit dem Titel „Gegen den Strich: Die Familientherapie gehort nicht ins Zentrum". Das war der endgültige Todesstoß für jegliche Hoffnung, die ich noch besessen hatte, das systemische Unternehmen zu retten. ERICKSON benannte drei Punkte, die mich erschütterten. Der Punkt, der mich am stärksten aus der Fassung brachte, war ein Zitat aus meinen eigenen Schriften; er benutzte es als ein deutliches Beispiel von der Art faschistischen Denkens, das aus einer wortwörtlichen Übertragung ökosystemischer Analogien auf menschliches Leben resultieren konnte. Wenn man menschliche Werte auf die Ökologie bezieht, muß man zugeben, daß auch die viel bewunderte Balance eines funktionierenden ökologischen Systems darauf beruht, daß einige Spezies stärker privilegiert sind als andere. Die Bezeichnung System verbirgt einfach die Ungerechtigkeit dieser Tatsache.

Als zweites zeigte ERICKSON die Ursprünge der Ideen über Strukturen oder „Systeme" auf, die im 20sten Jahrhundert die sozialen Theorien beeinflußt haben. Er erklärte, daß der Begriff „System" vom Vater der modernen Linguistik, Ferdinand DE SAUSSURE (1959) hervorgebracht wurde. DE SAUSSURE reorganisierte das Studium der Linguistik, indem er zwei Wege zum Verständnis der Sprache einführte. Der erste war diachron oder historisch: wie sich ein sprachliches System über die Zeit entwickelt. Der zweite war synchron oder unmittelbar: wenn man sozusagen einen zeitlichen Querschnitt durch einen linguistischen Kanal legt und dann Verbindungen zwischen den einzelnen Elementen analysiert, versteht man, was DE SAUSSURE ein System der Grammatik nennt. ERICKSON wies darauf hin, daß das Wort System sehr weit gefaßt ist und in vielen anderen Bereichen ebenfalls benutzt wird. Bisher hatte ich gedacht, daß dieser Begriff irgendwie aus der kybernetischen Theorie entstammt, aber er entspracng einer Disziplin, die überhaupt nichts mit Kybernetik zu tun hatte.

Schließlich stellte ERICKSON, indem er feministische Argumente benutzte, die FamilientherapeutInnen wegen ihrer Blindheit gegenüber Fragen der Macht und des Gender zur Rede. Er führte das Offensichtliche vor Augen: wenn man das System nur als geschlossenen Körper betrachtet, dann kann man leicht die sozialen, politischen und historischen Einflüsse übersehen, die darauf einwirken. Die Moral war deutlich: wir FamilientherapeutInnen haben in unserem Bemühen, uns auf die systemischen Eigenheiten der Familie zu konzentrieren, wichtige soziale Fragen ignoriert. Während wir versuchten, die Person vom Stigma der individuellen Pathologie zu retten, erlaubten wir den sozialen Pathologien, sich unter unseren eigenen Augen zu entwickeln.

Dieser Artikel regte mich an, die bekannten feministischen Einwände gegen die Familientherapie noch einmal zu überdenken. Anhand von Begriffen wie „zirkuläre Kausalität" und „Komplementarität" war die systemische Idee bereits der Kritik ausgesetzt. In den Fällen, wo Männer Frauen Gewalt angetan haben, legten diese Formulierungen nahe, daß die Frau genauso schuldig sei wie der Mann, was ihre Rolle als Opfer vernebelte. Eine andere Idee, die von FeministInnen angegriffen wurde, war das Mailänder Konzept der Neutralität. Dieses stellte eine viel schwierige Frage dar. Da sich in Fällen von Gewalttätigkeiten und Übergriffen eine „Finger weg!"-Haltung kaum rechtfertigen ließ, war ein anderer Aspekt zu beachten. Wenn man für irgendeine Person oder Gruppe in der Familie während eines Interviews Partei ergreift, könnte dies dazu führen, die Familie zu verlieren oder, falls sich die Familie entschließt zu bleiben, ihre Kooperation. Die meisten Menschen leben in einem ungeheuer komplexen Geflecht von Loyalitäten, und werden oft das mißhandelnde Familienmitglied beschützen, sogar dann, wenn ihnen selber Gewalt angetan wird.

Es war für mich nicht einfach, eine Antwort auf dieses Dilemma zu finden, außer der zu entscheiden, nicht nur Neutralität, sondern alle

Bestrebungen, „Meta"-Positionen einzunehmen, aufzugeben. Eine offen zugegebene Subjektivität schien mir eine viel haltbarere Position, als an scheinbar objektiven Werten und Normen festzuhalten. Eine andere Lösung war, in Fällen von Gewalt und Übergriff ganz auf Familientherapie zu verzichten, und das war verständlicherweise die Entscheidung vieler Fachleute. Falls man dennoch darauf bestand, mit Beziehungen zu arbeiten, konnte dies bedeuten, sich nur auf Familien zu beschränken, in denen Gewalt nicht das vorherrschende Thema oder in denen dieses Problem schon behandelt worden war.

Mit diesen Gedanken im Kopf ging ich die schwere Aufgabe an, den kybernetischen Rahmen endlich aufzugeben, um mich mit der neuen und weit stärker politischen postmodernen Perspektive anzufreunden. Mein Artikel „*Das Konstruieren von Realitäten: eine Kunst der Optik*" war das Ergebnis dieser Überlegungen. Auch hier schlich sich wieder ein regressiver Zug in den Titel. „*Das Konstruieren von Realitäten: eine Kunst der Optik*", von einem netten Herausgeber vorgeschlagen, war ein doppelsinniger Satz, da man ihn so verstehen könnte, als ob das Thema von der strategischen Kunst handle, die Realitäten der Menschen verändern zu können. Zusätzlich führt das Wort „Optik" die LeserIn zurück zum visuellen Universum der westlichen Wissenschaft. Später dachte ich daran, daß ich die besser zu verstehende Analogie der Konversation oder Stimme hätte benutzen sollen. Wie dem auch sei, ich ließ den Titel so, indem ich versuchte, nicht „zu unterschiedlich" zu sein, wie Tom ANDERSEN sagen würde.

Das Konstruieren von Realitäten: eine Kunst der Optik

Von der Überzeugung ausgehend ..., daß der Mensch ein Lebewesen ist, das in einem Netz von Bedeutungen hängt, die es selbst gesponnen hat, betrachte ich die Kultur als dieses Netz und dessen Analyse deshalb nicht als experimentelle Wissenschaft, die nach einer Gesetzmäßigkeit sucht, sondern als interpretierende Gesellschaft, die nach einer Bedeutung sucht.

Clifford GEERTZ (S. 5)

Die Begriffe zum Verständnis der Welt sind soziale Artefakte, Produkte historisch bestimmter Austauschprozesse zwischen Menschen. Von der konstruktivistischen Sichtweise aus sind nicht automatisch die Kräfte der Natur die Triebfeder des Verstehensprozesses, sondern sie sind das Ergebnis einer aktiven, kooperativen Initiative von Menschen in einer Beziehung.

Kenneth GERGEN (S. 267)

Zu Beginn dieses Aufsatzes möchte ich die Aufmerksamkeit auf eine massive Herausforderung für die Methode des wissenschaftlichen Denkens, die unser Jahrhundert beherrscht hat, lenken. Aus dieser Herausforderung hat sich der Begriff „postmodern" herauskristallisiert, der auf den Vorschlag hinausläuft, objektivistische Ideale durch eine weitreichende Tradition kontinuierlicher Kritik zu ersetzen, die alle Produkte des menschlichen Geistes betrifft. Theorie und Forschung in den Human-„Wissenschaften" gehören zu der Kategorie von Texten, die eher auf die politischen und sozialen Programmpunkte, die oft in ihnen verborgen sind, als auf objektivierbare Fakten hin analysiert werden können.

Mein eigener Weg zur Entdeckung dieser Sichtweise war lang und voller Umwege. Vor fünfundzwanzig Jahren hatte ich eine Linse aufgelesen, die auf dem Boden des Universums lag – sie hieß Kybernetik. Die Kybernetik war das geistige Kind von Norbert WIENER (WIENER 1961); er nannte sie „die Wissenschaft der Kommunikation und Steuerung". Sie beschrieb die Wirkung von Rückkoppelungskreisen nicht nur bei Maschinen, sondern auch im menschlichen Bereich. Von da an sah ich nur noch Kreise, immerwährende Kreise. Sie schienen in alle Bereiche einzudringen. Unter dem Einfluß dieser Metapher verschrieb ich mich einer Theorie der Familientherapie, in der ein Symptom als Teil eines homöostatischen Kreises beschrieben wurde, der die Familie im Gleichgewicht hielt. Der Therapeut besaß die Fähigkeit, diesen Kreis zu durchbrechen und konnte der Familie helfen, wieder ausgeglichen zu werden. Ich habe nie den Fehler gemacht, diese Kreise für etwas Gutes zu halten, aber ich glaubte an die verborgenen Arrangements, die die Familie nicht erkennen konnte.

Erst allmählich und unter großen Schwierigkeiten wurde ich mir dieser Linse bewußt und erkannte einige Alternativen. Die Theorie der sozialen Konstrukte, ebenso wie die zwar verwandte, aber doch völlig andersartige Philosophie des Konstruktivismus, für die ich mich bereits vorher interessiert hatte, waren wesentlich für das Bewußtsein, das sich in mir entwickelte. Ich habe mich jedoch aus Gründen, die aus dem folgenden klar werden sollen, für die Theorie der sozialen Konstrukte entschieden.

Historisch gesehen war es so, daß sich in der Mitte der 80er Jahre einige Familientherapeuten, ich selbst eingeschlossen, in den Konstruktivismus verliebten. In dieser Zeit begannen Berichte über die Arbeit des Biologen Humberto MATURANA und seines Kollegen, des Erkenntniswissenschaftlers Francisco VARFLA (1980), des Kybernetikers Heinz VON FOERSTER (1981) und des Linguisten Ernst VON GLASERSFELD (1987) in das Bewußtsein der Familientherapeuten einzudringen. Hierzu trugen die Veröffentlichungen der Familientheoretiker Brad KEENEY (1983), Paul WATZLAWICK (1984) und Paul DELL (1989) erheblich bei. Die Untersuchungen VON FOERSTERS über das Nervennetz und MATURANAS Experimente über das Farbensehen bei Fröschen hatten Hinweise darauf geliefert, daß das Gehirn die Bilder der Welt nicht wie eine Kamera verarbeitet, sondern sie eher rechnerisch aufbaut wie Musik auf einer Compact Disc. Danach könnte man unmöglich wissen, wie das Bild vor seiner Umwandlung durch das Gehirn „wirklich" aussah. MATURANA sprach davon, den Begriff Objektivismus in Klammern zu setzen und bei Vorlesungen malte er ein schematisiertes Auge in die obere Ecke der Tafel. Auch VON FOERSTER hatte die Bedeutung des Beobachters betont. Er schuf den Begriff der beobachtenden Systeme.

Der Konstruktivismus als allgemeine Anschauung leitet sich aus der europäischen Tradition ab, zu der BERKELEY, VICO, KANT, WITTGENSTEIN und PIAGET gehören. VON GLASERSFELD nennt seine Version „radikalen Konstruktivismus". Er glaubt, Konstrukte würden gebildet, während sich der Organismus in Übereinstimmung mit seiner Umgebung entwickelt und Vorstellungen über die Welt würden in einem Nervensystem konstruiert, das ungefähr so arbeitet wie ein Blinder, der einen Raum ertastet. Der Wanderer im Dunkeln, der nicht gegen einen Baum stößt, kann nicht sagen, ob er sich in einem Wald oder auf einem Feld befindet, sondern nur feststellen, daß er sich den Kopf nicht angeschlagen hat.

Lange war ich der Meinung, der Konstruktivismus und die Theorie der sozialen Konstrukte seien Synonyme. In beiden Fällen wurde die Vorstellung von einer objektiv feststellbaren Wahrheit abgelehnt. Dann las ich eine Übersicht über die Sichtweise der Theorie der sozialen Konstrukte von Kenneth GERGEN (1985). Ich erkannte, daß die Befürworter dieser Theorie weit mehr die soziale Interpretation und die intersubjektiven Einflüsse von Sprache, Familie und Kultur betonen und weit weniger Wert auf die Funktionen des Nervensystems beim Ertasten seines Weges legen. Diese aus Amerika stammende Auffassung ist im Bereich der Sozialpsychologie schon lange bekannt; sie wird repräsentiert durch die Arbeiten von Wissenschaftlern wie George KELLEY(1983) mit seiner Theorie der persönlichen Konstrukte, BERGER und LUCKMANN (1966) in ihrem Buch „The Social Construction of Reality", Kenneth GERGEN (1985) mit seiner Betonung der „Texte", die die Identität erschaffen und Clifford GEERTZ (1973), dessen Untersuchungen die Vorstellung, Erkenntnis könne mehr als lokal begrenzt sein, für immer verbannt haben.

Im Grunde hält die Theorie der sozialen Konstrukte unsere Vorstellungen von der Welt für soziale Erfindungen. GERGEN (1985) sagt: „Die Ansichten des sozialen Konstruktivismus behandeln die Welt nicht als deren Reflexion oder Landkarte, sondern als ein Artefakt der gemeinschaftlichen Interaktion" (S. 266). Während wir uns in der Welt bewegen, bilden wir uns im Gespräch mit anderen Menschen Vorstellungen von ihr. GERGEN führt die Entwicklung dieser Sichtweise auf Kurt LEWINS kognitiv orientierte Feldtheorie zurück, die in der europäischen Kontroverse zwischen dem Idealismus (der Anschauung, daß sich die Erkenntnis von inneren Konstrukten ableitet) und dem Positivismus (der Anschauung, Erkenntnis sei die Darstellung von Tatsachen und Ereignissen in einer „wirklichen" Welt) die idealistische Sichtweise vertrat. Abweichend von beiden Ansichten betrachtet die Theorie der sozialen Konstrukte die Entwicklung der Erkenntnis als soziales Phänomen und vertritt die Meinung, Wahrnehmung könne sich nur auf dem Nährboden der Kommunikation entwickeln.

Zu Anfang gefiel mir die konstruktivistische Position, weil sie implizierte, daß alle Interaktionen zwischen dem stattfinden, was MATURANA „informatorisch geschlossene" Nervensysteme nannte, die einander nur indirekt beeinflussen können. Die Analogie, die mir in den Sinn kam, war der Versuch, einen Dialog zwischen verschiedenen Spezies in Gang zu bringen. Dieser Gedanke lief der Annahme zuwider, bei der Therapie gehe es um die Unterweisung oder Manipulation eines Menschen durch einen anderen, der per definitionem eine Art Experte dafür wäre, wie dieser Mensch eigentlich sein sollte. Die Vorstellung aber, daß die Menschen in einer biologischen Isolierungszelle festsitzen sollten, mißfiel mir. Um diese Ansicht auf die Spitze zu treiben, könnte man behaupten, Therapeut und Klient seien wie Menschen in Taucherglocken, die versuchen, sich unter Wasser zu verständigen.

Im Gegensatz dazu postuliert die Theorie der sozialen Konstrukte eine sich entwickelnde Menge von Bedeutungen, die unaufhörlich aus den Interaktionen zwischen Menschen entstehen. Diese Bedeutungen sind nicht an den Kopf gebunden und können in individuellem „Geist", wie wir ihn uns vorstellen, durchaus fehlen. Sie sind Teil eines allgemeinen, ständig wechselnden Erzählungsflusses. So umgeht diese Theorie das starre Modell der biologisch begründeten Kognition und behauptet statt dessen, die Entwicklung von Begriffen sei ein fließender, sozial abgeleiteter Prozeß. Ich glaube, es ist besonders für einen Therapeuten nützlich, sich Probleme als Geschichten vorzustellen, die die Menschen für sich akzeptiert haben. Auch das „Selbst" kann eine Geschichte sein. Janet BAVELAS machte einmal die Bemerkung: „Die biologische ‚Verpackung' ist die große Täuschung, dann geben einem die Leute einen Namen und man muß die Verantwortung dafür übernehmen". Wie GERGEN (1985) sich ausdrückt: „Es geht um den Wandel von einer experimentellen zu einer sozialen Epistemologie" (S. 268). Um zu veranschaulichen, was ich unter meiner Art der sozialen Konstruktionstheorie verstehe, zitiere ich gewöhnlich den Komiker Steve WRIGHT, der gesagt hat: „Ich habe eine Muschelsammlung. Ich bewahre sie überall an den Stränden der ganzen Welt auf". Diese Sammlung existiert weder „in" der Außenwelt, noch „im" Geist des Sprechers, sondern „im" Austausch zwischen dem Komiker und seinem Publikum.

Im Einklang mit dem Ansatz der sozialen Konstruktionstheorie beginnen sich Familientherapeuten wie z.B. die Galveston-Gruppe (ANDERSON und GOOLISHIAN 1988) für postmoderne Semantik, Erzählungskunst und Linguistik zu interessieren. Diese Haltung scheint eine umfassende Abkehr von der biologisch-kybernetischen Metapher darzustellen, die eine

Familie mit einem Organismus oder einer Maschine vergleicht. Begriffe wie „Homöostase", „Zirkularität", „Autopoiese" sind räumliche Metaphern, die erklären, wie Einheiten sich gleich bleiben. Zeitliche Analogien wie Erzählung, Geschichte und Fluß gehen davon aus, daß die Einheiten einem ständigen Wandlungsprozeß unterworfen sind. In meiner metaphorischen Kurzschrift bewegen wir uns bei diesem Wandel auf Flüssen durch die Zeit und nicht in ewigen Kreisen. Obwohl man nie behaupten kann, eine Metapher sei „wahrer" als die andere, bevorzuge ich zur Zeit die Feststellung von Wissenschaftlern wie PRIGOGINE und STENGERS (1984) mit ihrer Vorstellung von „Ordnung durch Fluktuation", THOMS (1975) Katastrophentheorie, die eine mathematische Beschreibung des diskontinuierlichen Wandels liefert, und GLEICKS Version von der Chaostheorie (1987), nach der die Ordnung in der Turbulenz zu finden ist. Ich glaube, diese Modelle bieten eine bessere Analogie für die Beschreibung der wechselnden Bahnen, in denen sich Menschengruppen bewegen, als die eher statischen Zyklen der kybernetischen Theorie.

Offensichtlich ist die Theorie der sozialen Konstrukte nur ein Teil eines umfassenderen ideologischen Wandels, der in der Familientheorie ebenso wie in anderen Wissenschaften ein neues Zeitalter einläutet. Ich hätte für den neuen Rahmen, der zur Zeit Gestalt annimmt, noch viele andere Begriffe wählen können, wie z.B. „postmoderne Semantik", „kritische Theorie" oder „Dekonstruktivismus", aber mir schien, daß die Theorie der sozialen Konstrukte eine altehrwürdige Tradition hat und den geeignetsten Gesamtrahmen bildet. Viele Therapieformen, die sonst in Konkurrenz zueinander stehen würden, können unter diesen gemeinsamen Nenner gebracht werden, solange die Therapeuten, die sie praktizieren, sich darüber einig sind, daß jede Therapie die Form eines Gesprächs zwischen Menschen annimmt und daß die Ergebnisse dieser Gespräche keine andere Realität haben als die, die ihnen das gegenseitige Einverständnis verleiht. Eine gute Analogie kommt in dem Film Peter Pan vor. Die verängstigte und langsam verschwindende Tinkerbell bittet das Publikum, ihr zu helfen: „Klatschen Sie, wenn Sie an mich glauben". Natürlich erfüllt das Publikum – Eltern wie Kinder – diese Bitte.

Wenn man sich die Konstruktion von Bedeutungen so vorstellt, kann man sagen, daß sogar die Wahl von Sinnesmodalitäten in der Psychotherapie sozial abgeleitet ist. Vor einigen Jahrzehnten lautete das Schlüsselwort aufgrund des Interesses an humanistischer Psychologie „Fühlen". Die neueren kognitiven Modelle räumen eher der Art des

„Sehens" die Priorität ein. Ich nehme an, daß in Zukunft das wachsende Interesse an der Metapher „Stimme" den Weg einer anderen des „Hörens" weisen wird.

Wie dem auch sei, dieser Aufsatz soll dazu beitragen, anders zu „sehen". Und als Hilfsmittel dazu benutze ich drei leistungsfähige neue Linsen. Eine davon ist die Theorie der sozialen Konstrukte. Die zweite ist das, was ich als Sichtweise zweiter Ordnung bezeichne. Die dritte ist die Geschlechtszugehörigkeit. Die Theorie der sozialen Konstrukte ist in Wirklichkeit eine Linse für andere Linsen. Die anderen beiden sind nur Hilfsmittel insofern, als sie die Sichtweise von der Welt in ihren jeweiligen Bereichen veranschaulichen und lebendig machen. Alle drei können metaphorisch für die Psychotherapie verwendet werden. Alle drei repräsentieren Linsensysteme, die zu dem Bewußtsein zwingen, daß etwas, von dem man geglaubt hat, es hätte ein für allemal ein bestimmtes Aussehen, auch anders betrachtet werden kann. Man erkennt erst, daß eine „Tatsache" nur eine „Meinung" ist, wenn man durch die Entdeckung einer anderen, ebenso überzeugenden „Tatsache" schockiert wird, die zu der ersten in absolutem Widerspruch steht. Die beiden Tatsachen liefern dann einen weiteren Rahmen, in dem man eine Veränderung vornehmen oder eine Wahl treffen kann. Um den Preis der Aufgabe von moralischen und wissenschaftlichen Absolutwerten liefert die Theorie der sozialen Konstrukte ihrem Vertreter ein erweitertes Bewußtsein für seine Wahlmöglichkeiten. Lassen Sie mich jetzt die beiden Hilfsmittel beschreiben: das Konzept der Sichtweise zweiter Ordnung und der Geschlechtszugehörigkeit.

Die Linse einer Sichtweise zweiter Ordnung

Dieser Begriff stammt aus der Mathematik und bedeutet lediglich, daß eine Position eingenommen wird, die einen Schritt weit von der Operation selbst entfernt ist, so daß die Operation reflexiv wahrgenommen werden kann. Diese Sichtweisen sind in Wirklichkeit Meinungen über Meinungen. Sie schärfen das Bewußtsein dafür, wie sich die eigene Beziehung zu der Operation auf sie auswirkt, oder machen sichtbar, daß eine bestimmte Interpretation nur eine von vielen möglichen ist.

Als z.B. meine jüngste Tochter in der 9. Klasse war, kam sie mit Hausaufgaben zur „neuen" Mathematik nach Hause und bat mich um Hilfe. Mir, die ich Arithmetik nie beherrscht hatte, war die neue Mathematik ein Rätsel. Ich sagte meiner Tochter, ich könne ihr nicht helfen, weil es zu meiner Schulzeit noch keine neue Mathematik gegeben habe. Sie ging hinaus und murmelte: „Ganz schön blöd, eine Mutter zu haben, die in der Vergangenheit aufgewachsen ist." Ich war jedoch entschlossen, mich auf den neuesten Stand zu bringen, und fragte eine Freundin, worum es bei der neuen Mathematik ginge. Sie erklärte es mir am Beispiel des Dezimalsystems. Man kann ein Zahlensystem verwenden, das auf Zehnergruppen beruht, aber ebensogut kann man mit einer beliebigen anderen Gruppe, z.B. 12 oder 2, arbeiten. Ich, die ich immer geglaubt hatte, das Dezimalsystem sei in Stein gemeißelt, war verblüfft. Ich „sah", worum es sich bei der neuen Mathematik handelte. Es ging nicht um die Art, wie man sich überhaupt mit Mathematik beschäftigt – es ging um eine neue Art, über die Beschäftigung mit der Mathematik *zu denken.*

Ein anderes Beispiel ist die Anwendung einer Sichtweise zweiter Ordnung auf die Kybernetik. Die Forschungen, die zur Schaffung der kybernetischen Wissenschaft führten, hingen mit Versuchen (mit Fernlenkgeschossen und -raketen) zusammen, die während des Zweiten Weltkriegs begonnen hatten. Nach dem Krieg entstand eine Reihe von interdisziplinären Begegnungen, die Macy-Konferenzen, an der sowohl Physiker als auch Sozialwissenschaftler mit einem gemeinsamen Ziel teilnahmen: sie wollten die Anwendungsmöglichkeiten der neuen faszinierenden Vorstellung, daß Lebewesen ebenso wie leblose Dinge von durch Fehler ausgelösten Rückkoppelungsschleifen geleitet werden können, auf verschiedene Bereiche untersuchen. Gleichzeitig boten Arbeiten über Computer und künstliche Intelligenz die sogenannte „systemische" Sichtweise mentaler Prozesse und des Gehirns an.

In den späten 70er Jahren wurde die Kybernetik gespalten. Die Ingenieure und Roboterkonstrukteure waren immer noch in der Mehrzahl, aber eine kleine Gruppe von Dissidenten, zu der nicht nur der verstorbene Anthropologe Gregory BATESON, sondern auch VON FOERSTER, MATURANA, VARELA und VON GLASERSFELD gehörten, machten von sich reden. VON FOERSTER schlug eine Kybernetik zweiter Ordnung im Gegensatz zur Kybernetik erster Ordnung der „harten" Wissenschaftler vor (siehe KEENEY, 1983). Gemäß dieser Kybernetik zweiter Ordnung werden lebendige Systeme nicht als von außen programmierbare Objekte betrachtet, sondern als sich selbst erschaffende, unabhängige Wesen. Sie sind vielleicht Maschinen, aber, wie VON FOERSTER es ausdrückt, nicht-triviale Maschinen, d.h. daß sie nicht von der Geschichte determiniert sind und keinem vorhersehbaren Weg folgen.

Ich sah in dieser Unterscheidung eine Befreiung von den Modellen, die die Familientherapie lediglich als eine Frage der Verhaltensänderung behandelten. Bei einer Sichtweise erster Ordnung in der Familientherapie würde angenommen, es sei möglich, einen anderen Menschen oder eine Familie durch die eine oder andere Technik zu beeinflussen: ich programmiere dich, ich lehre dich, ich unterweise dich. Eine Sichtweise zweiter Ordnung würde bedeuten, daß sich der Therapeut als ein Teil dessen, was verändert werden muß, mit einschließt; er steht nicht außerhalb. Durch diese Sichtweise kann ein neues Bild erscheinen. Zunächst einmal kann schon die bloße Vorstellung von der „Fixierung von Problemen" als Teil des Problems betrachtet werden; hierauf hat die „Internationale Schule" in Palo Alto bereits vor Jahrzehnten hingewiesen (WEAKLAND, FISCH; 1974). Familientherapeutische Modelle, die auf einer Vorstellung von der „normalen" Familie beruhen, führen zu einer Entfremdung der Eltern, die sie als Vorwurf empfinden. Die Technologie der Psychiatrie (pathologisierende Etikettierungen) intensiviert die emotionale Krankheit. Versuche, Drogenmißbrauch zu verhindern, verschlimmern ihn nur.

J.W. FORRESTER vom Massachusetts Institute of Technology (1962) nannte diesen Effekt das „kontraintuitive Prinzip". Bei Computersimulationen von Wirtschaftssystemen fand er heraus, daß Lösungen von komplexen Problemen mit dem gesunden Menschenverstand oft das Gegenteil des Beabsichtigten bewirken. Er glaubt, dies sei die Folge sekundärer und tertiärer Rückkoppelungsschleifen, die außer Sicht des Experimentators liegen. Es wird weithin anerkannt, daß wir nie in der Lage sein werden, ein Wettersystem genau vorherzusagen und anscheinend ist es ebensowenig möglich, das Verhalten menschlicher Systeme vorauszusagen.

Im Rückblick auf meine 25jährige Tätigkeit in der Familientherapie erkannte ich, daß die meisten Modelle, die ich gelernt oder gelehrt hatte, Modelle erster Ordnung waren, die sich der Vorteile der Intentionalität wohl bewußt waren, nicht aber ihrer Gefahren. Die Unterscheidung zwischen der Sichtweise erster und zweiter Ordnung ermöglichte es mir, zu überlegen, wie eine Therapie aussehen könnte, die die extrem instrumentellen Tendenzen meiner früheren Ausbildung berücksichtigen oder ihnen sogar entgegenwirken würde. Diese Anschauung, die ich mit Harlene ANDERSON, Harry GOOLISHIAN und anderen vom Galveston Family Institute teilte, führte zu einer Verschiebung von der Vorstellung „das System schafft das Problem" zu der gleichermaßen gültigen Sichtweise „das Problem schafft das System". ANDERSON und GOOLISHIAN (1988) gingen sogar noch weiter: sie behaupteten, ein Problemsystem sei immer ein linguistisches System und Probleme existierten nicht objektiv in und durch sich, sondern nur durch das Gespräch mit anderen.

Die Linse der Geschlechtszugehörigkeit

Ebenso wurde mir zu meiner Verblüffung das Geschlechtsvorurteil in der psychologischen Forschung bewußt. Carol GILLIGANS (1982) Buch *In a Different Voice* beeinflußte mich sehr stark. Ihre Untersuchungen stellten die mit männlichen Wertesystemen assoziierte Sichtweise der Welt in Frage, insbesondere die Betonung von Unabhängigkeit, Autonomie und Kontrolle und zeigten, daß Frauen im Gegensatz dazu eher die Tendenz haben, Beziehungen für wichtig zu halten. Auf unserem Gebiet greifen neuere Bücher, wie z.B. *The Changing Family Life Cycle* von CARTER und McGOLDRICK (1988) und *The Invisible Web* von WALTERS, CARTER, PAPP und SILVERSTEIN (1988) viele grundlegenden Theorien der modernen Psychologie und Psychotherapie an: Entwicklungsschemata, die auf Untersuchungen der Reifung beim Mann basieren, aber auf alle Menschen angewandt werden; in das Konzept vom Lebenszyklus einer Familie integrierte Vorurteile, die von der heterosexuellen, aber patriarchalischen Familie als Norm ausgehen; Abwertung von Eigenschaften wie Vertrauen und Fürsorglichkeit, die normalerweise mit Frauen assoziiert werden. Es ist gerade erst damit begonnen worden, familientherapeutische Theorien auf Geschlechtsvorurteile zu untersuchen, und schon geraten Begriffe wie „überengagierte Mutter" oder „verstrickte Familie" ins Kreuzfeuer.

Eine besondere Schule der Familientherapie, die von feministischen Familientherapeuten aufgegriffen wird, ist die Mailänder Version des „systemischen" Modells (LUEPNITZ 1988). Feminist(inn)en wehren sich besonders gegen Begriffe wie „zyklische Kausalität" oder „Komplementarität" zur Beschreibung der Gegenseitigkeit der Elemente in der Beziehung zwischen Mann und Frau. Sie sagen, im Falle einer ungleichen Beziehung oder in einer Beziehung, in der Mißhandlungen vorkommen, verschleiere die Verwendung dieser Begriffe sowohl die Verantwortlichkeit des Mannes als auch die Verletzbarkeit der Frau. LUEPNITZ (1988) greift ein Zitat aus meinem Buch *Foundations of Family Therapy* (HOFFMAN 1981) heraus, wo ich sinngemäß schreibe, ebenso wie das Individuum in die Familie passen müsse, müsse auch die Familie in die Gemeinschaft und alle zusammen in die umfassende Ökologie passen. Ich schrieb das in der glücklich-mystischen Stimmung, zu der die übermäßige Lektüre von BATESON führen kann. Heute klingt es für mich wie eine besonders offensive Art von ökologischem Faschismus, bei dem das Individuum zum größeren Wohl des Ganzen geopfert werden darf. Natürlich distanziere ich mich davon, wie BATESON es wahrscheinlich auch würde.

Ich glaube jedoch, BATESON wäre mit mir darüber einig, daß die frühere Betonung von Macht und Kontrolle in der Familientherapie als ein Fall von Geschlechtsvorurteil betrachtet werden kann (siehe HOFFMAN 1985). BATESON wandte sich gegen HALEYS (HALEY 1976) Verwendung der Metapher Macht und gegen die zentrale Rolle, die sie in der Theorie spielte (siehe SLUZKI und RANSOM 1976). BATESON (1973) verwendete seine eigene Terminologie, um das Machtkonzept anzugreifen: er bezeichnete es als Mythos oder „epistemologischen Irrtum". Infolgedessen wurde ihm vorgeworfen, er habe behauptet, es gäbe keine Macht. Ich glaube, er wollte sagen, daß er nicht mit einer therapeutischen Philosophie einverstanden sei, die dem Therapeuten empfiehlt, eine Position der Macht einzunehmen, aber nicht moralisieren wollte, wie er einsah, daß er dann selbst in eine Macht-Position geraten würde.

An diesem Punkt möchte ich eine Kehrtwendung machen und ein Argument anführen, das dagegen spricht, BATESONS Ansicht allzu ernst zu nehmen. Den aktiven Veränderern ist bei strukturellen familientherapeutischen Modellen wohler zumute als bei systemischen, weil sie die Macht zumindest als einen Faktor in der conditio humana anerkennen. Wie bei der Bekämpfung von Feuer durch Feuer kann es manchmal notwendig sein, Macht mit Macht zu begegnen. DELL (1989) unterscheidet in seiner neueren Arbeit über die Frage der Gewalt zwischen der Welt der wissenschaftlichen Erklärung, zu der Fragen der persönlichen Verantwortung und des moralischen Urteils keinen Zugang haben, und der Welt der menschlichen Erfahrung – einer Welt der Beschreibung, in der Menschen sich gequält fühlen und darüber sprechen. Die Schwäche von BATESONS systemischer Sichtweise besteht darin, daß sie keine Sprache anbietet, in der Erfahrungen beschrieben werden können.

DELL (1989) weist außerdem auf eine Tatsache hin, die die oben beschriebene Kontroverse verschleiert hat: BATESON empfand ebenso deutlich wie HALEY, daß die Ausübung von Macht zur Kontrolle über andere Menschen pathogen ist, nur daß er es vorzog, diese häßliche Praxis als Denkfehler und nicht als Fehlhandlung zu beschreiben. Klinische Therapeuten stehen häufiger auf HALEYS Seite. Sie sind oft mit der Notwendigkeit konfrontiert, wegen einer kriminellen oder fast kriminellen Situation in einer Familie „etwas zu unternehmen", und in diesem Fall haben sie oft keine andere Wahl, als auf reformistische lineare Modelle zurückzugreifen, die als Reaktion auf das jüngst aufgetretene Interesse an der Mißhandlung von Frauen und Kindern entstanden sind. Eine Ausnahme bildet die zurückhaltende und nicht abwertende systemische Einstellung zur Gewalt im häuslichen Bereich, wie sie

Peggy PENN und Marcia SHEINBERG (PENN, SHEINBERG 1988) am Acker-man-Institut für Familientherapie in New York, oder Gerry LANE und Tom RUSSELL (LANE, RUSSELL 1987) in Atlanta, Georgia, vertreten. Beide Gruppen haben über erfolgreiche Ergebnisse berichtet, wenn auch nicht in allen Fällen.

Versuche wie dieser stellen die Überzeugung in Frage, die im Mittel-punkt von strukturellen Modellen wie dem HALEYS steht, daß der Thera-peut immer eine hierarchisch übergeordnete Position einnehmen soll. Vielen Frauen und auch Männern ist diese Position unangenehm, und sie kommen besser mit einem weniger autoritären Stil zurecht. Viele Schulen der Individual- und Familientherapie vermeiden sorgfältig eine auf Macht beruhende Haltung und haben anscheinend den gleichen Erfolg. Tatsächlich verschwindet der „Widerstand", der bei auf Macht beruhenden Therapien häufig auftritt, wenn sanftere Taktiken ange-wandt werden. Das veranlaßt die Vertreter dieser sanfteren Therapien zu der Behauptung, Widerstand entstehe durch die Art, wie sich der Therapeut verhält, und sei kein Anzeichen für eine störrische Familie.

Bei den strukturellen Modellen tritt noch ein weiteres Problem auf. Da sie teilweise von der Organisationstheorie abgeleitet sind, tendieren sie zu einer normativen Voreingenommenheit für Statushierarchien, die per definitionem ungleich sind. Eine Familie gilt als funktionsgestört, wenn die Generationengrenze nicht eingehalten wird. Aber Familien sind nicht unbedingt so aufgebaut wie die Armee oder die Kirche, ebenso-wenig wie ein Therapeut ein General oder ein Papst sein muß. Hier stößt man wieder einmal auf ein implizit patriarchalisches Wertesystem. Wie feministische Kritiker der Familientheorie betont haben (GOLDNER 1988), kann es den Blick für die starke Ungleichheit der häuslichen Rollen von Mann und Frau trüben, wenn man nur die Generationen-grenze betrachtet.

Für mich ist die Linse der Geschlechtszugehörigkeit hauptsächlich des-halb so wichtig, weil sie etablierte Annahmen und Sittenkodices in der psychologischen Theorie sichtbar macht, die als selbstverständlich gel-ten und nicht nur den Frauen, sondern auch den Männern schaden. Das Buch GILLIGANS *In a Different Voice* (1982) ist viel kritisiert worden, weil es, wie Rachel HARE-MUSTIN (1988) es ausdrückt, einen „Alpha"-Standpunkt einnimmt. Dieser Standpunkt soll angeblich das „Anders-sein" der Frau befürworten, wie die abgetrennte Sphäre der Häuslich-keit für die Frau, die von viktorianischen Schriftstellern idealisiert wurde. HARE-MUSTIN stellt dieser Position einen „Beta"-Standpunkt gegenüber:

die Überzeugung, daß Männer und Frauen gleich behandelt werden sollten. Der Beta-Standpunkt will das Machtgefälle zwischen Mann und Frau beseitigen und setzt sich energisch für die Rechte der Frau ein.

Mir scheint, GILLIGAN bringt noch einen dritten Standpunkt vor, nämlich den, daß sowohl Männer als auch Frauen in der Lage sein sollten, sich für die „innere" Stimme zu entscheiden, die geringschätzig der Frau zugeschrieben wurde. Sie spricht von einem ausgeglicheneren kulturellen Repertoire für beide Geschlechter. Deshalb möchte ich ihre Position eher „geschlechtssensitiv" als „feministisch" nennen. Diese Unterscheidung hat mir geholfen, einer Familie nicht meine eigene Definition „des Problems" aufzuzwingen und trotzdem einem Ideal der Gerechtigkeit treu zu bleiben. Es gibt noch etwas anderes, das mir Sorgen macht. Bei dem Versuch, geschlechtsspezifischen Vorstellungen von Familienstrukturen den Kampf anzusagen, können Feminist(inn)en – zusätzlich zu den schon vorhandenen – noch mehr Etiketten für Psychopathologien und neue „Experten", die den Familien sagen, wie sie sein sollten, hervorbringen.

Lassen Sie mich diesen Abschnitt mit der Bemerkung abschließen, daß mir die Aussage besonders unangenehm ist, Familientherapeuten, die ihre Fähigkeiten nicht einsetzen, um gegen die Unterdrückung der Frau zu kämpfen, handelten politisch nicht „korrekt". Da ich in einer Welt von marxistischen Künstlern aufgewachsen bin, bin ich gegen diese Art von Idealismus besonders allergisch. Ein weiteres Problem ist die Wirksamkeit. Ich gebe manchmal die Hoffnung auf, ein feministischer Familientherapeut könne durch seine Arbeit auf der Mikroebene der Familie sehr viel zur Veränderung sexistischer Familienbilder beitragen. Diese Einstellungen werden wahrscheinlich nur einer Sozialpolitik weichen, die durch politische Taten durchgesetzt wird. Die feministische Position ist jedoch trotzdem unentbehrlich zur Hebung des Bewußtseins anderer Therapeuten, und sie hat mich ganz gewiß dazu veranlaßt, bisher sakrosankte familientheoretische Texte unter einem anderen Blickwinkel zu sehen und die verborgenen Ungerechtigkeiten anzugreifen, die oft darin begangen werden.

Der Rosetten-Trugschluß

Um einige der Gedanken zu veranschaulichen, die ich in diesem Aufsatz behandelt habe, möchte ich eine Geschichte über einen Gestaltwandel einfügen, den ich selbst durchgemacht habe. Dieser Fall betrifft mein aufdämmerndes Bewußtsein für die Implikationen einer postmodernen Sichtweise der systemischen Therapie. Meine Geschichte beginnt nicht mit der Familientherapie, sondern mit der Literaturkritik. Vor kurzem entdeckte ich die Dekonstruktionstheorie, eine Schule der Literaturkritik, die sich mit der Demontage der früheren Schule des „Neuen Kritizismus" befaßte. Während meiner Collegezeit war ich ein „Neukritizist", d.h. ich glaubte, ein Gedicht oder ein Roman hätte eine verborgene Bedeutungsstruktur – eine Art symbolischer Architektur –, die zu erkennen nur der Kritiker fähig war. Die sozialen und politischen Überzeugungen des Autors, sein Genre, seine Kultur, seine Geschichte und sein Geschlecht waren unwichtig im Vergleich zu dem Gral, der im Text entdeckt werden konnte. Es galt als ausgemacht, daß der Autor weniger gut wissen konnte, was diese symbolische Struktur ausmachte, als der Kritiker. Und der gewöhnliche Leser hatte natürlich überhaupt keine Ahnung davon.

Ich war begeistert, als ich zufällig auf die Familienforschungen stieß, die das Mental Research Institute in den 60er Jahren durchführte, weil ich erkannte, daß ich hier die Schablone des neuen Kritizismus anwenden konnte, den ich so gut kannte. Die Vorstellung eines „kybernetischen Systems", in das das Symptom eingeschlossen war, hatte mir der Himmel gesandt, denn es bot eine Metapher, die genau meiner Vorstellung von einer verborgenen Bedeutungsstruktur entsprach. Ich benutzte die Analogie der Rosette für die Arbeit der Pioniere am Mental Research Institute. Sie entzifferten die Rosette der pathologischen Kommunikation und ich wollte ihnen dabei helfen.

Zwanzig Jahre später begann ich, meine Vorstellungen zu ändern und hatte das Gefühl, es sei an der Zeit, „Systeme", insbesondere „Familiensysteme" hinter mir zu lassen. Erst vor kurzem jedoch, als ich einen Artikel von Gerald ERICKSON mit dem Titel *„Against the Grain: Decentering Family Therapy"* (1988) las, erkannte ich, daß meine Rosetten-Analogie ein Mythos mit schädlichen Folgen war. Der Anstoß für ERICKSONS Kritik war eine Bewegung, die aus irgendeinem Grund meiner Aufmerksamkeit völlig entgangen war: die dekonstruktivistische Herausforderung des Neuen Kritizismus meiner Collegezeit. Ich möchte diese Bewegung nicht näher beschreiben und nur sagen, daß sie die Literaturkritik wieder in den weiteren Kontext von Politik, Biographie und Geschichte zurückstellte. Sie war außerdem, meiner voreingenommenen Auffassung nach, für einen guten Teil der dramatischsten Selbstdarstellungsposen verantwortlich, die die Literaturkritik seit langem hervorgebracht hat.

Aber um auf meine Geschichte zurückzukommen: ERICKSON behauptet, ebenso wie die Dekonstruktivisten, daß der Begriff „System" zuerst von Ferdinand DE SAUSSURE (1915), dem Begründer der strukturellen Linguistik, eingeführt wurde. DE SAUSSURE nahm an, man könne eine organisierte Menge von Regeln für die Sprache unterscheiden, die nicht nur ihre Entwicklung *durch die Zeit,* sondern auch ihre Kohärenz *in einem Zeitpunkt* erklären würde. Die linguistische Theorie, die früher die historische Entwicklung der Sprache entlang der Geschichte betont hatte, ergänzte DE SAUSSURE mit einem Konzept des „Systems" durch die Vorstellung einer Organisation der Grammatikregeln in einem zeitlosen Jetzt.

DE SAUSSURES Verwendung des Begriffs „System" wurde zum Teil einer Ideenepidemie. Viele andere Sozial- und Psychologietheoretiker verwendeten entweder diesen Begriff oder ersetzten ihn durch „Struktur". FREUD ein früher Strukturalist, hatte bereits mit seiner Theorie des Ich, Über-Ich und Es eine psychologische Version dazu beigetragen. Der Psychologe Jean PIAGET hatte „Strukturen" in der kognitiven Entwicklung des Kindes postuliert. Der Anthropologe LÉVI-STRAUSS, dessen Name mit der strukturistischen Bewegung praktisch identifiziert wird, hatte diese Vorstellung auf die Anthropologie angewandt und in der Verwandtschaftsterminologie und in den Mythen primitiver Gesellschaften „Strukturen" gefunden. Noam CHOMSKY entdeckte die „tiefe Struktur" dessen, was er als „Transformationsgrammatik" bezeichnete. Talcott PARSONS baute eine Theorie der normativen Rollenstruktur für die moderne Familie auf. Und die Neuen Kritiker begründeten eine ganze Kultur der Literaturkritik durch die Analyse der „Struktur" eines Romans, Gedichts oder Theaterstücks.

ERICKSON benutzt dasselbe Argument gegen den Strukturalismus wie die Dekonstruktivisten und behauptet, es sei an der Zeit, die Familientherapie zu entthronen. Um es genauer zu sagen, er stellt die systemischen Konzepte von BATESON in Frage. Und ich glaube, er hat recht. Als in den 50er Jahren die allgemeinen Systemtheoretiker und die Kybernetiktheoretiker auf den Plan traten, kam ihnen das Systemparadigma sehr gelegen. Die Kybernetiker brauchten nur die allgemeine Systemtheorie an das Konzept des Servomechanismus anzupassen. Das war die Analogie, die die Familientheorie mehrere Jahrzehnte hindurch prägte. Sie war die „Metapher, nach der wir leben" für unser Fachgebiet.

Sie ist jedoch, wie ERICKSON deutlich macht, in gewisser Weise eine einschränkende Metapher. Sie verleiht dem Therapeuten als demjenigen, der das verborgene System der Kommunikation analysiert, eine ungeheure Macht. Primitive Völker können sich des komplexen Grammatiksystems, das ihren Äußerungen Gestalt gibt, nicht bewußt sein; ebensowenig kann eine Familie sich des Regelsystems bewußt sein, das ihr „pathologisches" Kommunikationsverhalten bestimmt. Es ist unvermeidlich, daß der Familie Unwissenheit und dem Therapeuten Allwissenheit unterstellt wird. Der Therapeut wird zu einer Art Meisterdeuter, der per definitionem das Feld beherrscht.

Dies hat zur Entwicklung eines Therapiestils geführt, der auf der Notwendigkeit zu einer Distanz beruht, die die professionelle Distanz, die die Therapeuten schon vom ärztlichen Modell übernommen haben, nur noch vergrößert. Der Therapeut geht unter diesen Umständen von einer Menge von fremden Annahmen aus. Da die meisten dieser Annahmen (sowohl in der Familien- als auch in der Individualtherapie, wie man fairerweise einräumen muß) Schuldzuweisungen und Urteile beinhalten, müssen sie maskiert werden. So entwickelt sich eine Sprache zur Beschreibung einer Gefühls- oder Verhaltens-„Pathologie", die den wenig schmeichelhaften Charakter von Beschreibungen wie symbiotische Mutter oder „passiv-aggressiver" Vater verschleiern. Auch die Familientherapie ist reich an deskriptiven Phrasen: „dysfunktionale Familie" oder „psychotische Spiele". Außerdem stellt sich die Familientherapie oft als Gegnermodell dar. So kommen Ausdrücke wie Strategien, Schachzüge, Manöver und Gegenmanöver vor. Diese Position scheint die Moral des Therapeuten oder des Therapieteams zu heben, auch wenn sich die Familie vielleicht gar nicht dessen bewußt wird, daß man sie so abwertend betrachtet. Dies führt zu einer Kluft in der Beziehung zwischen Therapeut und Familie, die eine enorme Einschränkung für das Fachgebiet mit sich brachte. Sie war für die Einzeltherapeuten sicher schockierend und hat dazu beigetragen, daß es für Einzel- und Familientherapeuten schwierig war, überhaupt eine gemeinsame Sprache zu entwickeln, von einer Annäherung ganz zu schweigen.

Ein weiterer Nachteil des systemischen Modells war die Ausklammerung der Politik. Bei den Neuen Kritikern war die Betonung, die die frühere Kritikergeneration auf den historischen, sozialen und politischen Kontext eines literarischen Werkes gelegt hatte, verpönt. In gleicher Weise hat das kybernetische Denken zu einer Tendenz geführt, die Familientherapie von diesen Dingen zu distanzieren. Soziale Fragen werden für die Therapiearbeit, die sich in erster Linie auf die Familie als „System" konzentriert, als außenliegend empfunden. Systemische Therapeuten schließen den Therapeuten in ihre Beurteilung ein und manchmal bezieht sich ein Team, das sich an der Mailänder Schule orientiert, als Teil einer endgültigen Botschaft mit ein; meistens bleibt das Team jedoch in einer gottähnlichen Stellung hinter der Szene, interveniert von Zeit zu Zeit, um den hilflosen Interviewer vor einer „Einbeziehung" in die Familie zu retten, und gibt Meinungen von sich, auf die zu reagieren die Familie keine Chance hat. Andere Fachleute können in die therapeutische Hypothese mit einbezogen werden, aber sie werden gern mit der Familie zusammen als potentiell gefährlich für die Therapie klassifiziert, wenn man sie nicht vorsichtig behandelt. Fragen der Rasse, der Klasse oder des Geschlechts waren für die systemischen Therapeuten – wie die neueren Richtungen hervorheben – bisher fast unsichtbar.

Ein weiterer Einwand gegen den systemischen Standpunkt konzentriert sich besonders auf die Position der „Neutralität" des Mailänder Modells. Feministische Familientherapeuten wiesen auf Situationen hin, in denen Gewalt oder Mißhandlungen vorkommen und werfen den systemischen Therapeuten eine Nichteinmischungshaltung vor. Die Mailänder Gruppe verteidigt ihre Position und nimmt den Standpunkt ein, der Umgang mit Gewalt sei Sache einer „sozialen Kontrollinstanz" und nicht die des Therapeuten. Trotzdem hat diese Kritik den blinden Fleck einer systemischen Sichtweise ans Licht gebracht. Diese Anschauung behauptet, wie schon gesagt, daß alle Beteiligten an einem sich gegenseitig bedingenden Verhaltensmuster mitwirken, das schließlich zu dem gewalttätigen Vorfall führt. Sie leidet deshalb an einem blinden Fleck, weil sie in Fällen von Gewalt die Verantwortung nicht zuweisen kann.

Mit diesem Aufsatz versuche ich nicht, das oben geschilderte Dilemma zu lösen. Es entzieht sich für mich einer einfachen Lösung. Mein Hauptinteresse ist, auf die stillschweigenden Annahmen über die Psychologie oder Psychotherapie aufmerksam zu machen, die auf unserer Ausbildung beruhen oder auf den weniger bewußten Vorstellungen, die man unter dem Begriff „Ethnopsychologie" zusammenfassen kann. Der Anthropologe Steven Tyler (1978) sagt, Ethnographen hätten bei ihren Feldforschungen die Augen „mit Texten verbunden". Auch Therapeuten haben ihre Augen mit Texten verbunden, obwohl man sich dessen leicht überhaupt nicht bewußt wird. Ich habe meine drei Konzepte – Theorie der sozialen Konstrukte, Sichtweise zweiter Ordnung und Sensibilität für die Geschlechtszugehörigkeit – unentbehrlich gefunden, um mir meiner eigenen Texte bewußt zu werden. Infolgedessen habe ich meine Sichtweise der systemischen Therapie um einen Standpunkt erweitert, der auf Gerechtigkeit und subjektive Erfahrung ebensoviel Wert legt wie auf Folgerichtigkeit und Neutralität. Ich arbeite heute ganz anders als vor 5 Jahren. Und ich werde in 5 Jahren wahrscheinlich wieder anders arbeiten.

Was mich im Moment am meisten fasziniert, ist die Vorstellung, daß die Metapher des kybernetischen Systems erfolgreich durch eine postmoderne anthropologische ersetzt werden kann. Die Verwendung dieses Modells hat zur Folge, daß wir alle zu dem werden, was die Forscherin Judy DAVIS (1988) als „Zufallsethnographen" bezeichnet. Diese Rolle ist das Gegenteil des zu Besuch kommenden Experten, der mit Hilfe von Informanten und privaten Schemata und Beobachtungen eine strukturelle Analyse des Stammes-„Ethos" erstellt. Der postmoderne Therapeut kommt zu der Familie, ohne eine Pathologie zu definieren, ohne irgendeine Vorstellung davon, nach welchen dysfunktionalen Strukturen er suchen soll, und ohne in Gedanken festzulegen, was sich ändern sollte und was nicht. Gemeinsam, während sie sich unterhalten, können der Interviewer und die Familie Dinge verstehen oder auf Ideen zum Handeln stoßen, die sich von den ursprünglichen Vorstellungen der Familie ebenso unterscheiden können, wie von denen des Therapeuten. (Obwohl ich gerne glauben würde, daß der Therapeut neuen Stils von einer Position des „Nichtwissens" ausgehen muß, kann ich nicht glauben, daß ein Therapeut ganz *ohne* gedankliche Vorstellungen in eine Sitzung gehen kann, und ich bin überzeugt, daß es besser ist, sich dieser Vorstellungen bewußt zu sein.)

Die Zufallsethnographie führt außerdem dazu, daß es vielleicht nicht zu einer endgültigen Botschaft oder Verschreibung kommt, sondern nur zu einer weiteren Verabredung. Und beim nächsten Treffen – wenn sich die Gruppe überhaupt wieder trifft – hat sich etwas geändert oder nicht. Diese Frage ist einleuchtenderweise besonders entscheidend für eine Therapiegruppe, da das therapeutische Gespräch sich um eine Beschwerde dreht, was beim ethnographischen Gespräch nicht der Fall ist. Trotzdem ähneln sich die beiden Gesprächstypen in dem Sinne, daß in dem Befragten keine verborgene pathologische Struktur vermutet wird, die nach „objektiven" Kriterien beurteilt werden kann. Das therapeutische Interview ist ein performativer Text, wie das im postmodernen Jargon heißt. Der Text erhält seine Form durch die im Gespräch auftretenden Qualitäten, die ihn hervorgebracht haben, und es steht zu hoffen, daß so ein emanzipatorischer Dialog entsteht und nicht das unterdrückende oder monolithische Gespräch, das so oft vorkommt.

Ich erkenne den Einfluß von ANDERSON und GOOLISHIAN (1988) an, deren Ideen für mich eine Leitlinie waren, und schlage vor, einen postmodernen interpretativen Rahmen zu verwenden, in dem unsere Versuche, gemeinsam therapeutische „Texte" zu konstruieren, stattfinden können. In der Therapie hören wir uns eine Geschichte an und arbeiten dann mit den Menschen zusammen, von denen wir sehen, daß sie für die erzählten Geschichten andere Geschichten oder Bedeutungen erfinden. Die „Familiendynamik, Teil 1" scheint zu einem vorläufigen Ende gekommen zu sein, denn die Zeit des kybernetischen Paradigmas ist wohl abgelaufen. Wie könnte die „Familiendynamik, Teil 2" aussehen? Würde sie „Familie" heißen? Würde weiter das Wort „System" in ihr vorkommen? Was würde mit dem Begriff „Therapie" geschehen? Ich schließe mich anderen an und benutze den Ausdruck „systemische Praxis", aber es werden sich zweifellos auch noch andere Möglichkeiten bieten.

Ebenso wie vor einigen Jahrzehnten die zu jener Zeit entstehende Theorie der Familiensysteme das Glück hatte, von der Aufregung zu profitieren, die über die Erforschung der Rückkoppelungsschleifen in der Kybernetik entstand, hat sie jetzt die Chance, von einer anderen Revolution zu profitieren, und zwar von der in den Geistes- und den Humanwissenschaften. Die postmoderne interpretative Sichtweise liefert Metaphern für unsere Arbeit, die hauptsächlich vom Kritizismus und von den sprachlichen Künsten abgeleitet sind. Da die Therapie eine Kunst des Gesprächs ist, werden ihr diese Metaphern eher gerecht als die biologischen und mechanischen Metaphern, die wir bisher benutzt haben. Ihre besondere Stärke ergibt sich aus der Tatsache, daß sie nichtobjektivistisch sind und gleichzeitig sozial und politisch vernünftig. Im Zusammenhang mit dieser Wandlung bitte ich Sie, sich vorzustellen, wie eine neue, andere Geschichte über die „Familientherapie" aussehen könnte.

(Übersetzung von Karin Merkle, Heidelberg)

Kapitel 4

Definitionen für jedermann und jedefrau

Und jetzt kommt mein Fluß – oder die Reise, die ich auf ihm unternehme – zum Stillstand, und ich ruhe mich aus, während ich versuche, eine Karte zu konstruieren, um meine Position bestimmen zu können. Da Postmoderne für mich wie für die meisten meiner KollegInnen Neuland darstellt, fühle ich mich irgendwie verpflichtet, eine Brücke zu bauen. Diese Brücke würde uns aus der kybernetischen Welt der Ingenieure in die diversen Lager einer stärker sprach-orientierten Welt bringen.

Im Laufe meiner Studien betrachtete ich die Postmoderne (KAPLAN 1988), den Poststrukturalismus (POSTER 1989), die kritische Theorie (HELD 1980), Dekonstruktionismus (BERMAN 1988), die Diskurs-Theorie von Michel FOUCAULT (COOPER 1982), Hermeneutik und narrative Theorie (MESSER, SASS & WOOLFOLK 1988), sozialen Konstruktionismus (GERGEN 1985) sowie feministische Positionen postmoderner Theorien (NICHOLSON 1990). Ich möchte meine eigene Erklärung dieser Konzepte in Hinblick auf ihre Bedeutung für Familientherapie vorstellen.

Zuallererst, der Begriff „postmodern" scheint ein umfassender Begriff für eine Änderung des Zeitgeistes zu sein, der von vielen Leuten aus dem akademischen und nicht-akademischen Bereich hier und anderenorts aufgegriffen worden ist. Entsprechende Ausdrücke wären „klassisch" und „romantisch" für die Literatur oder die Malerei des achtzehnten und neunzehnten Jahrhunderts. „Romantisch", „modern" und „postmodern" sind auch tatsächlich Etiketten, die einige postmoderne KritikerInnen auf die Kultur der letzten beiden Jahrhunderte und auf das kommende Jahrhundert beziehen. Ich habe mich oft gefragt, was wohl „modern" ersetzen würde und ich glaube, „postmodern" ist zumindest logisch, wenn auch ein wenig ernüchternd. Das Buch, das mir am meisten geholfen hat, dies zu klären, war Kenneth GERGENS *The Saturated Self* (1991) (Das gesättigte Selbst).

Ein mit Postmoderne verwandter Begriff, der manchmal austauschbar verwendet wird, lautet Poststrukturalismus. Im allgemeinen sind Postmoderne wie Poststrukturalismus in ihrem Wesen anti-positivistisch und greifen die Annahme der Objektivität an, die die westliche Weltsicht und besonders die Ansprüche moderner Wissenschaft kennzeichnen. Tatsächlich weisen PostmodernistInnen jede Position zurück, die eine „totalisierende Wahrheit" enthält, einen „idealen Diskurs" oder jede andere endgültige Theorie. Diese Position war für FamilientherapeutInnen wie mich sehr hilfreich, die glauben, daß die Anwendung der Idee wissenschaftlicher Gewißheit auf die Bereiche der modernen Psychologie und Psychotherapie schädlich für die Gesundheit der Menschen sei. Diagnostizieren und die Probleme der Menschen so behandeln, als seien sie medizinische Erscheinungen, können sich als einer der größten zeitgenössischen Fehler erweisen.

Aber poststrukturelle DenkerInnen sind noch weiter gegangen und haben die Idee des 20. Jahrhunderts infragegestellt, daß verborgene Strukturen in menschlichen Gruppen und dem, was sie hervorbringen, wirken. Diese Einsicht könnte den größten Teil der etablierten Sozialforschung erschüttern – den Teil eingeschlossen, der sich mit Familien-System-Theorie befaßt. Die Vorstellung, daß Systeme und Strukturen nur angenehme Erfindungen sind, wirft auf das ganze systemische Unternehmen Zweifel. Ich fand es sehr schwer, diesen Schock zu überwinden, insbesondere da ich 25 Jahre in das Konzept des Familien-Systems investiert und erwartet hatte, ihm für immer zu glauben.

In der Folge dieses Aufruhrs ist es aber zu einer großen Klärung gekommen. Postmodernes und poststrukturelles Denken hat es uns ermöglicht, einen neuen Blick auf alle gepriesenen oder geheiligten Schriften zu werfen und sie zu „dekonstruieren". Der Zweck, einen Text zu dekonstruieren, liegt im wesentlichen in politischer Emanzipation: indem die Beziehungen von Über- und Unterordnung, die in einen Text eingebettet sind, offengelegt werden, wird (hoffentlich) seine Macht zu unterdrücken, verringert. Die französische Literaturkritik der 1970er (Leitch 1983) war darin brilliant und haben viele AkademikerInnen in den USA angeregt, ihnen nachzueifern. Es ist bemerkenswert, wie viele Denkschulen (die Arbeiten von Marx, Freud und Nietzsche, um nur einige zu nennen) aufgrund eienr gewissenhaften Anwendung dieser Methode in einem oder zwei Jahrzehnten eingerissen worden sind. Der feministischen Kritik sind aufgrund des französischen Dekonstruktionismus Flügel gewachsen und feministische FamilientherapeutInnen haben auch davon profitiert.

Auch wenn sich die Wege der französischen und deutschen Intellektuellen nicht oft kreuzten, so existierte eine ähnliche Bewegung in der deutschen Philosophie vor dem Zweiten Weltkrieg, genannt „Kritische Theorie" (Poster 1989). AnhängerInnen dieser Theorie wie Max Hork-

HEIMER und Theodor ADORNO versuchten, die Ideale der Aufklärung und die Träume von MARX in eine allgemeinere Theorie sozialer Emanzipation überzuführen. Die Bewegung entwickelte sich nach dem Krieg weiter und war bekannt als „Frankfurter Schule". Ein großer Unterschied zwischen französischem Dekonstruktionismus und deutscher Kritischer Theorie war der, daß die FranzösInnen sich am Prozeß der Dekonstruktion um seiner selbst willen freuten, während die deutschen TheoretikerInnen es so sahen, daß sie sich dem Grund sozialer Gerechtigkeit näherten. Die AktivistInnen in der Familientherapie haben in der Kritischen Theorie Unterstützung gefunden, die vielleicht sogar nützlicher war als der Dekonstruktionismus.

Von allen französischen postmodernen TheoretikerInnen hebt sich der Sozialgeschichtler Michel FOUCAULT wegen der Klarheit und Originalität seiner Arbeiten ab (RABINOW 1984). Er scheint wirklich eine eigene Bewegung zu sein. FOUCAULT, der vor nicht allzu langer Zeit verstarb, analysierte das, was er den „Diskurs" moderner Institutionen nannte: Medizin, Recht, Erziehung usf. In FOUCAULTS Vorstellung sind die Formen bürokratischer Regierung, die so rational und wohlwollend scheinen, tatsächlich eine Art Überwachung, die das Leben der DurchschnittsbürgerIn einschränken.

Aber auch wenn diese Argumentation links angehaucht war, befürwortete FOUCAULT keine Revolution; er drang vielmehr auf eine Art informierten Widerstands gegen diese gesichtslosen Regimes. Daher blieb er eine zweischneidige Figur, politischer als viele seiner dekonstruktionistischen LiteraturkollegInnen, aber weniger als seine marxistischen GegenspielerInnen. Was eine anregende und originelle Anwendung FOUCAULTscher Ideen auf die Therapie betrifft, dafür steht Michael WHITES Entwurf, menschliche Probleme in Kräfte der Unterdrückung und Therapie in eine Widerstandsbewegung zu transformieren (WHITE & EPSTON 1990).

Ein weiterer Strang im komplexen Kabelgewirr der Postmoderne ist narrative Theorie (SARBIN 1986). Diese Bewegung vertritt die Ansicht, daß es kein Ereignis gibt, das wir objektiv begreifen und verstehen können; wir kennen nichts weiter als Geschichten über das Ereignis. Einige revisionistische PsychoanalytikerInnen und auch FamilientherapeutInnen fanden es nützlich, narrative Theorie auf ihre Arbeit anzuwenden (SPENCE 1982). Ihnen gefällt die Vorstellung, daß die TherapeutIn der KlientIn hilft, eine neuere und hoffnungsvollere Geschichte zu konstruieren, anstatt eine beerdigte Wahrheit auszugraben. Narrative

Theorie trifft genau ins Zentrum pathologischer Geschichts-Therapie und gibt TherapeutInnen neue Hoffnung, die, so wie ich, wünschen, daß alle Defizit-Modelle in einem Schrank verschlossen werden könnten und nie mehr herauskämen.

Andererseits gibt es einige Mängel, wenn man der Idee folgt, jede Therapie in Geschichten zu verwandeln. Erstens ist es zu einfach; du kannst alles und jedes zu einer Geschichte machen und diese Mode überschwemmt das Feld. Aber schlimmer ist die Versuchung, die Geschichten der Leute, die wir sehen, als armselig und schlecht gestaltet zu etikettieren – so daß sie die Hilfe der TherapeutIn brauchen, sie kohärenter zu machen. Diese Version narrativer Therapie ist von etlichen psychoanalytisch-orientierten TherapeutInnen gestützt worden. Einer von ihnen schreibt: „Die analytische ZuhörerIn muß [der KlientIn] helfen, hinter der fertigen und praktizierten Version ihrer Erzählung eine stärker authentische zu entdecken" (WYATT in SARBIN 1986).

Eine stärker kollaborative Anwendung eines narrativen Formats wird von einer Gruppe vorangetrieben, mit der ich zusammenarbeite: People's Bridge Action.* Sie haben den Begriff „Supervision" durch einen Begriff ersetzt, der die Gemeinsamkeit betont**, und sie nutzen einen narrativen Prozeß auf eine ähnliche Weise wie bei AA-Treffen. Sowohl problem-lösender wie vor-und-zurück-Dialog werden eingebracht und den TeilnehmerInnen wird ein geschützter Raum gestellt, in welchem sie Bilder anbieten, Geschichten erzählen, persönliche Erfahrungen mitteilen oder ihren FreundInnen Trost spenden können. Am Ende hat die VeranstalterIn*** die Möglichkeit der Erwiderung. Ein Format wie das Reflektierende Team ist eine andere Möglichkeit, einen narrativen Modus einzubeziehen, sei es in Therapie, Konsultation oder Lehre.

---

*) **Anm.d.Hrsg.:** vgl. dazu den Aufsatz von Lynn HOFFMAN „Relationale Arbeit mit Systemen: Familientherapie mit anderer Stimme", Z.system.Ther. 10(2): 97-100, 1992

) **Anm.d.Übers.: im englischen Text wird „supervision" durch „sharevision" ersetzt, was im deutschen schwer nachvollziehbar ist. Am ehesten paßt hier wohl die Ersetzung der „Supervision" durch die „Convision".

***) **Anm.d.Übers.:** den Begriff „presenter" haben wir hier mit „VeranstalterIn" übersetzt, um Konnotationen und Assoziationen von „Leitung", „Führung" etc. zu verringern.

Die Wiederkehr der Hermeneutik, ursprünglich die Kunst der Bibel-interpretation, ist ein anderer Ableger des Interesses an literarischen Formen. Über dieses Thema ist sehr viel geschrieben worden, darunter auch eine Menge über die Anwendung in der Einzeltherapie (MESSER et al. 1988). Am gekonntesten wurde diese Auffassung in der Familienthe-rapie von Harlene ANDERSON, die derzeitige Direktorin des Galveston Family Institute, und dem späten Harry GOOLISHIAN, dessen Gründer, vertreten. Sie und ihre Gruppe haben mehr als jede andere getan, um einen Ansatz zu schaffen, der sich auf Geschichten gründet, losgelöst von vor-be(ver-)urteilten Plänen oder Theorien. Um ihre Worte zu verwenden: „Wir kommen von einem Ort des ‚nicht wissen'".

Irgendwo in dieser Menge muß ich einen Platz für die postmodernen EthnographInnen finden (CLIFFORD & MARCUS 1986). Ihre Innovationen für die Theorie und die Methoden des Forschungsinterviews haben auch den Weg für Veränderungen im familientherapeutischen Interview bereitet. In einem späteren Artikel diskutiere ich den Wechsel von ei-nem „von oben nach unten"-Interviewmodell – wo sich die InterviewerIn wie ein Kolonialoffizier verhält – zu einem stärker horizontalen Modell – wo sich die InterviewerIn bewußt davon zurückhält, Theorien oder be-stimmte Ergebnisse durchzudrücken. Bedeutungskonflikte entstehen oft im Verlauf eines „von oben nach unten"-Interviews: wenn z.B. eine ÄrztIn eine PatientIn über ihre Ohrenschmerzen befragt und die Patien-tIn ihre Seele erleichtern möchte; oder wenn eine Frau ihre Geschichte hört, so wie sie gemäß der Theorie der ForscherIn interpretiert wird, aber sie selber sie so überhaupt nicht sieht.

Und was ist schließlich mit dem sozialen Konstruktionismus? Diese Bewegung stammt von einer Gruppe englischer und amerikanischer SozialtheoretikerInnen, deren Wurzeln in Sozialpsychologie und An-thropologie liegen. Wie einer ihrer führenden Vertreter, Kenneth GER-GEN, darlegt, handelt es sich um eine Teilmenge der Postmoderne, die als Schlachtruf führt: „Nieder mit dem Wesentlichen." Wesentliches – Dinge, wie sie wirklich sind – daran glauben die meisten modernen und auch viele ältere DenkerInnen. Der Geist und das Selbst wären gute Beispiele für das Wesentliche. Soziale KonstruktionistInnen sind der Ansicht, daß solche Annahmen ein Produkt der Interaktionen zwischen Menschen sind und nicht als solche existieren – so, wie ein Mythos auch nur in einer bestimmten Zeit und an einem bestimmten Ort, wo er erzählt wird, besteht. Konzepte grundlegenden Wissens werden eben-falls infragegestellt. Zusammen mit PostmodernistInnen im allgemeinen weisen auch soziale KonstruktionistInnen jede Position zurück, die wie eine letzte Theorie oder ein großer Entwurf klingt.

Ein zentraler Aspekt des sozialen Konstruktionismus liegt in der Bedeutung, die das Wort „sozial" trägt. Wesentliches mag nicht als ideale Form als solche existieren, aber es existiert sehr klar im sozialen Bereich, wo Sprache, Handlung und Bedeutung sich überlappen. Französische DekonstruktionistInnen, wie z.b. Jacques DERRIDA, illustrieren diese Idee nachhaltig (BERMAN 1988). Literaturkritik der Vergangenheit ging davon aus, daß in jedem Text eine Bedeutung eingebettet war. Die postmodernen französischen KritikerInnen verneinen jede solcher Bedeutungen. Jede Interpretation muß als einzigartiges und lokales Produkt der Interaktion zwischen der LeserIn und dem, was gelesen wird, betrachtet werden.

TherapeutInnen, die einen kollaborativen Ansatz unterstützen, werden diese Auffassung anziehend finden. Die üblichste Methode in unserem Feld sieht für eine TherapeutIn so aus, daß die Dimensionen eines Problems eingeschätzt und dann Einsichten oder Verschreibungen angeboten werden, die es lösen. Aber diese Methode beruht möglicherweise auf einem Mißverständnis. Vielleicht gibt es − in einem alltäglichen Sinne − gar keine Probleme zu sehen und dementsprechend auch keine Lösungen. Wenn ich daran glaube, dann achte ich zunehmend auf die sich ständig ändernden Aktivitäten, die zwischen uns, die daran beteiligt sind, ablaufen − und nicht auf die vermuteten Dynamiken der Familie oder des Geistes. Ich hoffe, daß sich aus diesem Tun neue und nützlichere Bedeutungen entwickeln.

Aber nicht jede FamilientherapeutIn akzeptiert diese Ansicht. Der entscheidende Bruch in unserem Feld verläuft genau zwischen einer politisch aktiven Position und einer weniger (be-/ver-)urteilenden, relativistischen Haltung. In der Familientherapie zeigt sich dieser Bruch am deutlichsten im Konflikt zwischen feministischen TherapeutInnen, die mit unterdrückten Personen oder solchen, die Übergriffe erlebt haben, arbeiten und die die Wirklichkeiten in Begriffen von Kraft und Masse sehen und auf der anderen Seite sozial konstruktionistischen TherapeutInnen, die glauben, daß Wirklichkeit nur in den Bedeutungen, die wir ihr geben, existiert. Die ersteren haben Intensität und moralische Gewißheit auf ihrer Seite. Die letzteren haben mehr Optionen, zwischen denen sie wählen können. Da die Argumente jeder Seite aus ihrer eigenen Sicht immer zutreffen, ist es schwer, zwischen ihnen zu entscheiden.

Diese Diskussion führt zu einer Betrachtung der Entscheidungen, die FeministInnen in Hinblick auf postmodernes Denken getroffen haben (NICHOLSON 1990). FeministInnen haben sich mit den von mir beschriebenen Positionen verbunden oder davon abgesetzt, je nach ihrer persönlichen Überzeugung. Politische FeministInnen haben sich oft für die Kritische Theorie als Basis entschieden oder sind unter dem Banner des Dekonstruktionismus marschiert; feministische ForscherInnen und HistorikerInnen neigten eher zu einer narrativen oder postmodernen ethnografischen Haltung; FeministInnen, die Gender-Verhalten untersuchten, haben die Theorie des sozialen Konstruktionismus und dekonstruktionistische Taktiken bevorzugt. Die Kontroversen zwischen Postmoderne und Feminismus haben einige der faszinierendsten Arbeiten in unserem Feld hervorgebracht (M. GERGEN 1988).

Dieser Abschnitt endet mit der Würdigung, daß Postmoderne als Bewegung so verschiedenartig ist wie ein fließendes Saragossa Meer. Jeder Versuch, es zu kartographieren, ist zum Scheitern verurteilt. Ich hoffe, daß die Eindrücke, die ich vermittelt habe, verführerisch genug sind, so daß Leute darüber weiterhin aus eigenem Antrieb lesen und nachdenken. Ich hoffe auch, daß ich das 21. Jahrhundert noch erleben werde, weil ich wissen will, ob diese postmoderne Bewegung die Welle der Zukunft ist oder nur eine kleine Woge. Ist es eine Welle, dann habe ich das gute Gefühl, daß mein Boot, meine eigene *African Queen,* nicht in die Untiefen eines Sumpfes zurückgestoßen ist, sondern das offene Meer erreicht hat.

Kapitel 5
Eine reflexive Haltung

Als ich meine Insel verließ und mich wieder auf meinem Flußdampfer einschiffte, war mir klar, daß ein postmoderner Rahmen meine Vision einer anderen Stimme für Familientherapie stützte. Er war auch für ein anderes Projekt, das ich machte, unglaublich nützlich: den klinischen Diskurs des Feldes infrage zu stellen. Ein medizinisch ausgerichtetes psychosoziales Establishment und eine medizinisch ausgerichtete Öffentlichkeit hatten begonnen, jede Fazette menschlichen Denkens und Handelns zu orten, zu beschreiben und zu normieren. Es schien keine Gruppe zu geben, die nicht ihr Trauma hatte, keine Familie, die nicht dysfunktional war und kein Tun zwischen Liebe und Arbeit, das nicht als Abhängigkeit begriffen werden könnte.

Diesem psychologisierten Äußeren wurde eine immer längere Liste negativer Bezeichnungen für Leute hinzugefügt, die wirklich in Schwierigkeiten waren. Und für jedes neue Problem, das ans Licht kam, schoß eine neue Industrie aus dem Boden hervor, es zu behandeln. Das Aufdecken familiärer Gewalt, dieser am stärksten verborgene soziale Mißstand, war längst überfällig, aber Lösungen waren schwer erreichbar und schienen manchmal den ursprünglichen Horror noch zu verstärken. Aufgrund dieses zunehmenden Durcheinanders hatte ich das Gefühl, es sei höchste Zeit, Psychiatrie, Psychologie und die Ausbreitung von Psychotherapie, die darum herum gewachsen waren, Familientherapie eingeschlossen, zu „dekonstruieren".

So begann ich BATESONS Beiträge zur Psychotherapie in einem neuen Licht zu sehen. Die Arbeiten sozialer KonstruktionistInnen wie Kenneth GERGEN schienen Ideen aus Palo Alto wiederzubeleben: eine Betonung gemeinschaftlicher und ineinander verschlungener Geschichten und keine Tunnel-Sicht individueller Geschichten; ein Interesse an relationalen Ereignissen und keine inneren Abläufe; und ein Wechsel von persönlichen Erzählungen und Lebensskripten hin zu den Bedeutungen, die Menschen im Zusammenspiel miteinander produzieren.

Diese Kritik psychologischer Konzepte führte zunehmend zu Fragen wie den folgenden: Sind die Emotionen, die wir unterscheiden, allen Menschen gemeinsam oder sind sie sozial konstruierte Produkte einer bestimmten Zeit und eines bestimmten Ortes? Ist das Selbst ein Konzept, das internal erreicht wird oder ist es ein soziales Artefakt? Was ist mit der Vorstellung entwicklungsgemäßer Trajektorien? Durchläuft die individuelle Persönlichkeit oder der familiäre Lebenszyklus tatsächlich vorhersagbare Phasen wie eine Pflanze oder existiert ein Raum für Glück und Zufall wie in der Evolutionstheorie?

In meiner Arbeit *„Für eine reflexive Kultur der Familientherapie"* beteiligte ich mich am Angriff auf diese heiligen Kühe der modernen Psychotherapie. Ich landete bei einer letzten heiligen Kuh, größer als all die anderen: die Idee der kolonialen TherapeutIn. Ich betrachtete den familientherapeutischen Diskurs und die Machtbeziehungen genauer, die die Beziehung zwischen Fachleuten und der Familie kennzeichnen. TherapeutInnen wie auch EthnografInnen alten Stils verhalten sich oft wie Kolonialoffiziere und „wirken nach unten", wenn sie mit Menschen arbeiten. Wie können wir lernen „nach oben zu wirken"? Ich fühlte, daß sogar TherapeutInnen, die im Interesse der Armen und Unterdrückten tätig waren, ohne es zu wollen, in einer Position des Kolonialismus landen konnten und je idealistischer sie waren, desto größer die Wahrscheinlichkeit, daß sie in diese Falle gerieten.

Zur selben Zeit, als meine Theorien ketzerischer wurden, quälte mich die Suche nach einer anderen Stimme für die Familientherapie weiter. Ich experimentierte mit unterschiedlichen Formaten und Analogien, um diesen neuen Stil darzustellen und zu lehren. Streng genommen war zuviel Betonung auf dem „wie mache ich es?" nicht mit dieser Haltung kongruent, aber es gab einen Teil in mir, der es liebte, das Abstrakte mit dem Konkreten zu verbinden. Wie der Dichter William BLAKE es einmal formuliert hatte: „Ewigkeit liebt die Dinge der Zeit". Und so suchte ich nach dem, was ich Trainings-Geräte nannte oder nach vorläufigen Strukturen, die diese Formen zusammenhielten, bis die Gußform zerbrochen und beiseitegelassen werden konnte.

Ein Punkt betraf das Interview selbst. Es mußte einen Weg geben, gleichberechtigter mit den Menschen umzugehen, einen Weg, der ihnen Zuhören wichtiger machte, als sie zu ändern, einen Weg, sich von der Art professioneller Identität freizumachen, die die von TherapeutInnen bestimmten Sitzungen erschaffen hatte. Solche Änderungen würden einen anderen Interviewstil erfordern. In einem Buch von Eliot MISHLER (1986) über postmoderne Forschung beschrieb eine Interviewerin namens Marianne PAGET ihre Bemühungen, Künstlerinnen auf eine solche Art zu interviewen, die sie nicht zum Verstummen und zum Schweigen bringt. In ihrem Bemühen hielt sie sich bewußt zurück, allzu sicher zu klingen, hatte keinen Interview-Zeitplan und ließ langes

Schweigen in den Unterhaltungen zu, so daß diejenigen, mit denen sie sprach, mit ihren Gedanken und Vorstellungen herauskamen.

Diese Entdeckung ließ mich hoffen, daß der Interviewstil, den ich selber praktizierte, und der so tastend und verwirrend schien, schließlich doch in eine gute Richtung führen würde. Nach einer Konsultation, die ich kürzlich in Buenos Aires machte, gab mir meine Psychologin-Kollegin Dora SCHNITMAN eine interessante Rückmeldung. Sie sagte, sie erkenne in meinen Konsultationen ein ungewöhnliches Muster. Anstelle der Comic-Sprechblasen über jedem Kopf, die linearen, direktiven Dialog anzeigen, stellte sie fest, daß die Leute in einer weniger sequentiellen Weise und in einer nicht vorhersehbaren Länge sprechen würden. Sie sagte, wenn sie beschreiben sollte, was ich tue, würde sie sagen, ich benutze „Anknüpfungsfragen" * anstelle zirkulärer Fragen.

Dora meinte auch, daß in meiner Arbeit eine andere Ansicht von Macht aufscheint. Anstelle eines fixierten Attributes, das zu bestimmten Leuten gehört, war es mehr wie eine schwebende Leuchtkugel. Sie kann in der Hand der einen erscheinen und dann über dem Kopf einer anderen. Diese spürbare Bewegung würde es ermöglichen, das laterale Konzept von Zentrum und Rand anstelle des vertikalen der Hierarchie zu setzen. Vermutlich würde immer diejenige, die die Leuchtkugel gerade in Händen hielt, für diesen Augenblick im Zentrum stehen. Mich freute diese Vorstellung, denn ich hatte immer den Eindruck gehabt, daß der Begriff „Ermächtigung" (empowerment) überaus herablassend, von oben herab wäre – mit der Implikation, jemand Höhere gäbe sie zu jemand Niedrigerer.

Ich fing auch an, das ernster zu nehmen, was ich „assoziative Formen" nannte: Anekdoten, Analogien, Witze, Material aus der eigenen Geschichte oder aus Gedichten, Romanen oder Theaterstücken. Wenn jemand versucht, aus einem Problem-Lösung-Ansatz auszubrechen, wird der Inhalt des Interviews ebenso anders wie der Stil. Der Grund, Metaphern zu benutzen, besteht nicht darin, daß sie helfen, Suggestionen ins Unbewußte der KlientIn einzugeben, sondern darin, daß eine

---

*) **Anm.d.Hrsg.:** im englischen lautet die Bezeichnung „opening question" – also „Fragen, die öffnen, aufmachen". Wir haben in Übereinstimmung mit anderen Übersetzungen (vgl. BOSCOLO, CECCHIN, HOFFMAN & PENN 1988) den Begriff „opening" weiterhin mit „Anknüpfung" übersetzt, um darauf hinzuweisen, daß es nicht nur darum geht, (irgendetwas) „zu öffnen", sondern daß dieses „Öffnen" als gemeinsamer sozialer Prozeß auch an den anderen anschließt, gewissermaßen an ihrem Gesagten anknüpft.

Metapher kaum jemals impliziert, daß Menschen etwas falsch machen. Ratschläge oder Problem-Lösungen machen das immer. Wie oft hat eine StudentIn einen nützlichen und wohl gemeinten Vorschlag erhalten, nur um zu antworten: „Ja, aber...?"

Das Interesse an Assoziationen paßt gut zu der konstruktionistischen Idee, daß alles, was wir im sozialen Bereich haben, Geschichten sind. Aufgrund der Popularität der narrativen Theorie herrschen Ideen über Geschichten heutzutage klar vor. Leider besteht eine Tendenz, diese Theorie zu kooptieren. TherapeutInnen lieben Sprachlogik, die mit ExpertInnentum gleichgesetzt werden kann: wie findet man z.B. das „ideale Narrativ" oder die „beste Geschichte", um das authentische Selbst der Person in Therapie auszudrücken. Wenn die Qualität einer Geschichte einer TherapeutIn bedarf, um zu bestimmen, ob sie authentisch ist, sollte sich die KundIn am besten in Acht nehmen. Demgegenüber kann es überraschend hilfreich sein, Geschichten mit offenem Ende, keine beste und keine schlechteste, hervorzulocken, ohne feste Interpretationsregeln.

Als ich auf diese Weise dachte, begann ich damit, einige einfache Regeln zu erfinden, mit Leuten umzugehen. Zuhören schien immer wichtiger als reden; Menschen zu helfen, eloquenter zu sein, schien wichtiger, als selber eloquent zu sein. Vor allem mußte ich mich selber immer herausfordern, das Trapez loszulassen im Vertrauen, daß eine andere Hand erscheinen und mich fangen würde.

Die meisten dieser Beobachtungen kommen in meinem Artikel „Für eine reflexive Kultur" vor. Aber ich war immer noch unzufrieden. Das Wort „reflexiv" schien zu abstrakt, zu sehr mit mathematischer Theorie verbunden, doch ich kam auf kein Wort, das mir besser gefiel. Ich war auch unsicher über sozialen Konstruktionismus. Er nahm einiges, gegen das ich in der Psychologie Einwände hatte, aber er setzte nichts an dessen Stelle. Das war genau der Zeitpunkt, als Harry starb, und es war, als hätte ich den Steuermann verloren. Ich hatte das Gefühl, im Schilf festzusitzen und nicht drüber hinweggucken zu können, um herauszufinden, wo ich mich befand.

Ich bekam einen letzten Brief von Harry, datiert vom 2. August 1991. Er sprach von der Debatte zwischen denen, die Therapie in Ausdrücken von Konversation und Narrativen verstehen und denen, die sagen: „Wie kannst du die Person außenvorlassen?" Er schrieb: „Ich denke manchmal an diese Frage, so wie ich auch an die Frage von Wirklichkeit/ Relativismus denke. Es ist die falsche Frage, die falsche Metapher, und sie muß verschwinden." Mit diesem Kommentar verschwand er selbst, verließ mich, so daß ich nicht nur über die Bedeutung seines Verlustes nachdenken mußte, sondern mich auch fragte, was ich mit seiner Botschaft anfangen kann.

Für eine reflexive Kultur der Familientherapie

Während der letzten fünf bis sechs Jahre hat eine kleine Gruppe von Familientherapeuten eine Sichtweise entwickelt, die sich von anderen so weit abhebt, daß man sie als neuen Ansatz bezeichnen kann. Dieser Ansatz ist mehr als andere Modelle an Partizipation und weniger an Zielvorgaben orientiert - manche würden sagen, er sei überhaupt ohne jede Zielsetzung. Bei einem Teil der Kollegen stößt er auf Empörung, bei anderen auf Beifall. Er wird von einigen wenigen Gruppen in den USA und anderen Ländern vertreten, etwa von der Galveston-Gruppe (ANDERSON & GOOLISHIAN), der Tromsö- (ANDERSEN 1987) und der Brattleboro-Gruppe (LAX & LUSSARDI 1989), obgleich der Kreis der Befürworter zunimmt. Als eine derjenigen, die sich auch an dieses "Etwas" herantraute, hatte auch ich meine Schwierigkeiten, einen passenden Namen dafür zu finden. Schließlich sind so darin viele Ideen zusammengeflossen, daß sich ein gemeinsamer Ursprung nur schwer finden läßt.

Als gemeinsamer Nenner all dieser Ideen ist vielleicht die als Postmoderne bekannte Bewegung anzusehen. Sie geht von der Überzeugung aus, daß die Moderne "tot" ist und durch eben jene neue Doktrin verdrängt wurde. Man könnte ohne Übertreibung sagen, daß zahlreiche Anhänger der Postmoderne begonnen haben, die Demontage der philosophischen Fundamente westlichen Denkens voranzutreiben. Gelegentlich werden die Begriffe "poststrukturalistisch" und "postmodern" verwendet, als ob sie Synonyme wären. Eine poststrukturalistische Sicht, beispielsweise in Sozialwissenschaften, hinterfragt jeglichen theoretischen Rahmen, der in irgendeiner Weise eine innere Struktur des in Frage stehenden Gegenstands postuliert, ganz gleich ob von einer Familie oder von einem Spiel die Rede ist. Für die Familientherapie bedeutet dies, daß die kybernetische Sichtweise der Familie als eines homöostatischen Systems zunehmend attackiert wird. Während poststrukturalistische Ideen ursprünglich von Linguisten und Literaturtheoretikern entwickelt wurden, findet die analogische Bezeichnung des Untersuchungsfeldes als Text bzw. "Geschichte" inzwischen auch im Bereich der Sozialwissenschaften zunehmend Verwendung.

Eine Reihe von systemisch orientierten Familienforschern wie etwa Harlene ANDERSON und Harry GOOLISHIAN (1980) haben ihre Sympathie für diese Perspektive entdeckt und sind aus dem Lager der Kybernetik in jenes der Hermeneutik übergelaufen. Die Hermeneutik, auf die sich einige ihrer Anhänger in selbstbewußter Manier als die „interpretative Wende" berufen, ist ein in jüngster Zeit neu belebter Zweig der Textinterpretation. Für die Familientherapeuten, die sich dieser Sichtweise zugewandt haben, sind an die Stelle der Rückkopplungsschleifen kybernetischer Systeme die intersubjektiven Schleifen des Dialogs getreten. Daher ist Konversation zur zentralen Metapher für Therapie geworden, gestützt auf die Tatsache, daß Konversation ohnehin das Medium der Therapie darstellt.

Eine nützlichere Idee ist für mich die Theorie der Sozialen Konstruktion (GERGEN 1985). Obwohl eine Reihe von Leuten, ich selbst eingeschlossen, diese Theorie vielfach mit dem Konstruktivismus (VON GLASERSFELD 1984) verwechselt haben, sind beide Positionen doch recht unterschiedlich. Zwar finden beide ihren gemeinsamen Nenner in der kritischen Auseinandersetzung mit der Idee einer tatsächlich existierenden, „wirklichen Welt", über die man objektiv gesicherte Aussagen treffen kann. Jedoch tendiert der Konstruktivismus dazu, das Nervensystem als eine Art in sich geschlossener Maschine zu betrachten. Dieser Sichtweise zufolge gewinnen Konstrukte und Wahrnehmungen ihre Form durch das „Anstoßen" des Organismus an seine Umwelt. Demgegenüber sehen die Theoretiker der Sozialen Konstruktion Ideen, Bilder und Erinnerungen als etwas, das durch sozialen Austausch hervorgebracht und durch Sprache vermittelt wird. Alles Wissen – so die Vertreter dieser Theorie – erwächst aus dem Raum zwischen den Menschen, aus dem Reich der „gemeinsamen Welt", des „kollektiven Unbewußten" oder des „gemeinsamen Tanzes". Einzig durch eine fortwährende Konversation mit seinen nahestehenden Interaktionspartnern gewinnt das Individuum ein Gefühl für Identität oder eine innere Stimme.

Darüber hinaus sehen sich die Theoretiker der Sozialen Konstruktion eindeutig in der postmodernen Tradition. Sie fühlen sich in hohem Maße der Philosophie und Literaturtheorie verpflichtet, die in Frankreich vom *Dekonstruktivismus* eines Jacques DERRIDA (1978) und in Amerika von der neomarxistischen critical theory repräsentiert wird, die sich auf die deutsche Hermeneutik (GADAMER 1960) und die „Frankfurter Schule" beruft (POSTER 1989). Unbedingt dieser Liste hinzuzufügen sind die Werke des brillanten französischen Sozialhistorikers Michel FOUCAULT (1976), der durch seine Analyse der Beziehungen von Dominanz und Unterwerfung im sozialen Diskurs den Begriff der „Macht" wieder in den Mittelpunkt des Interesses gerückt hat.

Infolge dieser Einflüsse erleben wir heute eine Revolution in den Sozialwissenschaften; schlimmer noch: einen Generalangriff auf die Idee, daß Sozialwissenschaftler sich überhaupt als Wissenschaftler bezeichnen sollten. Sozialforscher wie Kenneth GERGEN (1991) und Rom HARRÉ (1984) erschütterten die fundamentalen Auffassungen der modernen Psychologie und Soziologie. Die Feministinnen haben sich diesen Angriffen angeschlossen; sie beziehen reichlich Munition aus den Argumenten der postmodernen Denker, insbesondere aus den Theorien FOUCAULTS, für ihre beharrlichen Vorwürfe, daß die Sprache der Therapie voller Parteilichkeit gegen Frauen sei. Und Sympathisanten der feministischen Bewegung wie Jeffrey MASSON (1990) finden zwingende Belege für die Auffassung, das Unternehmen Psychotherapie sei ursprünglich als „Behandlung" zur Unterwerfung von Frauen konzipiert worden, die sich gegen die Art und Weise wehrten, wie sie üblicherweise behandelt wurden.

Ähnliche Eruptionen haben in der Anthropologie und der Ethnologie stattgefunden. Die Ethnologen James CLIFFORD und George MARCUS (1986) sehen in der Position der traditionellen Anthropologen eine unbewußte koloniale Mentalität. Ihre Kritik hat sich entscheidend auf die Methode des Forschungsinterviews und darüber hinaus auch auf das klinische Interview ausgewirkt. All diese Herausforderungen hatten geradezu erdrutschartige Konsequenzen für jenes Glaubenssystem, das wir Psychotherapie nennen. Um dies mehr im Detail aufzuzeigen, möchte ich die „fünf heiligen Kühe der modernen Psychologie" und die Argumente ihrer Kritiker beschreiben, von denen viele der Schule der Sozialen Konstruktion zuzurechnen sind.

Fünf heilige Kühe

1. Objektive Sozialforschung

Die Denker der Sozialen Konstruktion attackieren – entsprechend ihrer Respektlosigkeit gegenüber der Idee endgültiger Wahrheit – die Vorstellung objektiver Sozialforschung. Sie behaupten, daß wir niemals wirklich wissen können, was die „soziale Realität" tatsächlich ist; daher betrachten sie die traditionelle wissenschaftliche Forschung, mit ihren Tests, ihrer Statistik und ihren Wahrscheinlichkeitskoeffizienten, eher als eine fromme Wunschvorstellung, wenn nicht gar als eine glatte Lüge. Dieser Anspruch stellt den Status quo im gesamten psychosozialen Bereich in Frage.

Um nur ein bescheidenes Beispiel zu nennen: In den Vereinigten Staaten werden die Behandlungskosten für psychische Probleme nur dann von der Krankenversicherung übernommen, wenn vergleichbare Behandlungsbedingungen vorliegen wie bei organischen Krankheiten. Die Diagnose-Industrie stellt das Herzstück des amerikanischen „Mental Health Systems" dar, obschon solche Diagnosen – und die sogenannten wissenschaftlichen Untersuchungen, auf denen sie basieren – häufig fragwürdig und mit Fehlern behaftet sind. Es sei nur an die Kategorie der „selbstschädigenden Persönlichkeitsstörung" erinnert, die kürzlich zur Charakterisierung von Frauen erfunden wurde, die außerstande sind, Beziehungen zu verlassen, in denen sie mißbraucht werden, oder sich auf andere Weise selbst verletzen. In einer ähnlichen Kategorie findet man die Diagnose des „posttraumatischen Streßsyndroms". Diese Diagnose entstand, weil sie zur „Flashback"-Problematik der Vietnam-Veteranen paßte; neuerdings wird sie unterschiedslos auf sämtliche Personen angewandt, die in der Vergangenheit ein Trauma erlebt haben.

Ich habe das Gefühl, daß solche Überlegungen – vor dem Hintergrund der wirtschaftlichen Lage des Gesundheitssystems – gegenwärtig unpassend erscheinen mögen. In Krisenzeiten sind wissenschaftliche Grenzstreitigkeiten und Legitimitätskonflikte besonders stark ausgeprägt, und wir erleben im Moment einen Boom der Definitionen behandlungsfähiger Krankheitszustände, von Festlegungen „richtiger" Behandlungsmethoden und von Erfindungen neuer und besserer Kontrollen des Therapieerfolgs. Nie war es offensichtlicher, daß die Realität eine soziale Konstruktion ist, und zu keiner Zeit war diese Einsicht so unwillkommen wie jetzt. Und zugleich ist diese Einsicht kaum jemals notwendiger gewesen als heute.

2. Das Selbst

GERGEN und seine Mitarbeiter stellen ein überzeugendes Beispiel für die „soziale Konstruktion des Selbst" vor (1985), ohne diesem „Selbst" eine Art „elementarer innerer Realität" zuzuschreiben, etwa durch Termini wie „Psyche" oder „Seele". Auch die frühen Familientherapeuten standen der Idee des Selbst argwöhnisch gegenüber; sie neigten zu der Auffassung, daß die Ideen einer Person über ihr Selbst sich nur dann verändern, wenn sich auch die entsprechenden Ideen der Menschen verändern, die dieser Person nahestehen. Ich selbst habe mich vor zwanzig Jahren dafür eingesetzt, das Individuum zum „Verschwinden" zu bringen. In Wirklichkeit habe ich das Individuum als Entität dabei lediglich gegen die Familie als Entität ausgetauscht. Ich verwendete weiterhin eine räumliche, dinghafte Metapher.

Was diesen Punkt angeht, denke ich gegenwärtig über ein Konzept des Selbst nach, das dem Verständnis der australischen Aborigines von ihren „Songlines" nahekommt (CHATWIN1987). Songlines sind musikalische Wanderkarten, auf denen die Pfade des von jedem einzelnen Menschen bewohnten Territoriums nachgezeichnet sind. Ein Mensch wird in eine solche Songline hineingeboren, kennt davon aber nur einen bestimmten Abschnitt. Diese Person kann ihr Wissen über eine bestimmte Songline dadurch vermehren, daß sie von Zeit zu Zeit „auf Wanderschaft" geht, dabei andere, weit entfernt lebende Menschen trifft, die sozusagen eine andere Strophe kennen. Aus dem Austausch von Songlines würde sich somit ein Austausch von bedeutsamem Wissen ergeben. Die Songlines sind außerdem verbunden mit verschiedenen Vorfahren (Geistern von Tieren, Pflanzen oder Landformationen), die in der „Traumzeit" entstanden sind, bevor es Menschen gab. Das heißt wiederum, daß jede Person mit anderen Menschen, die in einem völlig anderen Teil des Territoriums leben, gemeinsame Vorfahren haben kann.

Die Schönheit dieses Mythos liegt in der Bildhaftigkeit von einer individuellen Identität, die nicht „in" der Person oder in einer anderen Einheit lokalisiert ist. Statt dessen besteht sie aus einem temporären Fließen, das sowohl einfach, wie Teilstücke eines Weges, oder komplex, etwa wie ein schillerndes, fluktuierendes Wellenmuster auf Seide erscheinen kann, aber erst durch Singen und Wandern wahrnehmbar wird. Die Verbindung von ökologischen und sozialen Einsichten, die durch solche Praktiken hergestellt wird, ist beeindruckend. Ich benutze sie hier als Beispiel für die soziale Konstruktion des Selbst in einer poetischen Form.

3. Entwicklungspsychologie

Soweit mir bekannt, sind die Theoretiker der Sozialen Konstruktion die ersten, welche die Validität des Modells der Entwicklungsstadien in Frage gestellt haben. Ich selbst habe mich oft gefragt, wie sich die moderne Psychologie in derart naiver Weise eine Metapher aus der Pflanzenwelt zu eigen machen konnte, die auf Wachstumsstadien basiert. Würde man diese Pflanzenanalogie eliminieren, müßten die „Traumatheorien", auf denen viele Psychotherapien aufbauen, neu überprüft werden. Eine unserer hartnäckigsten Vorstellungen ist die, daß es so etwas wie eine Persönlichkeit gibt, die durch ein Trauma in der Vergangenheit verstümmelt oder deformiert werden bzw. durch das Auslassen einer wichtigen Entwicklungsstufe verkümmern könnte. Diese Denkweise nenne ich „analogisierende Wissenschaft". Die Trauma-theorie psychischer Probleme mag in vielen Fällen der Situation ange-messen sein, ich nehme sie jedoch nicht fraglos hin und glaube auch nicht, daß sie jede Art von Problemen erklären kann. Kenneth GERGEN (1982) bringt ein überzeugendes Argument gegen die entwicklungspsy-chologischen Theorien vor. Er warnt vor der gefährlichen Prämisse, daß es irgendeinen universellen Maßstab für das Funktionieren menschlicher Wesen geben könne, und stellt fest, daß die ganze Idee vom „normalen" Verlauf eines Lebens letztlich sehr unzureichend sei.

GERGENS Gedanken reflektieren die von Ilya PRIGOGINE (1984) entwickel-te und von der Chaos-Theorie (GLEICK 1987) bestätigte Vorstellung, daß, wenn sich ein System zu weit vom Zustand des Gleichgewichts entfernt – etwa, wenn es einen kritischen Punkt überschreitet, an dem eine Zustandsänderung geschehen könnte – ein Element des Zufalls auftritt. Das auslösende Ereignis, welches an diesem kritischen Punkt wirksam wird, gibt zwar die zukünftige Entwicklung vor, doch läßt sich nicht vorherbestimmen, welches der maßgebliche Auslöser sein wird.

Evolutionstheoretikern wie Stephen J. GOULD (1989) zufolge läuft ana-log dazu die Artenentwicklung nicht progressiv, sondern diskontinuier-lich ab. Die Evolution einer Spezies wird im Zusammenspiel ihrer gene-tischen Ausstattung mit ihrer Umwelt entsprechend langsam voran-schreiten, doch kann zu irgendeinem Zeitpunkt ein Meteor die Erde treffen und einen Klimawechsel verursachen, der plötzlich einen neuen Verlauf bewirkt. So kann beispielsweise eine ganze Spezies aussterben und eine neue deren Platz einnehmen. Stimmt man der Sichtweise dieser Forscher zu, wird es immer schwieriger, einen vorherbestimmba-ren und optimalen Entwicklungsverlauf für die menschliche Persönlich-keit oder bestimmte menschliche Populationen zu behaupten. Und doch basiert die heutige psychotherapeutische Praxis größtenteils auf dieser oder vergleichbaren Modellvorstellungen.

4. Die Emotionen

Rom HARRÉ (1986) trat der Vorstellung entgegen, daß Emotionen als diskrete Eigenschaften oder Zustände („trait" bzw. „states") in der Per-son existieren und daß diese bei allen Menschen der Welt gleich seien. Zahlreiche Völker besitzen keinerlei Wissen oder Aufzeichnungen von den Emotionen, die für uns anerkannte Tatsache sind; die *Idee* der Emotionen selbst ist in unserer Geschichte vergleichsweise neu. Die Theoretiker der Sozialen Konstruktion betrachten sie lediglich als einen weiteren Bestandteil des komplexen Netzwerks der Kommunikation zwischen den Menschen, gestehen ihnen jedoch keineswegs einen Sonderstatus als innerpsychische Gegebenheiten zu.

Wieder gibt es auch für diese Sichtweise einen Vorläufer bei den früheren Schriften der Familientherapeuten. Vor langer Zeit schon wandte sich HALEY (1963) gegen die Theorie, daß die in einer frühen Entwicklungsphase unterdrückten Emotionen im späteren Leben Symptome hervorbringen. Eine Variante dieser Unterdrückungstheorie liegt heute zahlreichen populärpsychologischen Vorannahmen zugrunde: Ich denke an den weitverbreiteten Glauben, daß ein Mensch, um gesund zu sein, mit seinen Gefühlen von Wut oder Trauer in Kontakt kommen müsse. Seine Gefühle nicht auszudrücken, hält man für ebenso gefährlich wie eine nicht auskurierte Verstopfung; viele Mütter reagieren daher automatisch besorgt, wenn sie glauben, ihre Sprößlinge hielten ihre Emotionen zurück.

Die helfenden Berufe haben aus diesem Standpunkt beinahe einen Fetisch gemacht, beispielsweise bei kollektiven Katastrophen wie etwa Überschwemmungen oder Selbstmordwellen von Jugendlichen. In früheren Zeiten haben die Menschen in solchen Situationen Trost bei ihren Nächsten gesucht; heute nimmt man es jedoch als selbstverständlich an, daß in solchen Fällen ein Bedürfnis nach Trost durch einen professionellen Helfer (in der Regel einen Sozialarbeiter oder Psychologen) besteht, der ganzen Gruppen dabei hilft, ihre Reaktionen „durchzuarbeiten". Denn sonst drohen diesen Menschen angeblich schreckliche Nachwirkungen, irgendwelche Störungen psychischer oder somatischer Art. Selbst wenn dies zutreffen sollte, gibt es keinen Beleg dafür, daß das Gespräch mit einem professionellen Helfer über die Katastrophe in spezieller Weise hilfreich wäre.

5. Hierarchische Ebenen

Angeregt durch diese Art Kritik begann ich, das Denkmodell zu hinterfragen, daß in alle zwischenmenschlichen Ereignisse hierarchische Strukturen irgendwelcher Art eingebettet seien: die Existenz von Oberflächen-Symptomen im Gegensatz zu zugrundeliegenden Ursachen; die Existenz manifester im Gegensatz zu latenten Inhalten; die Existenz „offener" im Gegensatz zu „verdeckter" Kommunikation. Einem sehr verbreiteten Grundsatz der Allgemeinen Systemtheorie zufolge stellt die Natur gleichsam ein System ineinandergestellter Pappschachteln dar: diejenigen mit mehr Inhalt sind zu maßgeblicheren Einflüssen fähig als diejenigen, die weniger enthalten. Und wenn nun keine dieser Vorstellungen wahr wäre? Wenn all diese Ebenen, Schichten, Satzsysteme nichts anderes wären als Bündel unterschiedlicher Faktoren, die sich gegenseitig beeinflussen und einander gleichwertig sind, die aber von uns ganz unterschiedlich hervorgehoben, beschrieben und mit hierarchischen Prioritäten versehen werden?

Die Arbeiten der Kommunikationsforscher Verne CRONEN und Barnett PEARCE (1980) können diese Position zugleich bestätigen und widerlegen. In ähnlicher Weise wie BATESON (1972) die Theorie der Logischen Typen von RUSSELL und WHITEHEAD (1910-1913) zur Klassifikation von Botschaften benutzte, teilen sie Kommunikation in Schichten, doch gehen sie von weit mehr Schichten aus, als es BATESON tat. Im Grunde analysieren sie Kommunikation im Sinne zunehmender Inklusion (mit gelegentlichen Veränderungen): der Sprechakt, die Episode, die Beziehung, das Lebensdrehbuch, der Familienmythos, das kulturelle Programm. Sie behaupten, daß, obgleich die höheren Ebenen eine starke („kontextuelle") Kraft auf die unteren ausüben, von den tieferen Ebenen eine schwache („implikative") Kraft auf die oberen ausgeht. Daher könnte das Schreien eines Säuglings (Sprechakt) den Kontext eines Angebots zum Füttern (Episode) für die Rolle der Mutter darstellen, doch könnte es ebensogut umgekehrt sein.

Im Unterschied zu PEARCE und CRONEN glaube ich nicht, daß wir dieses Konzept der hierarchischen Ebenen überhaupt brauchen. Es genügt, jede Kategorie der Kommunikation als potentiellen Kontext für jede beliebige andere Kategorie zu betrachten. Welche davon als „stärkere" oder „höhere" gilt, hängt davon ab, welche wir zum jeweiligen Zeitpunkt als Kontext für eine andere definieren. Ich fühle mich zu diesem Gedanken sehr hingezogen, zumal ich mich jahrelang darum bemüht habe, ohne hierarchische Modelle der Kommunikation auszukommen.

***

So viel zu den fünf heiligen Kühen. Ich möchte mich als nächstes mit einer „superheiligen" Kuh auseinandersetzen, nämlich mit dem Charakter der professionellen Beziehung selbst. Dazu möchte ich auf die Metapher des Kolonialbeamten verweisen, die auf die postmodernen Ethnologen zurückgeht und zunehmend auch von den Familientherapeuten verwendet wird.

Der Kolonialismus der helfenden Berufe

Für mich folgt die größte Herausforderung an die helfenden Berufe aus der Argumentation der postmodernen Bewegung, daß die „normale Sozialwissenschaft" (wie diese Theoretiker den westlichen Glauben an die objektive Sozialforschung nennen) eine Art kolonialer Mentalität in der Geisteshaltung der Akademiker perpetuieren. Die von mir zitierten Ethnologen der Postmoderne verweisen darauf, daß zahlreiche Forscher ihrer Disziplin in der Vergangenheit „nach unten geforscht" haben, d. h. sich als Studienobjekte weniger „zivilisierte" Gesellschaften (im Vergleich zu ihrer eigenen) oder Gruppen ausgesucht haben, die hinsichtlich ihrer ethnischen Kultur oder sozialen Klasse als beschränkt galten. Ganz ähnlich sind eine Reihe von Forschern im psychosozialen Bereich (KEARNEY, BYRNE und MCCARTHY 1989) davon überzeugt, daß die „normative Psychotherapie" zur Verfestigung einer kolonialen Geisteshaltung der praktizierenden Psychotherapeuten beiträgt. Um in der Analogie zu bleiben: die entsprechende Tätigkeit ließe sich umschreiben als „nach unten praktizierend".

Einen wichtigen Beitrag zu diesem Thema liefert Michel FOUCAULT (1975) mit seinen Arbeiten zum Begriff des „Diskurses". Dieser Terminus bezeichnet eine institutionalisierte Art des Redens und Schreibens, an der Menschen in unterschiedlichen Bereichen teilnehmen: in einer Familie, innerhalb eines Forschungsgebiets, in einem Berufsfeld wie etwa Recht oder Wirtschaft oder in einem Land bzw. einem ganzen Kulturkreis. Darüber hinaus ist FOUCAULT an den Mechanismen interessiert, durch die ein moderner Staat seine Herrschaft etabliert, und untersucht die Verlagerung von einer designierten Person oder Personengruppe, welche die Beziehungen in einer Gesellschaft überwacht, hin zum *Diskurs selbst,* der diese Beziehungen vorschreibt. Haben Menschen einmal einen bestehenden Diskurs anerkannt, einen religiösen Diskurs, einen psychologischen Diskurs oder einen Diskurs über die Beziehungen zwischen den Geschlechtern –, dann übernehmen sie auch bestimmte Definitionen, die festlegen, welchen Personen oder Themen die größte Bedeutung bzw. Legitimität zukommt. Dennoch sind sie selbst sich dieser impliziten Definitionen nicht immer bewußt.

Für Menschen, die im Bereich der helfenden Berufe arbeiten, sind FOUCAULTS (1976) Gedanken über den disziplinarischen Gebrauch des Geständnisses absolut faszinierend. Er führt aus, daß in der katholischen Praxis der Beichte, ebenso wie in der psychoanalytischen Praxis der freien Assoziation, das Subjekt überzeugt wird, es habe ein tiefes, dunkles Geheimnis – gewöhnlich sexueller Natur – zu verbergen. Wenn es dieses Geheimnis jedoch der maßgebenden Autorität bekennt, kann es die Vergebung erreichen, die Verletzung der Psyche „durcharbeiten" oder dergleichen. Dieses unerträgliche Geheimnis, diese „Erbsünde", wird von der arglosen Person als tiefste Wahrheit ihres Herzens akzeptiert, und ist es einmal im persönlichen Glauben verankert, übt diese Idee fortwährend ihre Macht der Unterwerfung aus.

Diese Auffassung impliziert – ob das nun fair ist oder nicht – die begriffliche Verschiebung vom gutwilligen Experten zum repressiven Experten. Doch darf man dies deshalb nicht einer oder mehreren Personen anlasten. „Das Patriarchat" ist schließlich keine bloße Ansammlung von Männern, die sich der Unterdrückung der Frau verschrieben haben (obgleich man es auch so sehen kann); es ist vielmehr eine Art und Weise, über die Beziehung der Geschlechter Vorstellungen zu hegen und zu äußern, die für beide Geschlechter kulturelle Gegebenheiten darstellen. Als logische Konsequenz aus dieser Argumentation ist zu fordern, daß Therapeuten jeglicher Orientierung nun untersuchen müssen, in welcher Weise Beziehungen von Herrschaft und Unterwerfung den Grundprämissen ihrer eigenen Praxis innewohnen.

Somit findet nun allmählich eine Art FOUCAULTscher Bewußtseinsbildung statt; sie verschont weder die marxistischen Therapeuten, bloß weil sie die Streiter für die Armen sind, noch die feministischen Therapeutinnen und Therapeuten, weil sie die Interessen der Frauen verteidigen, noch die spirituell orientierten Therapeuten, weil sie jenseitigen Idealen folgen. Diese therapeutischen Diskurse können die gleichen kolonialen Vorannahmen in sich tragen wie medizinische Ansätze. Sie alle können diskriminierende Unterstellungen über Persönlichkeitsdefizite verkörpern. Sie alle können dem Klienten einen Erlöser für ihre Probleme bieten. Spirituelle Therapieansätze sprechen – zurückgreifend auf schamanistische Traditionen – von Therapie eher in der Bedeutung von „Heilen" („healing"). Medizinische Modelle sprechen dagegen im Sinne der westlichen akademischen Medizin von „Behandeln" („curing"); der Klient wird jedoch in beiden Fällen in eine unterwürfige Position versetzt.

**

Damit möchte ich den theoretischen Teil dieses Essays abschließen. Die zweite Hälfte meiner Ausführungen gilt den therapeutischen Anwendungsmöglichkeiten einiger der oben dargestellten Überlegungen. Ich möchte einige „reflexive" Leitgedanken vorstellen, die, weil sie eine Veränderung der Expertenposition nahelegen, quer zu der üblichen Professionalisierung des Therapiebetriebs stehen. Außerdem werde ich auf die postmoderne Wende in den Interviewmethoden eingehen, sowie über Veränderungen berichten, die die therapeutische Konversation selbst betreffen.

Eine um sich greifende Krankheit

Beunruhigt durch die Paradoxien der Macht, mit denen die familientherapeutischen Methoden, die ich gelernt hatte, behaftet waren, begann ich vor etwa zehn Jahren einen Teil dieser Methoden negativ zu bewerten. Sie schienen alle auf Geheimnistuerei, Hierarchie und Kontrolle zu beruhen. Selbst die gemäßigten Varianten, vertreten durch zahlreiche Praktiker der ERICKSONschen Richtung und durch den überaus respektvollen Ansatz der Mailänder, hielten den Klienten immer noch „auf Abstand".

Dafür gab es – historisch – einen guten Grund. Von Beginn an war der Einwegspiegel eines der Wesensmerkmale der Familientherapie. Die Fachleute waren die Beobachter, die Familie waren die Beobachteten. Nie war dieser Weg in beiden Richtungen begehbar. Die meisten Familientherapeuten der ersten Generation schienen das Modell der therapeutischen Kontrolle – ob nun offen oder insgeheim ausgeübt – zu billigen. Ich wußte nicht, was mir mehr mißfiel: Klienten offen und direkt zu etwas zu drängen, was sie meiner Meinung nach tun sollten, oder sie „hintenherum" zu etwas zu bewegen, was ich unter falschem Vorwand von ihnen verlangte.

Während dieser Zeit beobachtete ich bei mir einen allmählichen Einstellungswandel in Richtung einer eher kooperativen Haltung. Nach der Lektüre von Carol GILLIGANS *In A Different Voice* (1982) war ich von dem Gedanken beeindruckt, daß Frauen bei moralischen Entscheidungen mehr am Schutz der Beziehung interessiert sind, während Männer sich eher davon leiten lassen, was „richtig" ist. Für Frauen schien Bindung eine höhere Wertigkeit zu besitzen als Ordnung, Gerechtigkeit oder Wahrheit. Dies war lediglich die erste von zahlreichen Einsichten, die ich aus Arbeiten gewonnen habe, die man heute mit „Kultureller Feminismus" umschreibt.

Während ich nicht zu einer Therapieform zurück wollte, die die Beziehung zum Klienten als wichtigste Einflußquelle einsetzt, kamen mir Zweifel an der Distanz zwischen Klienten und Therapeuten im Feld der systemischen Familientherapie. Ich war eine gläubige Systemikerin und glaubte daher, daß die Interaktionsmuster in der Gegenwart das Symptom aufrechterhalten bzw. eingrenzen. Aus meiner Sicht existierte der pathologische Mechanismus nicht „im Individuum", sondern „in der Familie". Mein Ziel in der Therapie bestand darin, diesen Mechanismus zu unterbrechen oder zu verändern. Daher gab es keinen Grund, die persönliche Beziehung mit den Klienten über jenes Maß hinaus zu entwikkeln, das erforderlich ist, um sie von einem Abbruch abzuhalten.

Als ich anfing, nach einer „anderen Stimme" zu suchen, fühlte ich mich mit dieser technokratischen Kälte immer unwohler. Im Grunde war ich damit nie ganz einverstanden gewesen. Wenn ich unbeobachtet war, zeigte ich mich den Klienten von einer weit mitfühlenderen Seite, als es mir meine Ausbildung zugestand; ich zeigte meine Gefühle, manchmal weinte ich sogar. Ich gab dieser Arbeitsweise den Spitznamen „sentimentale Therapie" und erzählte meinen Supervisoren nie davon. Doch in den letzten Jahren dachte ich: „Warum eigentlich nicht?" Andere, etwa die Forscherkollegen am Stone Center in Wellesly, waren dabei, den Begriff Empathie wieder glaubwürdig zu machen. Ich kam mit anderen Frauen ins Gespräch und erfuhr, daß auch sie insgeheim das gleiche machten wie ich, und daß sie dafür ebenfalls Spitznamen gefunden hatten.

Zudem erlaubte ich mir, mich von meinen früheren Erfahrungen aus meiner eigenen Therapie beeinflussen zu lassen. Vielleicht hatte ich einfach Pech gehabt, aber meine Erfahrungen in der Klientenrolle waren meistens demütigend und einschüchternd gewesen. Zumindest verstärkten sie das Selbstbild, ein irgendwie unzulängliches menschliches Wesen zu sein. Teils als Reaktion auf derartige Erfahrungen suchte ich nach Wegen, den Klienten ihre Rolle angenehmer zu machen. Wo es paßte, brachte ich Geschichten aus meinem eigenen Leben mit ein. Ich übernahm eher einmal offen die Verantwortung, wenn ein Klient die Therapie kritisierte, und neigte weniger dazu, ihm dies als Manöver oder Anzeichen für Widerstand auszulegen. Ich bestand darauf, Genaues über die Erwartungen der Klienten an die Therapie zu erfahren, und ermutigte sie, mir Fragen zu meiner Arbeit zu stellen. Wenn ich mich blockiert fühlte, besonders wenn mir eine eigene Geschichte in die Quere zu kommen schien, brachte ich diese Vermutung ins Gespräch ein, was oft Wunder wirkte. Außerdem gewann ich mehr und mehr den Eindruck, daß – abgesehen von den „lateralen" Unterschieden zwischen der Therapeuten- und der Klientenrolle – kaum hierarchische Grenzziehungen nötig sind. In anderen Worten: innen und außen ersetzten aufwärts und abwärts. Das Bemühen um Respekt dafür, wo ein Mensch gerade steht und wie er die Dinge sieht, wurde mir zur ständigen Mahnung, jeden Beteiligten in der Therapie auf seine Art als

Experten in eigener Sache zu betrachten. Damit wurde der Akzent auf eine partizipatorische Erfahrung gesetzt, die sich im Ausdruck mehrerer Stimmen bestätigt, statt im Akzeptieren eines Konsensus, der als die Wahrheit galt.

An vielen Punkten entwickelte sich mein Standpunkt rascher als meine Fähigkeit der Umsetzung in die Praxis. Ich hatte keine Schwierigkeiten, „Zen zu denken", fand aber nicht immer den Weg, „Zen zu tun". Dann kam ein norwegischer Kollege, Tom ANDERSEN, auf eine verblüffende und doch simple Idee: das „Reflektierende Team" (1987, 1990). Der Vorschlag, die Familie zu bitten, dem Team bei seiner Diskussion über die Familie zuzuhören und anschließend eine eigene Kommentierung dieser Teambesprechung vorzunehmen, veränderte alles grundlegend. Die Fachleute standen nicht mehr unter dem Schutz, „pathologische" Familien durch einen Einwegspiegel beobachten oder in privaten, ab-geschirmten Büros bzw. Supervisionsräumen über sie sprechen zu können. Die Grundvoraussetzung der normativen Sozialwissenschaf-ten, wonach der Experte eine übergeordnete Position inne hat, von welcher aus ein korrektes Urteil möglich sei, stürzte in sich zusammen. Die Welt der Therapie wandelte sich – zumindest für mich – über Nacht.

Der Begriff „reflexiv"

Beim Versuch, meine Erfahrungen zu verbalisieren, begegnete mir im-mer häufiger der Begriff „reflexiv". Auch bei Verne CRONEN und Barnett PEARCE (1980) im Zusammenhang mit ihrem Modell des „reflexiven Dis-kurses" sowie bei Karl TOMM (1987b) in seiner Kategorie des „reflexiven Fragens", die er aus dem zirkulären Fragen der Mailänder Schule (1987) ableitet, stieß ich auf diesen Terminus. Doch wollte ich damit nicht einfach die Fachsprache um ein weiteres Wort bereichern. Das Random House Dictionary definiert reflexiv als „das Zurückbeugen oder -falten eines Teils auf sich selbst".

Als bildliches Synonym eignet sich die liegende Acht, die als Zeichen für unendlich steht; ich sehe sie außerdem als Weiterentwicklung der „alten" Symbole Kreis und Spirale. Damit hätte man sowohl einen Ort für den inneren Dialog der Menschen als auch einen Schnittpunkt als Forum, in dem sie sich begegnen und miteinander sprechen. Und diese Figur steht für einen fließenden Übergang, wenn sie in den Kontext des sozialen Diskurses gestellt wird; sie deckt sich mit der zunehmenden

Bedeutung der Elemente „Geschichte" in den Wissenschaften vom Menschen und „Fluß" in den Naturwissenschaften.

Wendet man das Konzept der Reflexivität auf menschliche Beziehungen an, scheint das Ideal der Partnerschaft naheliegend. Für mich bedeutet dieses Wort, daß eine Gleichheit hinsichtlich der Partizipation besteht, obgleich die Partner unterschiedliche Positionen oder Eigenschaften haben können. Ich habe diesen letzten Gedanken aus Riane EISLERS Buch *The Chalice and the Blade* (1987) übernommen, in dem sie ein Partnerschaftsmodell für menschliche Gesellschaften vorstellt. Als Beispiel für diese Art Gleichwertigkeit nennt sie die Olympischen Spiele von Mykenä, wo Männer und Frauen im Sprung über die Hörner eines Stieres miteinander wetteiferten.

Abgesehen von dem Versuch, einen Namen oder ein Symbol für diesen neuen Ansatz zu finden, läßt sich sagen, daß seine typischsten Merkmale alle auf sich selbst zurückverweisen. Die Entwicklungen rund um das *„Reflektierende Team",* reflektierende Gespräche und reflexives Fragen, die Häufigkeit der Vorsilben „Ko-" in der Beschreibung einer therapeutischen Konversation („Ko-Autor", „Ko-Evolution") zeigen die Präferenz für einen Prozeß der gegenseitigen Beeinflussung zwischen dem Ratsuchenden und dem Forscher, im Gegensatz zu einem hierarchisch und einseitig gearteten Verhältnis. Und vor allem stellt dieser Ansatz den überlegenen Status des „Experten" in Frage.

Das Verschwinden des Experten

Ich kam zum ersten Mal mit der „Anti-Experten-Position" in Berührung, als ich im Galveston Family Institute die Interviews von Harlene ANDERSON und Harry GOOLISHIAN beobachtete. Ihr Ansatz hat meine Arbeitsweise entscheidend beeinflußt, aber es gab eine Phase, in der ich schlichtweg nicht verstanden habe, was sie eigentlich machten. Sie hatten darauf hingewiesen, daß die traditionellen Ansätze der Familientherapie pathologisieren; statt dessen favorisierten sie einen prozeßorientierten Ansatz, den ich (nachdem ich mir Videoaufzeichnungen angesehen hatte, die Harry mir zuschickte) als „unsichtbare Therapien" bezeichnete. Seine und Harlenes Sitzungen schienen völlig ohne „roten Faden" abzulaufen, sie glichen eher einem „ziellosen Umherstreifen".

Auch die Klienten wurden dadurch angeregt, „umherzustreifen". Ein Familienmitglied redete beispielsweise eine ganze Sitzung lang und schockierte damit Leute wie mich, die mit einem strukturellen Modell aufgewachsen waren. Wenn die Vertreter der Galveston-Gruppe über ihre Arbeitsweise oder ihre Lehrmethode sprechen, erklären sie, daß sie von einer Position des „Nicht-Wissens" ausgehen. Sie weigern sich regelrecht, mit einem vorgefaßten Plan oder irgendwelchen Vorüberlegungen in die Sitzungen zu gehen. Bei Kongressen reagieren die Leute darauf oft verärgert und auch ich hatte mit Harry von Zeit zu Zeit Auseinandersetzungen über diesen Punkt.

Meine eigene Arbeit wurde außerdem von der Interviewtechnik beeinflußt, die das Reflektierende Team von Tom ANDERSEN, Anna Margareta FLAM, Magnus HALD, Finn WANGBERG und anderen norwegischen Kollegen entwickelt hatte. Auffallend an der Arbeitsweise der Tromsö-Gruppe war eine Eigenheit ihrer Gespräche mit Familien, durch die sie sich von allen anderen Therapeuten abhob, die ich beobachtet hatte. Ihre Fragen oder Kommentare waren gekennzeichnet durch einen zaghaften, vorsichtig sondierenden Tonfall und durch lange Phasen des Schweigens. Oft wurde die Stimme des Interviewers so leise, daß sie kaum noch zu hören war. Sätze begannen häufig mit „Könnte es sein, daß. . .?", „Vielleicht" oder „Was wäre, wenn. . ?"

Zuerst dachte ich, diese eigenartige Sprechweise hätte etwas mit Sprachschwierigkeiten zu tun oder mit der sprichwörtlichen Bescheidenheit der Norweger. Dies bestätigte sich jedoch nicht. Diese Interviewmethode verkörperte vielmehr auf höchst anschauliche Weise die freiwillige Selbstaufgabe des professionellen Helfers.

Mein Eindruck verstärkte sich nach der Lektüre einer Reihe von Untersuchungen über wissenschaftliche Interviewmethoden, die Eliot MISHLER (1986) herausgegeben hat. Er betrachtet unter anderem die Methode von Marianne PAGET und spricht darüber, wie sie eines ihrer Projekte beschreibt, in dem sie Künstlerinnen über den kreativen Prozeß befragt:

„Beim Reflektieren über Form und Qualität ihrer Fragen, die in keiner Weise standardisiert oder etwa in Gestalt eines Interviewleitfadens vorgefaßt sind, stellte ich fest, daß sie häufig unschlüssig und stockend wirken, als ob sie erst Worte für das finden müsse, worüber sie etwas erfahren möchte. Erst im Verlauf des Interviews gewinnen diese Fragen ihre Form bzw. werden wieder korrigiert und umformuliert. Sie [Marianne PAGET] glaubt, daß diese Art des Fragens zu Antworten ermutigt und einlädt, die gleichermaßen suchend, unschlüssig sind und die ihre Form erst während des Antwortens selbst finden, d. h., sie schafft eine

Situation, in der sich die Befragte ebenso wie sie bei der Suche nach Verstehen engagiert. PAGET verweist außerdem auf die Bedeutung ihres Schweigens für die Art und Weise, in der die Befragte ihre Geschichte erzählt. Dabei erkennt sie, daß sie bei vielen Punkten, z. B. wenn die Gesprächspartnerin Pausen macht, stumm bleibt, selbst dann, wenn sie die Möglichkeit gehabt hätte, in den Fluß des Gesprächs einzutreten" (MISHLER 1986, S. 96 f.).

Therapeutengeschichten

Es gibt vor allen Dingen eine reflexive Schleife zwischen dem professionellen Helfer und dem Klienten, welche die persönliche Arbeitsmethode des Therapeuten miteinschließt. Die Theoretiker der Sozialen Konstruktion halten an der Idee fest, daß es keine unumstößlichen sozialen Wahrheiten gibt, nur Geschichten über die Welt, die wir uns und anderen erzählen. Die meisten Therapeuten haben eine Geschichte darüber, wie Probleme entstehen. Sie haben auch eine Geschichte dazu, wie Probleme gelöst oder, wie ANDERSON und GOOLISHIAN es ausdrücken, aufgelöst werden. Ben FURMAN (1988) schlägt eine ähnliche Richtung ein, wenn er sagt, daß – statt der weit verbreiteten Auffassung, daß wir zuerst eine Hypothese finden, auf der wir dann eine Intervention aufbauen – gewöhnlich das Gegenteil der Fall sei. Wir gehen schon mit einer Intervention im Kopf in die Situation hinein und finden dann eine Hypothese, die sie stützt. Beispielsweise wird eine psychodynamisch orientierte Therapeutin ihre Aufgabe darin sehen, jemanden beim Durcharbeiten eines Traumas aus der Vergangenheit zu helfen; sie wird daher nach einer Geschichte suchen, die ein Entwicklungsdefizit aufzeigt. Oder ein Familientherapeut mag davon ausgehen, daß Probleme im Zusammenhang stehen mit ungeeigneten Hierarchien in der Familienstruktur; er wird versuchen, verdeckte Koalitionen zwischen Familienmitgliedern zu verändern, die sich auf unterschiedlichen Generationsebenen befinden. Es gibt viele solcher Beispiele für Therapeutengeschichten.

Mit diesem Gedanken spielend, betrachtete ich die oben erwähnten Kommunikationsebenen von PEARCE und CRONEN – Sprechakt, Episode, Beziehung, Lebensdrehbuch, Familienmythos und kulturelles Programm – lediglich als Möglichkeiten für einen außenstehenden Beobachter, die Kommunikation zu analysieren; sie sind nicht als isolierbare, im Strom der menschlichen Kommunikation tatsächlich vorfindbare Schichten anzusehen. Indem ein Therapeut jedoch eine bestimmte

Ebene als Kontext für eine andere markiert – vielleicht eine umschriebene Interaktionssequenz zwischen zwei Menschen als Kontext für den Zornesausbruch eines Kindes –, kann er eine neue Sichtweise für ein Problem anbieten. Welches Segment der Kommunikation ein Therapeut gewöhnlich in den Mittelpunkt stellt, sagt uns vielleicht mehr über den Therapeuten als über die Familie.

So suchen beispielsweise viele Therapeuten, wie etwa die Mailänder Gruppe, vorzugsweise nach Familienmythen, andere interessieren sich vornehmlich für das „Lebensdrehbuch" [„lifescript"] eines einzelnen Menschen. Manche Therapeuten konzentrieren sich auf die Ebene des Sprechakts, spiegeln dem Klienten seine Wortwahl zurück, die dann Stück für Stück analysiert wird. Ich erinnere mich an eine von GOOLISHIAN und ANDERSON auf Videoband aufgezeichnete Sitzung, in der die Klientin als Reaktion auf die Deutungen der Therapeuten ihre Beschwerden von „Langeweile" umbenannte in ein „Gefühl, unglücklich und deprimiert" zu sein. Dies ermöglichte einen Wandel in der Selbstbeschreibung der Klientin von einer „verrückten Person" zu einem Menschen, der unter seiner isolierten Lebenssituation leidet.

Ich selbst setze an auf der Ebene der Geschichte des Problems, und damit meine ich die Geschichte aller Beteiligten, einschließlich meiner eigenen. In der Arbeit mit Paaren verwende ich oft die Idee des „Karma", ein Begriff, der in dem New-Age-Umfeld, in dem ich lebe, eine gewisse Relevanz besitzt. Womöglich würde ich einem Paar sagen, daß der aktuelle Konflikt, unter dem sie leiden, beiden Partnern eine Auseinandersetzung mit einem Thema erlaubt, das vielleicht schon Menschen aus früheren Generationen, eventuell sogar aus einem vorherigen Leben beschäftigt hat. Häufig zeigen sich typische Polaritäten: das Kind einer Familie, in der Sicherheit und Stabilität am wichtigsten waren, kommt mit dem Kind einer Familie zusammen, in der stets Abenteuer und Risiko gesucht wurden. Sobald nun wieder frühe Loyalitäten durchzubrechen beginnen, treiben gerade die Gegensätze, die ursprünglich für beide Partner anziehend waren, diese wieder auseinander. Die Partner sehen sich womöglich als Versager. In Abgrenzung davon erzähle ich ihnen, ich sähe sie in einen wichtigen Kampf verwickelt, in dem sie dazu bestimmt sind, Gegensätze aufzulösen, welche die Grenzen des Selbst jeder Person transzendieren. In anderen Worten, ich biete eine neue Geschichte an.

Vor dem Hintergrund der unterschiedlichen Kontexte der Kommunikation, die ein Therapeut jeweils in den Mittelpunkt stellen kann, scheinen zahlreiche Kontroversen verständlich, die sich in diesem Feld auftun.

Als Beispiel die Kritik feministischer Familientherapeutinnen an der systemischen Praxis: in Fällen der Mißhandlung von Frauen durch Männer vertreten sie die Auffassung, daß es den Mann von seiner Verantwortung befreit und der Frau die Schuld zuweist, wenn die Therapie mit beiden Partnern zusammen stattfindet. Ihre Sichtweise entspricht dem Fokussieren auf der *Episode*. In diesem Kontext ist Gewalt als falsch anzusehen und muß unterbunden werden. Die Frau sollte nicht mit dem Mann zusammen erscheinen, damit nicht – allein aufgrund dieser Konstellation – unterstellt wird, sie sei für die Gewalt gleichermaßen verantwortlich wie er. Stellt man aber die *Beziehung* in den Mittelpunkt, wie es systemische Therapeuten tun, geht es um die Betrachtung des Ineinandergreifens von Verhaltensweisen über die Zeit. Diese Sichtweise kann wiederum die Fähigkeit der Frau stärken, neues Verhalten zu erproben; zumindest befreit sie dies von der Rolle des Opfers.

Natürlich bietet keine dieser Ebenen mehr „Wahrheit" als irgendeine andere, keine davon existiert „wirklich", aber eine neue Lösung des Problems geht meist über die Ebene hinaus, auf der man angesetzt hat. Es kann sein, daß die Ebene der Episode diejenige der Beziehung verdrängt, etwa weil das Beenden von Gewalt vordringlich ist. Einige Feministinnen dagegen ziehen die Ebene des kulturellen Programms vor, weil sie die Auffassung vertreten, es zeuge von einer apolitischen Haltung und bedeute ein Stützen des Status quo, wenn man eine Frau überhaupt als therapiebedürftige Person betrachte. Die Sensibilität für unterschiedliche Kontexte der Kommunikation erweitert zumindest unsere therapeutischen Wahlmöglichkeiten.

Vor allem stellt die Ebene der „Therapeutengeschichte" die weit verbreitete Überzeugung in Frage, es gebe so etwas wie eine objektiv wahrnehmbare Struktur in der Familie, die verändert werden müßte. Der Therapeut erfindet die Beschreibung des Problems, und er erfindet auch die Beschreibung der Lösung. In Abwandlung eines alten Zitats von HALEY im Zusammenhang mit Schizophrenie könnte man sagen, daß es so etwas wie ein Problem „in freier Wildbahn, unberührt von der Hand eines Helfers", womöglich gar nicht gibt.

Für eine Ethik der Partizipation

Abschließend möchte ich noch einmal auf den Beitrag der postmodernen Ethnologen eingehen. CLIFFORD und MARCUS (1986) weisen die Idee eines „transzendenten Beobachters" zurück und ersetzen sie durch das

Modell der Kooperation, in dem niemand die Oberhand hat. Implizite wandelt sich die Natur der Konversation. Mit ihren Worten:

„Da die postmoderne Ethnologie dem >Diskurs< den Vorrang vor dem >Text< einräumt, stellt sie den Dialog im Gegensatz zum Monolog in den Vordergrund und unterstreicht den kooperativen Charakter der ethnologischen Untersuchungssituation... De facto lehnt sie die Ideologie der Trennung zwischen Beobachter und Beobachtetem ab; nichts wird lediglich beobachtet, und niemand ist nur Beobachter. Statt dessen gibt es die gegenseitige, dialogische Produktion eines Diskurses, einer Art Geschichte" (1986, S. 126).

Solche Standpunkte verweisen darauf, daß anstelle einer Suche nach der „Ursache" oder nach der „Wahrheit" allmählich eine Ethik der Partizipation als des zentralen Wertes sozialwissenschaftlichen Denkens und Handelns entsteht. Übertragen auf unsere Therapie, setzt dies unsere Ziele ganz offen in ein politisches Licht. Jedoch trete ich der Vorstellung entgegen, daß wir uns für eine neue Art von Marxismus einsetzen sollten. Selbst wenn wir uns für die Emanzipation stark machen, kann niemand darüber befinden, was der „ideale Diskurs" sein sollte oder wer das letzte Wort darüber haben sollte, welches soziale Problem am dringendsten gelöst werden muß. Unser generelles Ziel sollte ein kritischer Standpunkt sein, sich der Machtstrukturen bewußt zu werden, die in den Vorannahmen jeglichen sozialen Diskurses, einschließlich des „kritischen Diskurses", verborgen sind. Daher sollte nicht nur unsere Theorie, sondern auch unsere Praxis eine Sensibilität für verborgene Machtbeziehungen widerspiegeln. Es genügt nicht, einfach nur die Diskriminierung der Frau zu beseitigen oder ethnische Minderheiten zu stärken. Bloßer Aktivismus, insbesondere „für eine gute Sache", würde Gefahr lauten, die Illusion des Experten selbst über seine Macht noch zu verstärken.

An dieser Stelle komme ich auf die Gefahren des Expertentums zurück. Wie bereits erwähnt, stellt MASSON (1990) den gehobenen Status des professionellen Helfers im Gesundheitssystem in Frage. Er zitiert den Medizinsoziologen Eliot FREIDSON in Profession of Medicine (1972):

„Es ist meine Auffassung, daß sich die Rolle des Experten in einer freien Gesellschaft darauf beschränken sollte, den Menschen die technischen Informationen zu liefern, die sie für ihre eigenen Entscheidungen auf der Grundlage ihrer eigenen Werte brauchen. Sobald er die Autorität beansprucht, Entscheidungen anderer Menschen auf der Basis seiner eigenen Werte zu dirigieren oder gar einzuschränken, ist der Professionelle kein Experte mehr, sondern eher das Mitglied einer neuen privilegierten Klasse unter dem Decknamen des Experten" (FREIDSON 1972, S. 382).

Ich stimme dieser Aussage zu (mit Ausnahme der Verwendung des englischen Wortes men als Bezeichnung für die gesamte Menschheit). Wie MASSON an anderer Stelle ausführt, waren die Versuchspersonen der frühen Varianten dessen, was wir Psychotherapie nennen, hauptsächlich Frauen, und sie sind es noch immer. In einer freien Gesellschaft müssen Frauen ebenso wie Männer Zugang haben zum Denken desjenigen Menschen, den sie um Hilfe bitten, um eben jene „professionellen Helfer unter dem Decknamen des Experten" daran zu hindern, Entscheidungen an ihrer Stelle zu treffen. Die reflexiven, reflektierenden und reflektiven Überlegungen, die ich hier angestellt habe, weisen in diese Richtung.

Übersetzt von Günter Thomas

Kapitel 6
„Küchenklatsch"

Mein nächster Artikel, „Küchenklatsch", beruht auf einer Reihe von Vorträgen, die ich in fünf Städten quer durch Australien im Sommer 1992 hielt. Er wurde in den Berichten über die Australian and New Zealand Family Therapy Conference 1992 in Melbourne veröffentlicht. Dieser Beitrag war ein Bericht von einer tatsächlichen Reise, die von der unsichtbaren Reise meines Denkens und Arbeitens gestaltet wurde. Als ich weiter reiste, veränderte sich auch das Skript und die letzte Version ist eben auch nur eine Version. Ich behielt aber die Teile, die erfolgreich waren.

Erstens, ich entschloß mich, am Anfang meines Vortrags Einzeiler anstelle eines theoretischen Überblicks zu verwenden. Einige waren witzig, andere sehr poetisch, aber alle machten deutlich, daß sie entweder mit meinen Überzeugungen oder mit meiner Praxis zu tun hatten. Ein postmoderner Kopf bringt den Wunsch mit sich, sich auf Geschichten und Bilder, statt auf intellektuelle Abhandlungen zu verlassen.

Zweitens, es schien wichtig, mehr als sonst daraus zu machen, wie mein Leben und meine Arbeit sich überlappten. In meinen Vorträgen baute ich Anekdoten aus meinem Leben als Frau und Mutter ebenso ein wie solche von meinen Begegnungen mit den PionierInnen der Familientherapie, die mich in meinem Berufsleben beeinflußt haben. Das geschah nicht einfach aus Sentimentalität, sondern weil ich dicht bei meiner Idee bleiben wollte, von persönlicher Erfahrung und subjektiv zu sprechen, statt die übliche objektive Haltung wissenschaftlicher Arbeiten einzunehmen.

Schließlich hatte sich mein Fokus von der Postmoderne zu Frauenfragen verschoben. Mir waren die Veröffentlichungen darüber, „wie Frauen arbeiten", zunehmend deutlich geworden, und ich hatte das Gefühl, daß diese Forschung uns allen, Männern wie Frauen, Alternativen zu den vorherrschenden männlich ausgerichteten Modellen bot. Es gab jetzt Bücher und Artikel nicht nur zur unterschiedlichen Entwicklung von Frauen (MILLER 1976), sondern auch zu weiblichen Werte-Systemen (GILLIGAN 1982), zu weiblichen Führungs- und Managementstilen (ROSENER 1990), zum weiblichen Lehr- und Lernverhalten (BELENKY, CLINCHY, GOLDBERGER & TARULE 1986), zu Frauen-Karrieren (M.C. BATESON 1990), dazu, wie Frauen schreiben (HEILBRUN 1988), forschen

(Mishler 1986), zu weiblicher mündlicher Überlieferung (Gluck & Patai 1991), wie Frauen sich beziehen und reden (Tannen 1990) und zu weiblicher Spiritualität (Anderson & Hopkins 1991).

Die Arbeit über Forschungsinterviews erwies sich als ungeheuer interessant für mich. Dieses Vorgehen war stark von FeministInnen beeinflußt, die glaubten, daß mündliche Überlieferung eine Möglichkeit wäre, Frauen zu helfen, sich zu emanzipieren. Das feministische Ideal eines stärker horizontalen Interviewstils traf zusammen mit dem postmodernen Verbot, die InformandIn als ein Objekt zu behandeln, so daß eine andere Art InterviewerIn und eine andere Art Interviewte entstanden.

FamilientherapeutInnen wie ich erkannten, daß auch eine neue Art des Familieninterviews notwendig war. Die alten Vorgehensweisen beruhten darauf, die Sitzung zu kontrollieren, Leitfragen zu stellen und die Handlungen der Leute zu gestalten. Wie das medizinische Interview so war auch das Familientherapie-Interview nach einem ExpertIn/keine-ExpertIn-Rahmen modelliert worden. Der Stil des Galveston-Interviews war die erste Einschüchterung der FamilientherapeutInnen, daß etwas nicht-ExpertInnenhaftes überhaupt möglich war, aber eine lange Zeit wurde es als so anders als die etablierten Methoden erlebt, daß es ignoriert wurde. Ich wollte eine Begründung hervorbringen, die diesen Stil mit einem umfassenderen sozialen Wandel verbinden könnte, einem Wandel mit feministischen und postmodernen Untertönen.

Eine weitere Sorge, die in diesen Artikel einging, hatte damit zu tun, daß ich den Titel „Küchen-Klatsch" benutzte. Ich war auf eine neue Erklärung gestoßen, weshalb Frauen und Männer so unterschiedliche Kommunikationsstile hatten. Wie ich schon sagte, feministische PsychologInnen verwiesen darauf, daß Frauen Verbundenheit mehr schätzten als die Weitergabe von Information; sie würden selbst die Wahrheit opfern, um Beziehungen zu schützen. Da die psychische Entwicklung der Frauen sich von der der Mänenr unterschied, so lautete die Erklärung, würden sie sich natürlich auch anders auf andere beziehen.

Aber es gab noch einen anderen möglichen Grund für diesen Unterschied, der mit dem Kommunikationsstil zu tun hatte. In einem zur Veröffentlichung eingereichten Artikel der Familientherapeutin Mary Olson las ich über ein Buch des Linguisten Walter Ong (1982), das sich mit der Evolution der westlichen Kultur von einer mündlichen zu einer schriftlichen Tradition befaßte. Olson zitierte Ong, um eine Verbindung zwischen der „anderen Stimme" der Frauen und der Tatsache herzustellen, daß sie erst seit kurzer Zeit in der Welt des Schreibens zugelassen wurden. In der Vergangenheit mußten sie sich ganz auf persönliche Begegnungen verlassen, in denen Sprechen und Zuhören von größter Wichtigkeit waren. Das war für mich eine kostbare Idee, weil sie einen alternativen Grund für die offensichtliche Bevorzugung intimer und relationaler Kommunikation von Frauen bot. Ich erkannte, daß ich über eine historische Zwangsjacke für Frauen sprechen konnte, die reversibel war, und eben nicht über eine, die irreversibel war.

Diese Perspektive brachte mich aus dem Kampf zwischen FeministInnen, die sagten, Frauen sollten nicht nur den Männern gleich, sondern ihnen über werden, und FeministInnen, die den Eindruck hatten, Frauen sollten ihre Unterschiedlichkeit feiern und Kapital daraus schlagen. In *„Küchen-Klatsch"* habe ich vieles einbezogen, das sich an der Position weiblicher Wege orientiert, aber mich auch OLSON mit dem Vorschlag angeschlossen, daß die andere Stimme von GILLIGAN den Frauen zu einem Großteil von der Geschichte zugeschrieben worden ist und daß es sich nicht um ein unveräußerliches Wesensmerkmal handelt.

Der *„Küchen-Klatsch"* enthält viel, was ich aus anderen Artikeln übernommen habe. Ich habe die Idee der anderen Stimme noch einmal hervorgehoben und einige Arbeitsweisen vorgeschlagen, die diesen Unterschied im Interview verkörpern. Ich habe auch meine Kritik an einer kolonialistischen therapeutischen Haltung wiederholt und Wege angeboten, dem Eindruck entgegenzuwirken, den man oft von einem professionellen Feudalsystem erhält. Selbst wenn viele meiner Ideen in diesem Beitrag solche aus den vorangehenden Beiträgen wiederholen, so liegt das Schwergewicht im Unterschied zu früher stärker auf der Praxis. Diese Überlappung tut mir leid, aber ich hoffe, daß diese Art des wiederholten Grabstein-Polierens ein komplexeres Bild hervorbringen könnte.

Die HerausgeberInnen baten mich, hier auch einen Eindruck davon zu vermitteln, wie die Leute, die aus ganz Australien zu meinen Workshops kamen, mich beeinflußten und wie meine Anwesenheit sie berührte. Ich erzähle hier zwei Begebenheiten, die diese Frage hoffentlich beantworten. Dabei ist es sicher gut wissen, daß meine heutige Art, einen Workshop zu leiten, nie so aussieht, daß ich komme und eine Konsultation mit der Familie in der üblichen ExpertInnen-Position mache und dabei die TherapeutIn an die Seite dränge. Ich sitze und rede mit der TherapeutIn, während die Familie dabei ist und bitte dann später die Familie, unsere Konversation zu kommentieren.

In Australien brachten die TherapeutInnen, mit denen ich sprach, niemals eine Familie mit, so daß ich eine oder zwei TeilnehmerInnen bat, für die Familie einzuspringen und in einer „als-ob"-Weise zu reflektieren. Ich bat auch Gruppen aus der ZuhörerInnenschaft, über das, was sie gehört hatten, zu reflektieren. Das klappte auch meist, aber manchmal war das Auditorium so gut in klinischer Sprache, die üblicherweise abschätzig ist, ausgebildet, daß sich die TherapeutInnen und die „als-ob-Familienmitglieder" verletzt und herabgesetzt fühlten. Wenn das geschah, fühlte ich mich in einer furchtbar schrecklichen Bindung. Sagte ich den TeilnehmerInnen, daß sie sich falsch verhielten, würden sie sich kritisiert fühlen. Sagte ich ihnen nicht, daß sie sich falsch verhielten, würden sich die TherapeutIn und die „als-ob-Familienmitglieder" kritisiert fühlen. Und meine ganze Idee war doch die, eine Methode zu zeigen, die niemanden herabsetzen sollte.

Während eines Workshops, der nach einem Workshop ablief, wo sich ein therapeutisches Team sehr kritisiert gefühlt hatte, hörte ich zu, wie ein Reflektierendes Team TherapeutIn und Familie in Begriffen analysierte, die klinisch nicht zu beanstanden, aber voller Hinweise waren, was in der Familie falsch lief und was der Therapeut tun müßte. Ich versank in Bestürzung und mein armer Therapeut sah gleichermaßen bedrückt wie stoisch aus, als ob er gewußt hatte, daß dies passieren würde. So schaltete ich mich rasch ein und schlug vor, daß ich mich zu jeder Gruppe setzen und ihnen Fragen stellen würde. Glücklicherweise waren es nur drei Vierergruppen.

Ich bat jede der Reihe nach, mir etwas zu sagen, was sie schätzte oder in der Konversation, die sie gehört hatte, ungewöhnlich fand. Sie antworteten mit sehr unterschiedlichen Anmerkungen zur ersten Runde, Anmerkungen, die kleine, aber wesentliche Aspekte der Arbeit des Therapeuten hervorhoben und die oft interessant und überraschend waren. Niemand wiederholte etwas, was schon gesagt worden war. Dann wandte ich mich wieder dem Therapeuten zu und wartete auf einen spaßigen oder abwehrenden Kommentar. Zu meiner Überraschung schossen ihm Tränen in die Augen, und er sagte: „Heute habe ich Geburtstag. Ich werde vierzig Jahre alt. Ich habe mir gerade ein Haus gekauft. Als mein Supervisor mich aufforderte, mich an dieser Übung zu beteiligen, stimmte ich zu, dachte aber, daß dies meinen Geburtstag ruinieren würde. Aber genau hier habe ich Anmerkungen von KollegInnen gehört, die freundlich, einfühlsam und, ich hoffe doch, zutreffend waren, und ich kann Euch allen gar nicht genug danken."

Wir waren natürlich alle emotional sehr berührt und ich war auch erstaunt, weil ich gedacht hatte, daß ich, wenn ich eine zu instrumentelle Haltung einnehme, um gewissermaßen Komplimente zu erzwingen, die Komplimente nicht so ernsthaft herauskämen und einen gegenteiligen Effekt hätten. Aus welchem Grund auch immer funktionierte dieses Format und ich habe es seitdem immer eingesetzt - wobei ich oft vorher genau diese Geschichte erzähle.

Ein anderer ungeheurer Einfluß, den die Erfahrung in Australien auf mich hatte, war das Einbeziehen der Aborigines, der Maori und der Leute von den Pazifischen Inseln in eine Familientherapie-Konferenz, an der ich in Melbourne teilnahm. Was die Aspekte des Einbeziehens und Beeinflussens angeht, so gab es da viele politische Auffassungen und starke emotionale Beteiligungen, die mir unbekannt waren. Aber die Eröffnungs- und Abschluß-Zeremonie, die von den „UreinwohnerInnen" organisiert wurden, änderten für mich das Wesen der Konferenz und verwandelten sie in eine gleichsam mystische Erfahrung.

Ich möchte das erklären. Ich mußte unmittelbar vor Ende des letzten Tages eine kurze Ansprache halten. Ich fühlte Spannung und hob einen Eukalyptuszweig von der Bühne auf, den ein maorischer Speertänzer zurückgelassen hatte und legte ihn auf das Podium wie einen Ölzweig. Ich begann, laut darüber nachzudenken, wie glücklich sich die australische familientherapeutische Gemeinde schätzen kann, die UreinwohnerInnen unter sich zu haben. Ich sinnierte auch darüber, wie diese familientherapeutische Gemeinde noch klein genug war, um eine Familie zu sein und kein wachsendes kommerzielles Establishment wie in meinem Land. Das bedeutete, daß es nicht nur starke Loyalitäten, sondern auch viele Spaltungen gab - wie in einem wirklichen Clan. Aber es gab glücklicherweise ausgleichende Elemente: die UreinwohnerInnen repräsentierten ein Gefühl für Kontinuität und für die Ahnen; die späteren SiedlerInnen brachten eine Wertschätzung für das mit, was neu und originell war.

Aber jetzt geschah das Merkwürdige. Gegen Ende meiner Rede, als ich mich auf die Bedeutung der Gemeinschaft bezog, fühlte ich mich genötigt, jeden daran zu erinnern, die Großeltern nicht zu vergessen. Es war ein merkwürdiger Umstand. Als ich an diesem Morgen darüber nachdachte, was ich sagen sollte, ließ mich ein Bild nicht wieder los: vor meinem inneren Auge sah ich den älteren Vater einer Freundin aus meiner Kindheit, der tot im Teich eines Nachbarn trieb. Als er ertrank, lebte ich nicht mehr in dieser Gemeinde, aber was mir erzählt wurde, war folgendes. Als die Frau dieses Mannes, die er sehr liebte, in einem Pflegeheim starb, stand er an diesem Morgen früh auf, zog sich sein bestes Zeug an, Hut, Stock und Kneifer, an was ich mich immer im Zusammenhang mit seinem gepflegten grauen Spitzbart erinnere, und ertränkte sich. Die Erinnerung an ein Ereignis, das ich niemals gesehen habe, war so lebendig, daß ich mich entschloß, es mitzuteilen und zu sagen, daß wir unsere ganz Alten hüten und schätzen müssen und niemals alleine lassen dürfen.

Mir schien meine Vision makaber und auch unerklärlich, so daß ich sie aus meinem Kopf verdrängte. Nachdem die Konferenz vorbei war, kam eine der OrganisatorInnen zu mir und fragte mich, ob ich wüßte, daß Geoff GODING, einer der Gründungsväter der Familientherapie in Australien, sehr krank war. Mir war aufgefallen, daß er nicht auf der Konferenz gewesen war, aber ich wußte nicht weshalb. Ich las jetzt im *Australian and New Zealand Journal of Family Therapy*, daß er gestorben ist.

Dieses Ereignis und seine Nachwirkungen erinnerten mich an die Zeit, wo unsere familientherapeutische Gemeinde in den USA so klein war, daß jede einzelne kostbar war und jeder Verlust oder jeder Riß gewaltige Schäden in den verbundenen Enklaven anrichtete. Jetzt ist die Gemeinde so riesig geworden, daß dann, wenn in einer Enklave eine Eruption erfolgt, nur wenige Personen in anderen Enklaven überhaupt etwas verspüren. Vielleicht fühlte ich mich genau deshalb in Australien so heimisch; für mich war es wie eine Rückkehr in eine Kindheit der 50er Jahre.

Eine Erinnerung an einen Vortrag mit dem Titel „Küchen-Klatsch" auf der ANZ-Konferenz 1992

Anstelle eines theoretischen Rahmens, der aus den üblichen Bausteinen, die Konzepte genannt werden, besteht, entschloß ich mich, meine Vorträge in Australien mit einer Reihe von Sprüchen (Einzeilern) zu eröffnen. Ich mag solche kleinen Sprüche, weil sie das sind, was ich „Bedeutungen in der Hand" nenne. Ich wollte auch einige Ideen aus dem großen Durcheinander, das als Postmoderne bekannt ist, einführen, aber ich wollte nicht in eine riesige Abhandlung dieser Sache hineingeraten. Die kleinen Sprüche geben das Wesentliche wieder. Die Verwendung von Sprüchen anstelle von theoretischen Rahmen paßt zum Mißtrauen der PostmodernistInnen gegen das, was sie „normale Sozialwissenschaft" nennen. Ich erfand auch eine neue Abkürzung, PMFT – postmoderne FamilientherapeutInnen.

Eine Reaktion auf meinen Vortrag während der Melbourne-Konferenz war: „Ich fühle, als hätte man den Teppich unter mir weggezogen, wobei ich allerdings einen Teller mit „fairy cakes" in der Hand halten mußte." Ich hatte noch nie von diesen Kuchen gehört, die sich als kleine Partytörtchen entpuppten, mit lila und weißen Zuckerguß überzogen. Mir gefiel die Teppich-Idee, da sie meiner Vorstellung nahekam, aber ich war mir bei den „fairy cakes" unsicher.

Als ich diesen Vortrag als Teil meiner Präsentation an anderen Orten in Australien hielt, bemühte ich mich, meine Sprüche zu Kategorien zusammenzufassen, die mit Vorstellungen verbunden waren, die FamilientherapeutInnen verwenden könnten. Diese Änderung ist ein Beispiel für die Änderungen, die sich vollzogen, als ich meinen Vortrag in einer Stadt nach der anderen, quer durch den ganzen Kontinent, hielt. Mir gefiel der Gedanke, daß meine Workshops selbst eine rollende Konversation mit Australien wären. Hier also sind meine Sprüche, nach Kategorien geordnet.

Kategorie Eins: PMFT glauben nicht an eine Wirklichkeit „da draußen", die objektiv ermittelt werden kann – zumindest nicht, wenn es sich um die Welt von Beziehungen handelt. Unsere Ideen beruhen vielmehr auf einem Kern gemeinsam geteilter Subjektivität. Wir entscheiden über moralische oder soziale Vorschriften, oder wir stellen Werte und Regeln anderer infrage, aber in allen Fällen gibt es kein letztes, außenstehendes Urteil, was richtig oder was die Bedeutung eines bestimmten Ereignisses zu sein hat. Andere Möglichkeiten, dies auszudrücken, sind die folgenden:

– Wie der arme Bauer in der alten Geschichte müssen wir erst Löcher in den Zaun schießen, bevor wir die Bullaugen drumherum anmalen.

(Clifford GEERTZ, Anthropologe)

– Ich habe eine Muschelsammlung. Ich halte sie an den Stränden der ganzen Welt verstreut.

(Steve WRIGHT, Komödiant)

Kategorie Zwei: PMFT mögen die Vorstellung des „hermeneutischen Zirkels", eines Prozesses fortwährender Änderung durch Austausch. Ein Beispiel dafür wäre: Bedeutungen werden von Konversationen zwischen Menschen beeinflußt, dann im individuellen Geist verändert, dann wiederum durch gemeinsame Konversationen beeinflußt. Beispiel: meine rollende Konversation mit Australien. Andere Beispiele:

– Der Geist paßt zur Welt und formt sie, so wie ein Fluß zu seinen eigenen Gestaden paßt und diese formt.

(Annie DILLARD, Schriftstellerin)

– Sprache existiert, um das hervorzubringen, was ohne Sprache nicht geschehen könnte.

(Herbert BRUN, Komponist)

– Die Gesellschaft bereitet das Verbrechen vor; der Kriminelle begeht es.

(Chinesisches Sprichwort)

Kategorie Drei: PMFT glauben an das, was „gemeinsame Welt" genannt worden ist – der intersubjektive Raum, in dem Menschen durch Sprache und soziale Handlungen verbunden sind. Einige PMFT glauben, dieses Netz oder Gewebe sei gleichbedeutend mit einem kollektiven oder gemeinsamen Unbewußten. Hier sind einige Aussagen, die dies ausdrücken:

– Jemanden aus der Familie herausnehmen, ist so, als würde man ein Netz flicken, indem man einen der Knoten herauslöst.

(anonym)

155

- Das Problem besteht nicht darin, das Horn des Häuptlings zu finden, sondern einen Platz, es zu spielen.

(Afrikanisches Sprichwort)

- Der kopernikanische Augenblick: wenn du erkennst, daß deine Geliebte dich nicht mehr ins Zentrum ihrer Welt stellt.

(Ehemann in einem Familieninterview)

Kategorie Vier: PMFT sind über Polaritäten und binäre Positionen wie richtig/falsch, gut/schlecht, Körper/Geist nicht glücklich. Sie wollen diese Zweiteilungen beseitigen, weil sie Verbindungen verdunkeln und das Universum in Einzelteile zerlegen.

- Das Gegenteil einer seichten Wahrheit ist falsch. Aber das Gegenteil einer tiefen Wahrheit ist auch wahr.

(Niels Bohr, Physiker)

- Definition von Konflikt: Alle Punkte eines Kreises fallen weg – bis auf zwei. Ihn zu lösen, hieße, den Kreis zurückzubringen.

(Shuli Goodman, eine Kollegin)

Kategorie Fünf: Syllogismus Modus Gras. Dieser ziemlich unklare Ausdruck wurde von Gregory Bateson geprägt, um Ursache durch Assoziation und nicht durch Logik zu beschreiben*. PMFT lieben assoziative Kausalität, weil sie weniger leicht als lineare Kausalität dazu führt, den Zeigefinger zu heben.

- Ich habe einen Freund, der ist Nachrichtensprecher. Du kannst ihn nicht sprechen hören, wenn er unter Brücken geht.

- Ich bin mit Kaiserschnitt auf die Welt gekommen. Du würdest es nie erfahren, aber wenn ich aus dem Haus gehe, dann gehe ich durch das Fenster.

Sprüche für Familientherapie

Meine folgenden Kategorien haben mit Ideen zu tun, die auf Therapie angewendet werden können. Ich weiß nicht, ob sie postmodern sind oder nicht, aber sie stellen traditionelle Vorgehensweisen infrage.

---

*) **Anm.d.Hrsg.:** Für Bateson geht es dabei um den „Kontrast zwischen den Wahrheiten der Metaphysik und den Wahrheiten, auf die die Mathematiker aus sind" (Bateson, Gregory & Bateson, Mary Catherine „Wo Engel zögern", 1993, S. 45ff).

Kategorie Eins: PMFT, die Familientherapie praktizieren, sind weniger sicher, Effekte für ihre Modelle zu beanspruchen, insbesondere dann, wenn sie – wie ich – einfach etwas getan haben, ganz egal, welches Modell sie dabei verwendet haben. Ich fing an, daran zu denken, daß dann, wenn ich aufhören würde, das immer wieder zu versuchen, ich immer noch ziemlich gut sein könnte. Diese Aussagen schienen meine Gedanken zu stützen:

– Psychotherapie ist eine nicht-definierte Technik, die auf unspezifizierte Fälle mit unvorhersehbaren Ergebnissen angewendet wird. Diese Technik verlangt rigoroses Training.

(Victor RAIMY)

– Negative Fähigkeit, das ist, wenn jemand fähig ist, in Unsicherheit, Mysterien, Zweifel zu sein, ohne irritiert nach Fakten und Gründen zu greifen.

(John KEATS)

Kategorie Zwei: Diese Variationen geben eine Begründung für eine weniger aktive Haltung:

– Ein Mann steht allein und kann nicht singen. Ein anderer Mann singt mit ihm, und der erste Mann kann auch singen.

(Martin BUBER)

– Verzweifle nicht an mir – ich versuche nicht, dir zu helfen!

(Graham DISQUE, ein Kollege)

– Mach' nicht irgendetwas – bleib' einfach da stehen!

(Altes Sprichwort)

Kategorie Drei: Menschen stolpern eher über Lösungen, wenn sie den Eindruck haben, sie seien im Grunde genommen gute Menschen, und diese Lösungen sind gewöhnlich die erfolgreichsten.

– Positive Beschreibung ist wie die Suche nach Fenstern anstatt nach Wänden.

(Anonym)

– Der Geist ist am meisten von den Gründen überzeugt, die er selbst entdecken kann.

(Paul WATZLAWICK, Autor)

Schließlich gibt es ein Sprichwort, für das ich keine Nische finden kann, das mich aber damals sehr beeindruckt hat, so daß ich es auf jeden Fall einbeziehen werde. Es stammt aus einem Glückskeks, den ich erhielt, als mein Ex-Mann und ich wegen der Scheidung Schwierigkeiten hatten.

– Du bist dazu verdammt, in der Ehe glücklich zu sein.

Dies ist genau die die Stütze für den Glauben, daß es eine mystische Intelligenz gibt, die dich mit Rätseln bewirft, bis du alles herausfindest. Ich wurde geschieden, aber nach fünfzehn Jahren Alleinsein traf ich einen 82jährigen irischen Autor und bin glücklich wiederverheiratet. Der Fluch wurde wahr!

Meine Genealogie

Nachdem ich meine Sprüche vorgetragen hatte, wollte ich darüber sprechen, wie ich zu den Theorien und Praktiken gekommen war, von denen ich Ihnen jetzt erzählen werde. Michel FOUCAULT, der brilliante französische Soziologie, würde die „Genealogie" moderner Insitutionen analysieren, um den Eindruck infragezustellen, sie wären wie MOSES' Gesetzestafeln vom Himmel gefallen und ständen deshalb außerhalb jeder Kritik. In ähnlicher Weise ist es sehr hilfreich, anfangs auf das zu fokussieren, was Tom ANDERSEN „die Geschichte der Idee, hierherzukommen" nennt.

Deshalb gehe ich gewöhnlich zu meinen Anfängen zurück, zu der Zeit, bevor ich eine Familientherapiegläubige wurde, und spreche davon, als ich eine verwirrte, unglückliche Frau und Mutter dreier kleiner Kinder war. Ich folgte meinem Mann, Professor für Theaterwissenschaften, von Uni zu Uni und mit jedem Umzug fühlte ich mich mehr wie eines dieser Baumwollhemden, die nach jeder Wäsche kleiner werden. Durch puren Zufall wurde ich gebeten, einer Sozialarbeiterin namens Virginia SATIR zu helfen, ein Buch über etwas, von dem ich noch nie gehört hatte – Familientherapie – fertigzustellen. Einige Monate später kam *Conjoint Family Therapy* heraus (SATIR 1964) und wurde zu meiner Überraschung ein Bestseller.

Das war es. Ich sah Virginia von hinter einem neumodischen Ding namens Einwegscheibe arbeiten, und ich las ein Buch von Jay HALEY, *Strategies of Family Therapy*, das tatsächlich in verständlicher Sprache geschrieben war, und ich hing an der Angel. Ich bat Jay HALEY tatsächlich, mich an einem Forschungsprojekt von ihm mitarbeiten zu lassen. Es handelte sich um eine Reihe von Interviews mit anderen Pionieren der Familientherapie, wie Carl WHITAKER und Don JACKSON, und ich war noch beeindruckter.

Dann folgte ich meinem Mann nach New York und fand eine Stelle bei Dick AUERSWALD, der gerade an einer Klinik in der Lower Eastside ein gemeindliches psychosoziales Great Society Programm leitete. Er verwendete eine andere Idee, die für mich völlig neu war: „Ökosysteme". Nachdem der Direktor der neuen Krisenabteilung, der Psychiater Richard RABKIN, mir erklärt hatte, was dieser Ausdruck bedeutete, schrieb ich einige Artikel über AUERSWALDS ökosystemische Arbeitsweise.

Als AUERWALDS Programm zusammenbrach – und auch die Great Society –, ging ich zurück zur Hochschule (auf die vorausdenkende Adelphi School of Social Work) und erhielt meinen MSW*. Dann ging es nach Philadelphia, wo ich Salvador MINUCHINS dramatische Arbeit mit Kindern in gefahrvollen Situationen wie Anorexia nervosa sehen konnte wie auch Harry APONTES respektvolle Arbeit mit Minoritäten. Mein nächster Halt war New York, wo Olga SILVERSTEIN, am besten bekannt als „Wonder Rabbi", mich bat, mich dem Brief Therapy Project des Ackerman Institute of Family Therapy anzuschließen. Man könnte sagen, daß ich mit den Großen auf du und du stand.

Das hatte aber auch seine Kehrseite. Was meine LehrerInnen mit einer Leichtigkeit machten, dabei versagte ich völlig. Aus irgendeinem Grund fühlte ich mich immer ungeschickt und ohne Durchblick; unfähig, wie eine Fachfrau zu erscheinen, gänzlich undenkbar, sich wie eine zu fühlen. Ich sagte in solchen Momenten zu mir: „Oh, für eine „Therapie der Schwachen", aber im Grunde hatte ich nicht das „richtige Zeug". FreundInnen meiner Familie aus der KünstlerInnengemeinde am Hudson, wo ich aufwuchs, pflegten zu sagen: die, die können, machen es; die, die es nicht können, lehren. Meine Mission im Feld sollte es sein, als Chronistin die anderen auszubeuten.

Einige neue Ideen

Diese trostlose Vorhersage änderte sich nur langsam. Ich habe schon in früheren Artikeln darüber geschrieben: nach dem Tod Gregory BATE-

---

*) **Anm.d.Übers.:** MSW - Master of Social Work

SONS im Jahre 1979 erkannte ich allmählich die ideologische Kluft zwischen ihm und HALEY. BATESON mißbilligte die Idee der Kontrolle, die HALEY und andere zum Mittelpunkt der Familientherapie gemacht hatten. Ich merkte, daß mir diese Haltung gefiel. Ich folgte auch den Überlegungen von Harry GOOLISHIAN, der zu einer Art Polarstern an meinem Himmel geworden war. Harry kritisierte das kybernetische Ingenieurs-Modell, das das Feld beherrschte. So wie ich zog er es vor, über menschliche Ereignisse in Begriffen von Flüssen und Fließen zu denken und nicht in Begriffen von Kreisen und Schleifen. Wir waren uns beide einig, daß diese Metaphern überhaupt falsch waren; es ging nicht darum, einen Fluß einzudämmen, sondern zu lernen, ihn zu befahren.

Als ich Carol GILLIGANS *In a Different Voice* (1982) las, wirkte dieses unscheinbare Buch über Forschung auf mich wie eine Erleuchtung. Plötzlich sah ich den Sexismus in den familientherapeutischen Modellen, in denen ich ausgebildet worden war. Sie waren nicht falsch – es war einfach, daß sie nur eine einzige Stimme repräsentierten, die dominante Stimme unserer Kultur. Wie würde Familientherapie in einer anderen Stimme aussehen? Würden GILLIGANS Ideen angewendet, so würde ich denken, daß dann Verbundenheit stärker als Autonomie geschätzt würde und Wechselseitigkeit mehr als Kontrolle. Mir wurde auch deutlich, daß eine Bewegung weg von einer Sinnesmodalität zu einer anderen auf dem Spiel stand: vom objektiven „Blick" des modernen Wissenschaftlers (FOUCAULT, 1978) zur stärker subjektiven „Stimme", die verwendet worden war, eine Erkenntnistheorie für Frauen zu beschreiben (BELENKY et al., 1986).

An diesem Punkt erkannte ich, daß das Stimmen-Modell eine bessere Passung bot – nicht nur für mich, sondern wahrscheinlich auch für andere Frauen und Männer in diesem Bereich. Von einem Freund, der an einem Geo-Justice-Workshop teilgenommen hatte, hörte ich, daß die Leute das kriegerische christliche Lied „We Are Climbing Jacob`s Ladder" mit einem anderen verglichen, „Sarah`s Circle", das wie eine Art friedlicher Rundtanz klang. Ich kannte „Sarah`s Circle" nicht, aber mir kam ein anderes Lied in den Sinn: „Here We Go Round the Mulberry Bush". Da draußen gab es eine völlig andere Lebensweise, die eine andere Art von Energie zu repräsentieren schien. Familientherapie sollte für eine weibliche Energie ebenso Platz haben wie für männliche Energie, die ein solcher Motor für dieses Feld gewesen war.

Ich begrüßte solche Ideen, weil ich merkte, daß ich nicht die männlichen Formen der Therapie machen wollte, die ich so mühselig gelernt hatte. Im Grunde war ich über die managerhaften, feindlichen und geheimnisbeladenen Verfahren der Familientherapie, so wie sie sich entwickelt hatte, unglücklich. Ich wollte stattdessen einen Stil definieren, der den Prozeß entmystifizierte, Verbindungen betonte und Menschen ermutigte, ihre eigenen Geschichten zu entwickeln, anstatt die zu akzeptieren, die ihnen die Fachleute vorsetzten.

Mein Ideal einer weiblichen Energie führte direkt zu den Idealen politischer FeministInnen, die zu einer großen Kraft in der Familientherapie geworden waren. Diese AktivistInnen waren mit keiner Position zufrieden, die irgendwie nach der viktorianischen Vorstellung einer weiblichen Sphäre roch. Ich war ihrer Meinung. Warum sollte eine „Frauen-Hilfe der Familientherapie" gesponsort werden? GILLIGANS Forschung verband die andere Stimme mit neueren Forschungen über die unterschiedlichen Entwicklungswege der Frauen. Ich hatte den Eindruck, daß diese Forschungen nur eine neue Version der Idee sein könnten, daß Biologie Schicksal ist – eine neue Version der Idee, daß Frauen ganz besonders für das Wechseln der Bettschüsseln qualifiziert seien.

„Konversation" und „Text"

Was mich aus meinem Dilemma befreite, war eine Arbeit der Familientherapeutin Mary OLSON, „`Konversation` und `Text`: Eine Medienperspektive für Therapie", die sich weitgehend auf *Orality and Literacy* von Walter ONG (1982) stützt. ONG vertritt die Auffassung, daß Gruppen, in denen mündliche Kommunikation vorherrscht, eine bestimmte Art von Bewußtsein besitzen und solche Gruppen, in denen Bücher und Schriften zentral sind, besitzen eine andere Art. Für ONG ist das Schriftliche mit Autorität verknüpft, die zu Hierarchie führt. Das Mündliche definiert einen eher horizontalen und einbeziehenden Ton. Daher, so seine Aussage, trennt Schriftliches, während Mündliches verbindet.

Diese Teilung hat weitreichende soziale Folgen. Seit Jahrhunderten hatten Männer (oder einige Männer) den alleinigen Zugang zur Welt der Bücher, während Frauen auf die Kommunikation von Angesicht zu Angesicht eingeschränkt waren. OLSON, die diesen Punkt aufgreift, stellt einen wichtigen Bezug zwischen der „anderen Stimme", die GILLIGAN beschreibt, und dem mündlichen Bewußtsein, das ONG beschreibt, her. Von OLSONS Analyse beeinflußt, fiel mir auf, daß Entwicklungsfaktoren nicht die einzige Erklärung dieser anderen Stimme sein müßten. Könnte es nicht auch ein historisch-kultureller Zufall sein, daß viele Frauen sich mit den Künsten von Intimität, Verbindung und Einklang wohlzufühlen schienen? Könnte es auch sein, daß „Stimme" nicht unbedingt mit Gender zusammenpassen müßte? In vielen Kulturen wird das Muster der Harmonie höher geschätzt als Individualismus – was für Männer wie für Frauen gilt.

Das läuft auf die Feststellung hinaus, daß Frauen nicht aufgrund ihrer Natur für den männlichen Konkurrenzstil untauglich sind. Wenn du den Werken vieler Frauen, die die wissenschaftliche Sprache erlernt haben, zuhörst oder sie liest, dann sind die feindlichen Töne der Debatte, die wir gewöhnlich von Männern hören, auch da – kein Problem. Ein Problem ist es aber, daß es viele Frauen (und auch Männer) gibt, die diesen Stil nicht mögen und die entweder damit herumstolpern oder ihn gar nicht erst ausprobieren.

Vielleicht müssen sie das nicht. Ein Aspekt eines mündlichen Bewußtseins ist eine Hingabe an die „Muttersprache", offen gesagt, an Küchenklatsch. Als ein Ergebnis der postmodernen Kritik am westlichen wissenschaftlichen Kanon zeigt sich das Bemühen, Umgangssprache in Reden, Artikeln und anderen fachlichen Darstellungen zu verwenden. Leider haben einige der bekanntesten postmodernen DenkerInnen die obskurste und überladen selbstbewußte Prosa der Kulturgeschichte produziert. PMFT wie ich bemühen sich, der Versuchung dieser kunstvollen Terminologie zu widerstehen, die noch schlimmer als die alte kybernetische Ausdrucksweise ist, um zu der klaren Sprache zurückzufinden, die HALEY vor Jahren so populär machte.

Ich will die mündliche Tradition aber nicht zu rosig sehen. Unsere Welt ist jetzt unwiderruflich auf Schriftlichem gegründet. Die „anderen Stimmen" der Frauen, Eingeborenen, KünstlerInnen oder anderer Gruppen, die ihre mündliche Basis behalten haben, sind wertvoll, aber das Mündliche muß das Schriftliche ergänzen, nicht ersetzen. Deshalb habe ich Freundinnen im familientherapeutischen Bereich gedrängt zu schreiben und deshalb frage ich Leute, die ich sehe, mit mir an Artikeln zu arbeiten. Meine FreundInnen einer kleine Einrichtung in Nord-Massachusetts mit Namen *People`s Bridge Action* schulen Mütter sexuell mißbrauchter Kinder, Medien zu (be-)nutzen – nicht nur, um über ihre Geschichten zu berichten, sondern auch, um Videos über ihr Leben zu machen. Gibt man Menschen die Produktionsmittel an die Hand, so kann das eine Gruppe von Überlebenden, die ihre Gefühle miteinander teilen, plötzlich eine Kraft verleihen, die die Gemeinde verändert.

Die koloniale TherapeutIn

Das führt mich zu einer zweiten wichtigen Entdeckung auf meinem suchenden Weg und zwar zu einer, über die ich schon früher geschrieben habe: die koloniale Haltung der modernen Berufe. Als ich einige postmoderne Arbeiten über Sozialforschung las, war ich vom Trend zur Horizontalität im akademischen Bereich beeindruckt, der früher ziemlich elitär gewesen war. EthnographInnen wie James CLIFFORD und George MARCUS (1986) hatten begonnen, die Idee des „nach unten forschen" infrage zu stellen. Wieso nicht „nach oben forschen"? Wieso mußten AnthropologInnen immer Leute von niedrigerem sozialen Status beforschen? Sätze wie „primitive Leute", „ArbeiterIn", „Eingeborene" verrieten die grundlegend snobistische Auffassung der SozialforscherInnen. Das gilt auch für TherapeutInnen. Wie ist es mit FamilientherapeutInnen, die „nach oben praktizieren", anstatt „nach unten zu praktizieren"? Wann haben wir uns mit Leuten befaßt, die nicht „weniger" waren: weniger wohlerzogen, weniger kompetent, weniger ordentlich, weniger zufrieden, weniger gesund?

Die Dubliner ForscherInnen KEARNEY, BYRNE und MCCARTHY (1989) haben diese Metapher der kolonialen TherapeutIn auf eine gute Weise genutzt. MCCARTHY kommentiert in einem einleitenden Manifest mit dem Titel *„Colonial Sentences and Just Subversions"* die Parameter der Normalität, die von einer weißen, männlichen, westlichen Elite bestimmt werden, mit den Worten: „Solche Zusammenhänge, bewußt oder ahnungslos bestätigt, kolonialisieren die meisten Subjekte der Therapie und ächten ihre kranken Sub-Versionen der vorherrschenden Wirklichkeit. Mißbrauch wird im Namen der Liebe begangen."

Diese Einwände sind in einem umfassenderen Rahmen zu sehen. Es gibt einen fortlaufenden Versuch, bekannt als Kritische Theorie, der der postmodernen Bewegung geholfen hat, die geheiligten Texte der modernen Zeit zu sezieren. Es gerieten nicht nur solche Giganten wie MARX und FREUD unters Messer, sondern auch viele andere SozialforscherInnen. Abstrakte Theorien in allen Disziplinen werden weiterhin untersucht, um zu sehen, welche Herrschafts- und Knechtschaftsbeziehungen darin verborgen sind.

In diesem Zusammenhang habe ich die Vorstellungen des postmodernen Sozialphilosophen Michel FOUCAULT (RABINOW, 1984) als überaus hilfreich empfunden. In Arbeiten, die jede StudentIn der Sozialwissenschaft lesen sollte, hat er gezeigt, daß Macht eine unzweideutige

Beziehung zu Wissen hat – daß beide im Grunde Hand in Hand gehen. Seine Studien über Institutionen des modernen „wissenschaftlichen" Staates – das Strafsystem, das Rechtssystem, das Krankensystem – sind Modelle der Analyse dessen, was er „den Mikro-Faschismus des Alltags" nennt. Diese Art der Unterdrückung ist viel heimtückischer, da sie an Einflüsse gebunden ist, die nicht von einem einzigen Herrscher stammen, sondern in Sprache und Handlungen eingebettet sind, die wir vom Tage unserer Geburt an als gegeben hinnehmen.

Der Erfolg der Kritischen Theorie, die alten Götter zu stürzen, hat etliche postmoderne SozialforscherInnen, so auch Kenneth GERGEN (1991), dazu ermutigt, grundlegende Einwände gegen „ideale Narrative", „totalisierende Diskurse" und „große Entwürfe" vorzubringen. Jede wahre Position wurde angezweifelt, und es wurden stattdessen Fragen gestellt wie: Wessen Wahrheit? Zu wessen Nutzen und Absichten kann sie eingesetzt werden? Welchen Interessen dient sie?

Mit dieser Auffassung ging ein Mißtrauen gegen das einher, was „normale Sozialwissenschaft" hieß, die auf sogenannter objektiver Sozialforschung beruhte. Die Annahmen der Forschungsinterviews sind besonders genau untersucht worden, und es entstand eine neue Art des Interviewens, die auf vorgefaßte Hypothesen oder Interview-Pläne verzichtet. Die InterviewerIn folgt keinem festen Plan, nutzt bewußt einen zögernden, staunenden Stil, der die befragte Person ermutigen soll, ihre Geschichte eingehender zu schildern, als sie es sonst tun würde.

Es ist unnötig, darauf hinzuweisen, daß diese Bilderstürmerei für FeministInnen ein Segen war, die sie nutzten, die intellektuelle Vorrechte der Männer sowie die Denktraditionen, die von ihnen historisch repräsentiert wurden, infrage zu stellen. Ein Ergebnis ihrer Bemühungen war, daß einige bis dahin außer Frage stehende Annahmen der modernen Psychologie in sich zusammenstürzten. Eine ist die Annahme, die kindliche Entwicklung sei an die Notwendigkeit der Individuation gebunden. Solche Vorstellungen, so die FeministInnen, entstammen Studien von Männern an Männern. Eine neuere Infragestellung betrifft fragwürdige Studien der Entwicklung, die zumeist von männlichen „Experten" über die Bedeutung der Mutter-Kind-Beziehung durchgeführt wurden (EYER, 1993); derartige Behauptungen sind nicht nur ungerecht, sondern haben auch dazu geführt, daß sich eine Generation von Müttern schuldig fühlte.

Es besteht aber ein klarer Unterschied zwischen feministischen AktivistInnen, denen es um eine klare politische Position geht, und postmodernen DenkerInnen, denen es um Skepsis gegen solche Positionen geht. Das ist besonders in feministischen Familientherapiekreisen ein Problem. Wenn wir nicht an Wirklichkeiten „da draußen" glauben – wie Männerfäuste in Frauengesichtern –, wie können wir dann gute TherapeutInnen sein, geschweige denn gute Menschen? Diese Kluft ist von feministischen Autorinnen wie Nancy FRASER und Linda NICHOLSEN (1990) thematisiert worden, die uns einen Versuch zeigen, eine Brücke zwischen Feminsimus und Postmoderne zu errichten, indem sie sagen, daß eine postmodern-feministische Theorie „ihre Methoden und Kategorien auf die aktuellen spezifischen Aufgaben zuschneiden [sollte], indem sie, wenn nötig, viele Kategorien nutzt und der metaphysischen Bequemlichkeit einer einzigen feministischen Methode abschwört."

Ich würde dieser Feststellung zustimmen, wenn die Idee, die eigene Methode der spezifischen aktuellen Aufgabe anzupassen, auch manchmal bedeuten könnte, einer feministischen Sichtweise nicht abzuschwören. In vielen Fällen von Gewalt und Mißbrauch ist eine kompromißlose Position die beste, die man (frau) einnehmen kann. In anderen Fällen wird eine weniger wertende und urteilende Haltung ein besseres Ergebnis zeigen. Der entscheidende Punkt ist der, eine Flexibilität in der (Aus-) Wahl zu besitzen.

Eine andere Stimme anwenden

Wie sähe eine weniger „koloniale" Familientherapie aus, eine „Therapie in einer anderen Stimme", eine Therapie, die ihren mündlichen Kontext ausnutzt? Ich möchte meine Ideen, die eine solche Therapie anders aussehen lassen würden, hier einmal auflisten.

1. Es gäbe keine „überlegenere Geschichte der TherapeutIn" mehr, die auf fachlichen Texten beruht. Der Schwerpunkt würde vielmehr stärker darauf ausgerichtet sein, die eigene Geschichten aus den Leuten hervorzuholen.

2. Es bestünde Respekt vor den Loyalitäten, in die alle Menschen eingebunden sind, auch wenn das bedeuten würde, die eigene Loyalität an ein alles umfassendes Glaubenssystem beiseitezulassen.

3. Es gäbe kein Reden über Meta-Positionen mehr. Anstatt einen großen und umfassenden Überblick einzunehmen, würden Voreingenommenheiten, Meinungen und subjektive Ansichten offen formuliert.

4. Es gäbe eine große Ungeduld gegen abstruse, textbezogene Sprache, selbst wenn man an oder für KollegInnen schreibt.

5. Es gäbe ein zunehmendes Widerstreben dagegen, verborgene Teams, Einwegscheiben und Einweg-Botschaften einzusetzen.

6. Es gäbe eine Bewegung weg von TherapeutInnen-bezogenen Fragen, die die Reaktionen der Menschen gemäß der Theorie der TherapeutIn begrenzen oder das Interview in eine ganz bestimmte Richtung drängen würden.

7. Es gäbe weniger Geheimniskrämerei über den professionellen Prozeß, sondern mehr gemeinsames Offenlegen. Wir würden die Leute hören lassen, was wir über sie sagen, etwa wenn wir Reflektierende Teams vor Familien einsetzen. Außer wenn es gute Gründe gäbe, die dagegen sprächen, würden wir ihnen immer sagen, was hinter ihrem Rücken über sie gesagt worden ist oder es ihnen vorher sagen, wenn wir über sie reden werden.

8. Bis zu dem Maße, in dem die psychosozialen Bürokratien es zulassen, würde das, was ich „klinische Haß-Sprache" nenne, geächtet werden. Ich spreche im besonderen von diagnostischen Kategorien, die zu sprachlichen Zwangsjacken geworden sind. Die „dys"-Worte sollten verhindert werden: Behinderung (dis-ability), Funktionsstörung (dis-order), Dysfunktion (dys-function), Krankheit (dis-ease). Am schwierigsten dürfte es sein, die technischen Begriffe, die die ausgebildete KlinikerIn in Fallkonferenzen oder im KollegInnengespräch benutzt, loszuwerden.

Als Beispiel möchte ich hier einmal eine Liste von Begriffen vorlegen, die in Beschreibungen von Personen auftauchen, die als Inzest-Opfer angesehen werden: Machtlosigkeit, Kontrollverlust, geringes Selbstbewußtsein, Verleugnung der Realität, Abhängigkeit/Verletzlichkeit, Gefühle von Unzulänglichkeit, Verletzung, Übertretung, Verlust. Selbst wenn sie alle zuträfen, schafft die ständige Wiederholung solcher Worte eine negative Welt für das Selbst, das oft seine eigene Wirklichkeit weiter aufrechterhält.

9. Es gäbe eine eine Bewegung weg von Defizit-Modellen, die TherapeutInnen dahingehend beeinflussen, „nach unten zu praktizieren", hin zu Kompetenz-Modellen, die sie anregen, „nach oben zu praktizieren". Alle Schulen der modernen Psychologie bieten ausnahmslos Erklärungen emotionaler oder mentaler Schwierigkeiten an, als

wären diese analog zu Störungen des Körpers zu sehen – außer daß Menschen nicht für körperliche Krankheiten beschuldigt werden, wohingegen sie für psychische Störungen schuldig gesprochen und angeklagt werden.

10. Wenn man schließlich etwas aus den Ideen von Kenneth und Mary GERGEN (1985) nähme, gäbe es eine Bewegung weg von den normativen Ideen über Reifung und Wachstum, auf denen der größte Teil der Entwicklungspsychologie beruht. Die GERGENS hinterfragen die Akzeptanz einer Geschichte der Entwicklung von Kindheit zu Erwachsensein zum Alter, in dem nur der mittleren oder „erwachsenen" Phase ein Wert zugeschrieben wird. Ginge es nicht um die kulturellen Werte der PsychologInnen, wäre eine Zufallstrajektorie wie in der Geschichte der Evolution gleich akzeptabel.

Ich möchte in einem kleinen Schwenker meine eigene Version dieser Idee erläutern. Ich spreche vom Entwicklungskonzept der Psyche als „Vegetations-Metapher". Die Psyche (oder Seele) soll ein genetisches Grundmuster besitzen – so wie Tiere oder Pflanzen – mit Phasen des Wachsens, Abschnitten und Übergängen im Lebenszyklus undsoweiter. Wird eine Phase übersprungen oder verzerrt ein traumatisches Ereignis den Wachstumsprozeß, wird nicht nur ein Zweig verbiegen, sondern der ganze Baum. Im Altertum wurde eine andere Analogie der Seele benutzt: Feuer oder Luft. Was wäre unnormale Luft? Kann es dysfunktionales Feuer geben? Ganz egal, die Entwicklungsanalogie war nützlich, weil sie es möglich machte, daß eine Berufsgruppe entstehen konnte, die entschied, was im und für menschlichen Wesen normal und nicht normal ist und wie man es normaler macht, sollte dies nicht der Fall sein.

Theorie in Praxis übersetzen

Das Genannte sind einige Trends, die aus einem postmodernen Ansatz herauszufallen scheinen, der Untertöne eines kulturellen Feminismus und einigen Elementen des sozialen Konstruktionismus enthält. Ich wehre aber nicht die stärker instrumentellen Ansätze der Familientherapie ab. Ich glaube, daß jede familientherapeutische Innovation in dem Sinne „perfekt" sein muß, daß kein anderes Ergebnis hätte herauskommen können, bedenkt man Hintergrund der InnovatorIn, Stellung, untersuchte Population und aufgetretene Probleme. Ich verwende noch viel von dem, was ich von diesen erstaunlichen PionierInnen gelernt habe. Auch wenn meine Haltung nicht-direktiv scheint, so ist darin nichts, das mir sagt, ich dürfe den Leuten keine konkreten Aufgaben oder Interpretationen geben – solange ich mir klar mache, daß ich nur die „Idee von" einer Aufgabe oder Interpretation gebe. Ich werde diese „Idee von" später ausführlicher erläutern.

Eine weitere Gegebenheit ist die, daß viele Methoden, die ich beschreibe, den PraktikerInnen schon bekannt sind, die sie aus anderen psychotherapeutischen Ansätzen gelernt oder selbst seit Jahren praktiziert haben.

1. Zusammenarbeit ist vielleicht das wichtigste Kennzeichen dieses Ansatzes. Ich bin damit angefangen, Familien oder Paare zu bitten, gewissermaßen meine HelfershelferInnen zu sein; ihnen die Entscheidung über die Verwendung allen Materials, geschrieben oder aufgezeichnet, in größerem Maße als bisher zu überlassen; ihnen zu sagen, daß ich ihrem Wissen und ihrer Kenntnis ihrer eigenen Familie (ver-)traue, so wie ich mich auf mein Wissen und meine Kenntis über Familien im allgemeinen verlasse und deutlich feststelle, daß ich dies als eine so gleichberechtigte PartnerInnenschaft wie möglich verstehen möchte. Mit vom Gericht zugewiesenen Familien kann man natürlich nicht mehr tun, als die Träume der PartnerInnenschaft zu teilen und zu wünschen, es gäbe Wege, sie wahr werden zu lassen. Indem man Leuten lehrt, Medien wie Video oder Desktop-Publishing zu (be-)nutzen, sind einige angefangen, diesen Traum zu verwirklichen.

2. Eine andere zentrale Idee ist die eines positiven, bejahenden Rahmens. Das ist nicht dasselbe wie positive Konnotation, die im Grunde nur eine sehr negative Ansicht verschleiert. Ich glaube, TherapeutInnen wurden von positiver Konnotation dahingehend beeinflußt, gut über Leute zu denken und zu reden, weil es hoffnungsvoll scheint. Andere PraktikerInnen, die an Hoffnung glauben, sind Virginia Satir mit ihrer unerschütterlichen Hoffnung, Steve de Shazer mit seiner lösungsorientierten Arbeit, Michael White mit seinen einmaligen Ereignisfolgen („unique outcome"). Die einzigen Bedenken, die ich mit diesen Stilen habe, ist meine Bevorzugung einer weniger technischen Arbeitsweise. Das Feld neigt sich schon besorgniserregend in Richtung organisierter, technisch durchstrukturierter Fürsorge und Lebensweise, und ich denke, einige von uns sollten das Gewicht auf die andere Seite verlagern. Ich muß allerdings bekennen, daß ich, wenn ich das tue, mich selber auch etwas organisieren und technisch strukturieren muß.

Wenn ich diesen positiven, bejahenden Rahmen beschreibe, spreche ich von den „Drei As": Akzeptanz, Affiliation und Anerkennung*. Im alltäglichen Therapieprozeß gibt es so viel Schuld und ungute Gefühle, die jeder Möglichkeit, daß man zu freundlich, zu sehr wie Pollyanna** wird, entgegenwirken. Ich glaube tatsächlich fest daran, daß Therapie zum größten Teil daraus besteht, Hindernisse – Wände – wegzubewegen und auf die hoffnungsvollen Faktoren – die Fenster – hinzuweisen. Die Menschen finden die Türen meist alleine. Um den Leuten einen Eindruck von dieser Idee zu vermitteln, bitte ich Kleingruppen, einen vorgestellten Fall*** zu kommentieren, wobei ich die Anmerkungen auf eine Anerkennung dessen, was sie gehört haben, begrenze. Es ist erstaunlich, wie schwer dies TherapeutInnen fällt. Und es ist auch erstaunlich, wie viele TherapeutInnen, die einen Fall vorstellen, daran glauben, daß ihnen gesagt wird, was sie falsch machen – das ist es schließlich, worum sich Supervision dreht. Erst dann, wenn du die Leute direkt bittest, (unter)stützende Sachen zu sagen und sie es dann auch tun, wird die überraschende Nützlichkeit dieses Tuns offenkundig. Diese Idee übernahm ich von den Mailänder Männern, und ich habe sie zur Aussage erweitert: „Niemand kann (leicht) wachsen, sich ändern oder das Feld verlassen unter einer negativen Konnotation."

Das heißt aber nicht, daß ich nichts und niemandem kritisiere. Wenn jemand in Gewalt und Kriminalität verwickelt ist, melde ich das natürlich den zuständigen Stellen, wenn sie noch nicht informiert sein sollten. Ich arbeite nicht unmittelbar im Bereich von Gewalt und Mißbrauch, sondern ich konsultiere mit den MitarbeiterInnen einer Kinderschutzeinrichtung, die ich schon erwähnt habe, *People's Bridge Action*. Wir haben gemeinsam nach Wegen gesucht, eine Herz und Geist unterstützende Möglichkeit zu schaffen, die dem Personal – eine Gruppe junger IdealistInnen, die allein zu den Leuten hingehen

---

*) **Anm.d.Übers.**: die „Drei As" heißen im Original „affirmation, affiliation, appreciation". Um die Prägnanz der „Drei As" auch im deutschen zu behalten, weichen wir in der Übersetzung „Akzeptanz, Affiliation, Anerkennung" ein wenig von der wörtlichen Bedeutung ab.

) **Anm.d.Übers.: Pollyanna hieß die Heldin eines Kinderbuches, die immer ihre Aufgaben und Pflichten erfüllte, ihr Gemüse aß und immer lächelte – und die von den Kindern, die dieses Buch lasen, gehaßt wurde.

***) **Anm.d.Hrsg.**: Inzwischen hat Lynn HOFFMAN ihren Sprachgebrauch weiter verändert. Heute bittet sie KollegInnen darum, eine „Situation" vorzustellen (und keinen „Fall"), um auch in der Sprache ihre veränderte Haltung zum Ausdruck zu bringen.

– helfen würde, sich gegenseitig zu umsorgen und zu pflegen. In dieser Gruppe habe ich in sechs Jahren keinen Fall von Burn-out erlebt – obwohl die Arbeit in einer der trostlosesten Gegenden von Massachusetts geschieht, das als Staat auch selbst eine trostlose Umgebung ist. Meiner Meinung nach hat dieses Umsorgen nicht nur das Personal gestärkt, sondern auch die Leute, die sie sehen, so daß eine ungeheuer niedergedrückte Gemeinde aktiviert und ihr Hoffnung gegeben wurde.

Das bringt dann immer die Frage auf: Was ist mit den Dunkelziffern, der Grauzone? Wo Inzest nur vermutet wird oder wo der Mann vorübergehend aufgehört hat, seine Frau zu schlagen? Oder wo der Mißbrauch mit Worten und psychologisch geschieht? Was ist mit dem, was „weiße-Kragen-Gewalt" genannt werden könnte? Weißer-Kragen-Mißbrauch? Das sind Situationen, von denen ich glaube, daß sie mein Modell ernsthaft testen. Glücklicherweise kann ich sagen, daß bei diesen grauen Fällen, die – zugegeben – nicht vom Gericht zugewiesen sind, mein nicht-konfrontierender Ansatz geschätzt wird und den Unterschied macht zwischen einer Familie oder einem Paar, das geht und denen, die bleiben.

Sollte dieses Modell versagen, dann habe ich eine Art „privatbürgerlicher" Position erfunden, die ich einnehme, wenn „TherapeutIn sein" nicht funktioniert. Ich möchte Ihnen ein Beispiel geben. Eine gebildete junge Mutter und ihr Mann waren gekommen, weil er eine schwere Büchertasche nach ihr geworfen hatte. Das war das einzige Mal, daß er sie in fünfzehn Jahren körperlich getroffen hatte, doch sie hatte gesagt, sie würde ihn verlassen, wenn er sie noch einmal schlagen würde. Als er es tat, war sie nicht in der Lage zu gehen, weil sie drei Kinder hatten. Sie fühlte sich machtlos, wütend und mutlos. Ihr Mann brachte einen neuen Aspekt auf, vielleicht um sich selber zu rechtfertigen, nämlich den, daß sie seit drei Monaten in getrennten Zimmern schliefen. Sie bestätigte, daß ihr Sexualtrieb sie verlassen hatte. Er nannte dafür drei Gründe, die alle sie betrafen. Sie stimmte ihm weiterhin zu.

Ich war geneigt, einen meiner bürgerlichen Einwände zu erheben. Ich sagte ihr, daß ich als junge Ehefrau ähnliche Probleme mit der Sexualität gehabt und daß ich auch alle Schuld auf mich genommen hatte. Ich sagte, daß ich durch die Arbeit mit Familien auf etliche andere Gründe für diese Schwierigkeit gestoßen war. Wenn z.B. ein verdeckter Konflikt zwischen einem Paar besteht, ist die Sexualität oft das erste, was nicht mehr funktioniert. Das führte zu einer anderen Konversation, und – aus welchen Gründen auch immer – fing das Paar wieder an, ein Sexualleben zu haben. Mein Punkt hier ist der, daß ich, anstatt aus einer Position der moralischen Sicherheit heraus zu reden, ein Beispiel aus meiner eigenen Geschichte verwendete. Auf diese Weise vermied ich ein „nach unten praktizieren".

3. Eine andere wichtige Idee ist Offenheit. Michael WHITE hat TherapeutInnen gebeten, transparent zu sein, aber ich würde noch weitergehen und sagen, sie sollten von sich aus zuvorkommend sein. Das heißt, wir sollten Familien oder Individuen in unsere Konsultationen oder Fallkonferenzen so routinemäßig wie möglich einbeziehen. Wenn wir hinter ihrem Rücken über sie sprechen müssen, was allzu oft geschieht, können wir sie vorher um Erlaubnis bitten und ihnen alles erzählen, wenn es gewünscht wird.

Als Teil meiner Bemühungen, von mir aus zuvorkommend zu sein, versuche ich, meine Vorstellungen von Therapie klar zu machen, meine Vorstellungen, wie Probleme entstehen und gelöst oder aufgelöst werden. Ich lege die Begründung für einen Vorschlag oder eine Aufgabe offen. Wenn ich z.B. eine „paradoxe Verschreibung" gebe, werde ich erklären, wie sie wirken soll und die Familie um Rückmeldung über diese Idee bitten. Ich sage ihnen auch, wie ich die Einschränkungen, unter denen ich stehe, verstehe: was der Staat oder meine eigenen Werte oder Überzeugungen mir zu tun und nicht zu tun erlauben.

Ich erzähle auch Geschichten aus meinem Leben, wenn sie wichtig sind. Wie gesagt, manchmal bringe ich starke persönliche Überzeugungen oder moralische Positionen ein. Wenn ich mich über den Prozeß beunruhige oder das Gefühl habe, „festzustecken", spreche ich auch darüber. Ich empfinde es als Verschwendung, solche Schwierigkeiten zu einer SupervisorIn oder Peer-Gruppe umzuleiten und bitte daher die Familie, mir dabei zu helfen – das bringt den Prozeß oft wieder sehr schön in Fluß. Es macht mir Mühe, Verantwortung für einen Irrtum oder eine Klage zu übernehmen. Wenn etwas für mich nicht Akzeptables ständig geschieht, kann ich drohen, die Therapie abzubrechen. Das ist immer die Aufforderung zu einer klaren Entscheidung: ob es besser sei, weiterzumachen, auf Änderung zu hoffen oder das Feld zu verlassen.

4. „Bezeugen", „trösten", „da sein". Diese nicht-spezifischen, aber überaus wichtigen Aktivitäten sind im familientherapeutischen

Praxislexikon ausgelassen worden. Natürlich gibt es eine ganze Kategorie des Leidens unter „Gottes Handlungen und Anordnungen", aber es gibt Meinungsverschiedenheiten darüber, was in solchen Fällen hilfreich ist. Oft ist eine Gemeinde erst dann von einer Katastrophe betroffen, wenn psychosoziale Fachleute geschickt werden, der leidgeprüften Gruppe zu helfen, Gefühle von Wut oder Trauer „durchzuarbeiten". Aber das beruht ausschließlich auf einer Theorie einer psychotherapeutischen Schule – die Idee, daß das Auflösen und Freisetzen unterdrückter Gefühle Erleichterung bringt. Manchmal ist das nicht der Fall. Leute in eine schmerzliche Vergangenheit regredieren zu lassen, so daß sie ihr Trauma nach-erleben können, könnte sie darauf fixieren und noch leidender machen.

Eine Alternative wäre es, die Aufmerksamkeit anzubieten, auf die ich mich gerade bezogen habe: „da sein". Es ist gut bekannt, daß es hilfreich ist, wenn Leute sich einfach aussprechen. Ich versuche manchmal auch bewußt zu trösten, indem ich Sympathie ausdrücke, meine ähnlichen Erfahrungen (mit-)teile oder auch Leute an der Schulter berühre, so wie es FreundInnen tun würden. Das ist fast das Gegenteil dessen, was ich in meiner Ausbildung als FamilientherapeutIn lernte. Es geht mir nicht darum, alle Grenzen zu überschreiten oder zu beseitigen, aber die distanzierte Position, die ich angesichts verständlicher Trauer oder Wut einnahm, scheint mir heute unglaublich. Wenn wir schließlich Geschichten unglaublichen Schreckens hören, ist alles, was wir tun können, die Ungeheuerlichkeit dessen, was geschehen ist, zu bezeugen. Ich glaube, Rezepte zur Kontrolle emotionaler Katastrophen angesichts solcher Ereignisse anzubieten, fällt in dieselbe Kategorie wie jemandem, der oder die gerade dem Tode entkommen ist, zu sagen: „Entspann` dich."*

5. Weniger aktives Interviewen. Die alten Theorien der Familientherapie produzierten ein hoch strukturiertes und organisiertes Interview: es wurde erwartet, daß die TherapeutIn agiert und die Familie reagiert. Die Bewegung weg von Ideen der Dominanz der Fachleute

---

*) **Anm.d.Hrsg.:** Gregory BATESON formulierte in einem „Ratschlag für den Freund einer Selbstmörderin" (Z.system.Ther. 5(1): 26-27, 1987) eine ganz ähnliche Idee: „Was ein einzelner Mensch für einen anderen Menschen tun kann, ist nun nicht gerade überhaupt nichts, aber es hilft dem Hilfesuchenden sicher manchmal, wenn sich der Helfer darüber im Klaren ist, wie wenig Hilfe geleistet werden kann. Vorübergehender Schutz vor den kalten Winden einer wahnsinnigen Zivilisation, gemeinsam vergossene Tränen und gemeinsames Lachen und das ist es dann auch schon." (a.a.O., S. 27)

– das, was durch postmoderne Theorie unterstützt zu werden scheint – hat ein weit weniger interventives Interview hervorgebracht. Harry GOOLISHIAN, der anfing, weniger strukturiert und organisiert zu arbeiten, bevor überhaupt jemand dies tat, schickte mir gewöhnlich Bänder von seinen Interviews. Ich empfand sie langweilig, unergründlich und ziellos. Da ich nicht bereit war, einen alten Freund vor den Kopf zu stoßen, sagte ich Harry, daß ich der Ansicht war, seine Art zu arbeiten, sollte „unsichtbare Therapie" genannt werden. In meiner PMFT-Reinkarnation mache auch ich „unsichtbare Therapie". Ich habe auch den Eindrtuck, daß diese Art des Interviewens meinen KollegInnen als langweilig, unergründlich und ziellos vorkommt.

Das komische ist, daß ich den Eindruck habe, daß dieser Stil nicht weniger effektiv ist als andere Methoden, die ich verwendet habe. Eine bessere Art, dies auszudrücken, ist die, daß in meiner früheren super-aktiven Phase meine Bemühungen oft ineffektiv waren, aber mein Glaubenssystem war derart, daß ich dieser Tatsache überhaupt keine Beachtung schenkte. Weshalb, wenn das Ergebnis nicht besser scheint, mache ich weiter? Weil diese Art zu arbeiten nicht nur für mich angenehmer ist, sondern auch für die Leute, die ich sehe. Und es besteht eine Art Rechtmäßigkeit, ein Interview-Modell „von oben nach unten" beizubehalten, bei dem die Interviewerin immer im Vorteil ist gegenüber einem, wo der Input stärker gleichberechtigt ist.

Daher folge ich nicht mehr einem Plan, der auf einem therapeutischen „Text" beruht. Ich höre der Familie mehr zu. Ich lasse die Leute, die reden müssen, auch reden. Meine frühere Theorie war die, daß Leute, die das Interview „dominieren", versuchen, mich zu kontrollieren; jetzt sehe ich, daß sie ebenso unter Angst oder Furcht leiden können. Teil der Bereitwilligkeit, Leute weiterreden zu lassen – trotz der gegenteiligen Anweisung traditioneller Familientherapie – ist ein wachsender Respekt für den Wert des „Zuhörens" aufseiten derjenigen, die schweigen.

6. Mehr aktives Zuhören. Das ist die andere Seite der Medaille eines weniger aktiven Interviewens. Ich lasse eine Pause, nachdem Leute geendet haben, was Platz bietet, den die Leute nutzen können, denselben Gedanken zu verändern oder zu erweitern oder einen anderen zu äußern. Zugleich schaue ich rasch nacheinander alle Leute an, die nicht sprechen; sie müssen auch beachtet werden.

Gibt es ein Reflektierendes Team, dann wird die Aufgabe der Interviewerln noch stärker die derjenigen, die hervorlockt und erleichtert. Die Interviwerln macht keine formalen Interventionen, außer sie überprüft Bedeutungen oder ermuntert jemanden, der oder die sonst nicht reden würde, sich zu beteiligen. Fragen, die selber Mini-Interventionen sind, sind selten.

Die Ruhe, die nötig ist, so inaktiv zu bleiben, ist für die formal gut ausgebildete Familientherapeutln schwer auszuhalten. Eine Hilfe könnte es sein, sich vorzustellen, auf den eigenen Händen zu sitzen (oder das auch tatsächlich zu machen). Ich stelle mir auch vor, ich sei ein großer Strand; Wellen kommen und gehen, aber der Strand bleibt bestehen und vielleicht sind einige Muscheln oder Steine hinzugekommen. Tom ANDERSEN verwendet eine andere Technik: er koordiniert seinen Atemrhythmus mit dem der Person, mit der er redet. Der ganze Prozeß ist eine Art Vertrauensspiel: du läßt das Trapez los im Vertrauen darauf, daß irgendwo ein anderes Trapez ist oder ein paar Hände, die auf dich warten. Und, wie ich schon sagte, ist das immer der Fall.

7. Weniger Betonung der Interventionen. Die alte Forderung nach genau entwickelten Interventionen hat ihren Nachdruck verloren. Die neue Idee ist die, die Konversation solange aufrechtzuerhalten, bis die Klage, um die es in der Konversation geht, nicht mehr besteht oder verschwunden ist. Das wird dann geschehen, so glauben wir, wenn wir die Notwendigkeit einer stärker positiven und bestätigenden Umgebung ansprechen und die Leute überzeugen, daß sie gehört werden, nicht nur von uns, sondern auch von den anderen Familienmitgliedern. Man könnte sagen, daß es mehr eine Therapie des Hörens als des Redens ist.

Das Ende eines Interviews wird daher nicht oft aus einer Interpretation oder Aufgabe bestehen, sondern die Frage thematisieren, ob und wann man sich wiedertreffen soll. Wenn sich die Klage verstärkt hat oder wenn die Leute fordern, daß etwas getan werden muß, enttäusche ich sie nicht. Ich biete einige Ideen an, über die sie reden können. Das ist manchmal ein ganz einfacher Rat, manchmal eine paradoxe Aufgabe. Im letzteren Fall erkläre ich den Zweck, der dahintersteckt, die Leute aufzufordern, etwas absichtlich zu tun und ich sage der Familie auch meistens, woher ich diese Idee habe. Die Idee von „einer Idee" ist überaus interessant, wie Sie gleich sehen werden.

8. „Die Idee von/über". So wie wir keine „Familiendynamik" sehen, sondern „eine Idee von" Familiendynamik, so sehen wir keine Intervention, sondern „eine Idee von" einer Intervention. Diese Position ergibt sich aus dem, was Theorie des Sozialen Konstruktionismus heißt. Nach Ansicht dieser TheoretikerInnen bedeutet diese Theorie nur, daß das meiste, was als soziale Wirklichkeit gilt, etwas ist, auf das sich Leute durch das Medium der Sprache und im sozialen Austausch gemeinsam geeinigt haben.

Diese Idee von „der Idee" ist sehr befreiend. Sie versetzt uns in die Lage, über unsere Theorien der Therapie zu reden; Vorstellungen und Vorschläge anzubieten und zu erklären, wo diese herkommen; klare moralische Haltungen einzunehmen und auch zu erklären, wie wir dazu gekommen sind. Meine „Idee von/über" Gewalt, zu der ich in Übereinstimmung mit anderen gekommen bin, unabhängig von gesetzlichen Bestimmungen des Staates, ist die, daß es sie nicht geben sollte. Daher handle ich in Einklang mit dieser Idee und beschwöre diesbezügliche Konsequenzen. Das Ergebnis unseres Glaubens, daß wir unsere eigene Wirklichkeit konstruieren, ist das, daß wir eine klare persönliche Haltung gegen die Neutralität der Natur einnehmen, die sich nicht darum kümmert, ob wir uns, unseren Planeten oder unsere Beziehungen zu anderen zerstören.

9. Reflektierende Formate. Diese Praktiken stellen eine bemerkenswert einfache Möglichkeit dar, den nach unten verlaufenden, einseitigen Anforderungen an eine professionelle TherapeutIn zu entgehen. Es sind auch gute Gelegenheiten, den Leuten, die bisher nur von oben nach unten und einseitig verlaufende Formate kennen, zu zeigen, daß es noch etwas mehr/anders gibt. Ich glaube, daß die Formate im Laufe der Zeit verschwinden, jetzt aber nützlich sind. Sie haben meine Supervision, mein Lehren, meine Konsultation und meine Workshops völlig verändert. Gemäß der stärker horizontalen Beziehungsstruktur, die ich ermutige, verwandeln sich die meisten meiner Gruppen in „Kuschelräume", wo die Leute emotionalen Beistand und eine konkurrenzfreie Umgebung finden können. Das brauchen sie, um die mini-feudalen Systeme wie Schule, Institution oder Arbeit zu verkraften.

Der wesentliche Unterschied zu jeder hierarchischen Struktur, in die ich geworfen werde – TherapeutIn, LehrerIn, KonsultantIn oder Workshop-LeiterIn -, liegt darin, daß ich jetzt Positionen aushandeln kann. Selbst wenn ich allein mit einer Familie arbeite, kann ich viele

Änderungen dieses Formats durchspielen. Ich bitte immer andere Teile der Familie, die Plätze zu wechseln: ich bitte die Kinder zu reflektieren, während die Eltern zuhören; die Frauen zu reflektieren, während die Männer zuhören; eine erste Familie zu reflektieren, während eine zweite oder dritte Familie zuhört. Arbeite ich mit einer Ko-TherapeutIn, dann reflektieren wir, während die Familie zuhört. Anschließend reden die miteinander, die zugehört haben, während die SprecherInnen wieder zuhören.

10. Geschichten, Bilder und Analogien. Das ist eine so abgedroschene Kategorie geworden, daß ich zögere, sie hier aufzuzählen, aber ich möchte einen Unterschied verdeutlichen zwischen Geschichten als Möglichkeiten, „eingebettete Suggestionen" zu geben und Geschichten als Möglichkeiten, Hoffnung zu geben und Kreativität zu befördern. Der ERICKSONsche Dreh mit Geschichten ist der, daß sie ins Unbewußte der Leute gelangen, wenn sie nicht draufschauen und ihnen deshalb nicht widerstanden werden kann. Diese Methode wird damit entschuldigt, daß die TherapeutIn nicht nur wohlwollend, sondern auch weise ist; sie weiß, die positiven Ressourcen der KlientIn für das bestmögliche Ziel auszunutzen.

Ich habe eine andere Vorstellung und Begründung für Geschichten und Metaphern. Die Interpretationen oder Erklärungen, die TherapeutInnen gelernt haben, werden oft als verletzend erlebt; schließlich hat sich der klinische Jargon dahin entwickelt, etwas zu formulieren, das, würde es direkt gesagt, die betreffende Person überhaupt nicht gern hören würde. Z.B. könnte man in einem Team darüber reflektieren, daß jemand „zerbrechlich" wäre. Das ist eine Möglichkeit zu sagen: „böse Person", allerdings verkleidet. Wenn man versuchen würde, eine Atmosphäre der Hoffnung zu schaffen, würde uns weder der Begriff „zerbrechlich" noch irgendein anderer klinischer Begriff in den Sinn kommen. Stattdessen könnte man sagen, eine Person oder ein Paar erinnere einen an ein Paket, fertig eingepackt zum Versand, überall mit dem Stempel „Vorsicht – Nicht stürzen!" versehen. Man könnte darüber spekulieren, wer das Paket wohl geschickt hat, was drin ist, welches die Anschrift sei und wie lange es wohl braucht, um anzukommen. Diese Art Darstellung läßt sich nur schwerlich als negativ interpretieren.

Manchmal rutscht mir eine Metapher heraus, von der ich gewünscht hätte, sie wäre mir nicht über die Lippen gekommen. Ich sagte einmal ohne nachzudenken zu einem sehr netten Ehepaar, daß sie mich an zwei geschlechtslose Haustiere erinnerten. Glücklicherweise faßten sie es als Scherz und als zutreffend auf. Viel hing davon ab, daß wir eine vertrauensvolle Atmosphäre geschaffen hatten. Aber es scheint, daß jede Metapher, die immer ein Prisma von Komplexität ist, weniger bedrohlich und leichter zu hören ist als jede klinische Interpretation.

11. Postmodernes Schreiben. Sogar mein Schreiben hat sich verändert. Eine Kollegin aus Amherst, Judith Davis, und ich verfaßten ein Manuskript über eine Familiensituation, wo sie die Interviewerin und ich im Reflektierenden Team war (vgl. Kapitel 7). Unser Artikel begann mit einer kurzen Begründung, weshalb wir keinen üblichen akademischen Beitrag verfaßt hatten; d.h. wir begannen nicht mit einer einleitenden theoretischen Darstellung. Es folgte „Judys Geschichte", die detailliert ihre Erfahrungen im Verlauf der vier Familieninterviews enthielt. Als nächstes kam „Lynns Geschichte", wo ich dassselbe machte. Wir schickten dieses Manuskript den drei Familienmitgliedern und sie schickten uns kurze Kommentare zurück – sowohl über ihre Erfahrung, mit uns zu arbeiten, wie über unser Geschriebenes. Die HerausgeberInnen schickten uns einige abschließende Fragen über das ganze Experiment und Judy und ich gaben unsere vorläufigen Antworten. Wir warten ganz gespannt auf die Reaktionen der LeserInnen.

Nach-Gedanken

In meinen Workshops überall in Australien hatte ich mich bemüht, Erfahrungen reflektierender Konversationen zu ermöglichen, die auf stärker kooperativen, offenen und horizontalen Prinzipien beruhen, die ich hier ausführlicher vorgestellt habe. Mein Vortrag in Melbourne hat nicht das Fleisch zu den Knochen dieser sehr abstrakten Prinzipien gebracht, so daß gut sein kann, daß das Hören davon wie ein „fairy-cake" sein kann, der verschwindet, sobald du ihn in den Mund steckst. Aber draußen in unserem Bereich kämpfe ich mit den unnachgiebigen menschliche Fragen, die mein Ansatz stellt.

Damit enden die Erinnerungen an meinen Vortrag in Melbourne, wo meine Reise begann. Da sich mein Vortrag mit jeder Stadt, in die ich kam, veränderte und da ich meine Aufzeichnungen nicht mehr habe, ist dies hier eine Art zusammengefaßte Erinnerung des Vortrags, von dem ich denke, ich hätte ihn in Melbourne gehalten. Ich hoffe nur, daß wie bei den siebähnlichen Freßwerkzeugen des Buckelwals das Seewasser herausgefiltert und das nährreiche Plankton zurückgeblieben ist.

Kapitel 7

Der Versuch, einen postmodernen Text zu schreiben

Meine eigene private Reise ging weiter, nachdem ich Australien verlassen hatte, aber die nächste Etappe war ganz anders. Ich hatte den Eindruck, daß ich ganz in der Nähe der Mündung war, und so ging ich an Land, um eine Familie im Dorf zu besuchen, gewissermaßen am Rande des Flußdeltas. Die Geschichte dieser Familie, *„Tekka mit Federn"*, wurde von mir und Judith DAVIS in Zusammenarbeit mit der Familie 1992 komponiert. Sie stellt einen Versuch dar, die Idee von einer Fallgeschichte als Text zu zerstören. Die AutorInnen sind keine AutorInnen, das Narrativ ist kein Narrativ und die Geschichte wird niemals ein Ende haben. Lesen Sie weiter, dann werden Sie selber sehen, was passiert, wenn man die eigenen Theorien ernstnimmt, um einen Fall aufzuschreiben.

„Tekka mit Federn" ist ein Kapitel aus Steven FRIEDMANS Buch (1993) *„Die neue Sprache der Änderung: Konstruktive Kollaboration in Psychotherapie"*. Tekka war eine zwanzigjährige Collegestudentin, gerade aus der Klinik entlassen. Sie, ihre Mutter und ihr Stiefvater wollten Hilfe, damit sie von ihrer Medizin loskommt und planen kann, was als nächstes zu tun wäre. Judy DAVIS war die Interviewerin bei den vier Familiensitzungen und ich war in den letzten beiden Sitzungen zusammen mit Brian LEWIS und Bill LAX Mitglied eines Reflektierenden Teams. Wir alle bemühten uns darum, einen kollaborativen Ansatz zu versuchen.

Vor allem war der Interviewstil grundlegend nicht-aufdringlich. Die Interviewerin gestaltete nicht die Diskussion, außer um Ideen zu entlocken, worüber sich die Leute sorgten und Eindrücke zu klären. Sie gab einige allgemeine Kommentare ab. Manchmal bot sie eine Frage an, die Änderung implizierte, so, wenn sie fragte, wo Tekka ihre „Recovery Doll" (Gesundungspuppe) in der Zukunft haben möchte, aber solche Fragen waren selten. Im allgemeinen gab es kein zweckgerichtetes Erforschen: jemand machte eine Bemerkung über eine Großmutter, aber man/frau ging ihr nicht weiter nach. Noch wurde vesucht, nach Gründen und Ursachen zu suchen. Allerdings sprach Judith über persönliche Schwierigkeiten und manchmal schienen (oder sickerten) ihre Gefühle durch.

Das Team, das immer eine Menge zu sagen hatte, überschwemmte die Familie mit Ideen, Bildern, Interpretationen. Wir erwarteten, daß bestimmte Kerne, die das Team hinwarf, von der Familie aufgegriffen und erweitert würden: der Gedanke, daß für Eltern jedes Kind eine Geisel des Universums sei; die Idee, daß diese Therapie nur eine unter vielen Erfahrungen sei; eine allgemeine Heiterkeit über den Gedanken, daß Tekka sich in einen Vogel verwandeln würde.

Zwischen Familie und Team entwickelte sich eine gewisse Jovialität. Die Familie engagierte sich sehr mit uns und wir mit ihr und bat uns an einer Stelle, noch einmal zu kommen und einen Aspekt zu klären. Trotz der Einweg-Scheibe war die Distanz sehr gering und wir alle schienen ansteckend füreinander. Besonders Judy und ich griffen die Herzschmerzen auf und hinter all dem Spaß sorgten wir uns; wir waren in unseren eigenen Leben zu nahe an ähnlichen Situationen gewesen.

Ich möchte etwas zum Format des Ganzen sagen. Die Idee, darüber zu schreiben, entstand in Diskussionen zwischen mir und Judy. Wir wollten eine „andere Stimme" für eine Fallstudie finden. Deshalb entschieden wir uns, unsere eigenen Stimmen zu benutzen und keine unpersönliche wissenschaftliche Stimme sowie vorsätzlich die Pflichtübung einer theoretischen Einleitung zu opfern. Um eine „reflektierende Geschichte" zu schaffen, baten wir die drei Familienmitglieder, unsere Darstellungen zu kommentieren. Unsere HerausgeberInnen konnten dem nicht widerstehen und stiegen darauf ein.

Indem wir einen narrativen Modus benutzten, fingen wir mit „Judys Geschichte" an, wo Judy ihre Wahrnehmung, was im Laufe des Interviews geschah, wiedergab. Dann zogen wir zu „Lynns Geschichte" weiter, wo ich meine Erfahrung im Reflektierenden Team beschrieb. Ziemlich willkürlich ergänzte ich dies um einige Lieblingsideen, in die ich zu dieser Zeit versunken war. Abschnitt Drei besteht aus Kommentaren jedes Familienmitglieds über ihre jeweiligen Erfahrungen mit uns und über unsere schriftlichen Darstellungen. Schließlich fügten die BuchherausgeberInnen einige Fragen hinzu. Um diese zu beantworten, benutzten Judy und ich wiederum unsere eigenen Stimmen und waren bemüht, nicht als eine einzige (Sprech-)Blase zu antworten.

Das Format dieses Beitrages war bewußt horizontal und ohne die übliche Struktur. Die Beitragenden waren bewußt nicht in ExpertInnen und nicht-ExpertInnen aufgeteilt. Ein weiterer Unterschied war der, daß das Narrativ, wie die Konversation, die es beschrieb, keinen Anfang, keine Mitte und kein Ende hatte. Es begann, als die Familie das erste Mal kam und es endete, als Tekka für den Sommer wegfuhr. Schließlich gab es keinen Versuch, Kohärenz zu erreichen, keinen Versuch, unseren schwankenden Resultaten eine Bedeutung aufzuzwingen. Mir wurde die Notwendigkeit sehr deutlich, den Prozeß zu interpretieren und ihn an ein schönes nettes Boot zu vertäuen. Ich bin überrascht, daß wir uns davon freimachen konnten. Vielleicht ist es das, was ich gegenwärtig mache.

Das Hauptproblem, diesen Beitrag zu veröffentlichen – wir hatten uns darauf geeinigt, ehe wir es schrieben – bestand darin, daß wir keinen Hinweis besaßen, daß alles gut ausgehen würde. Wir wollten ein Gegenmittel zu den üblichen Wundererzählungen anbieten, die nur dann erschienen, nachdem der Fall ein nachgewiesener Erfolg war. Wir waren uns demgegenüber bewußt, daß wir die Möglichkeit besaßen, über eine Situation zu schreiben, die gefährliche Elemente enthielt. Unsere Arbeit, die unorthodox war, brachte uns in die Schußlinie. Zu einem Zeitpunkt des folgenden Winters ging Tekka selbst kurz in die Klinik, und auch wenn sie den ganzen Vorfall selber gut im Griff hatte und erfolgreich daraus hervorging, waren ihre Eltern verständlicherweise ängstlich. Und das waren wir auch, als wir später diesen Vorfall herausbekamen. Tekkas Mutter stand aber mit Judy in unregelmäßigem Kontakt und einmal fragte sie, ob sie noch einmal kommen könnten, was sie aber nie taten.

Wir waren deshalb den nächsten Winter sehr glücklich, als wir herausfanden, daß unsere junge Heldin eine phantastische Skulpturen-Ausstellung als Graduierungs-Projekt verwirklicht hatte. Sie lud Judy und mich zur Eröffnung ein. Sie sah schön aus, ihr Haar war kurzgeschnitten, ein Pagenkopf, sie trug einen gelben Seidenkittel und Hosen und eine gelbe Mütze mit einer Feder, wie ein Junge in einem russischen Märchen. Ihre Mutter erzählte uns, daß sie beide besser miteinander auskommen als je zuvor. Aber die Ausstellung selber erstaunte uns. Ich war ergriffen von der verschwenderischen Erfindung und dem provokativen Humor von Tekkas Arbeit. Ich dachte immer wieder daran, wieviel Reichtum und Tiefe verlorengeht, wenn wir jemanden in Therapie sehen und nur das klinische Porträt haben, dem wir nachgehen.

Das einzige, das ich geändert hätte, wäre, die Familie zu bitten, noch einmal unsere Angaben zu kommentieren, so daß sie und nicht wir das letzte Wort hätten. Aber vielleicht war die Einladung zu Tekkas Skulptur-Ausstellung nur eine andere Form dafür. Tekka und ihre Familie standen deutlich im Mittelpunkt und Judy und ich waren glücklich, am Rande zu stehen.

Tekka mit Federn:

Gespräche über Gespräche (über Selbstmord)

Einleitung

Dies ist eine Geschichte über eine Begegnung mit einer Familie am Brattleboro Family Institute*. Sie wird von Judy Davis erzählt, die das Gespräch geführt hat, und ergänzt von Lynn Hoffman, die Mitglied des Reflektierenden Teams war** (Andersen 1990). Die Geschichte wird durch die Familienmitglieder kommentiert, die unsere Version gelesen haben, und sie wird zusätzlich durch Antworten auf die Fragen des Herausgebers erweitert***.

Wir verstehen diese Erfahrung nicht als kohärente Geschichte, sondern als Fragment eines weniger geordneten Prozesses. Die heutzutage in der Psychotherapie populäre narrative Sichtweise impliziert, daß Therapie einer Geschichte ähnelt, die einen *Anfang* hat (die kürzlich ins Krankenhaus eingewiesene Tochter und ihre verzweifelten Eltern kommen zu einer Beratung), eine *Mitte* (sie beginnen ein Gespräch mit der Therapeutin und dem Team) und ein *Ende* (im Therapieprozeß lernen sie anders miteinander zu reden als bisher, so daß die Tochter nicht länger von sich selbst und anderen als „komisch" betrachtet werden muß). Unserer Ansicht nach ähnelt Therapie mehr einer Kanufahrt auf einem Fluß. Sie beginnt, wenn wir „in See stechen" und endet, wenn wir wieder „an Land gehen". Die Ereignisse müssen nicht notwendigerweise eine bestimmte Struktur haben, abgesehen von derjenigen, die wir

---

*) Wir danken besonders William D. Lax, Ph. D., Director of Training, Brattleboro Family Institute, dafür, daß er uns großzügigerweise diese Forschungseinrichtung zur Verfügung gestellt hat.

**) Die Zusammensetzung des Teams änderte sich je nach Terminplanung der Beteiligten von Sitzung zu Sitzung. William Lax, Ph. D., war in allen vier Sitzungen anwesend. Randye E. Cohen, tätig in privater Praxis in Norwich, Vt., war nur in der ersten Sitzung anwesend, und Brian Lewis, Ph. D., tätig in privater Praxis in Montpellier, Vt., kam, ebenso wie Lynn, zu den beiden letzten Sitzungen hinzu.

***) Wir danken weiterhin Mary Olson (z. Veröff. eing.), die ihre Ideen zur Anwendung der Theorie von Walter Ong (1982) über Schreiben und Sprechen auf die Therapie Judy Davis und Lynn Hoffman in einem abendlichen Gespräch mitteilte, bevor dieser Artikel beendet wurde.

selbst erfinden. Was wir für uns beanspruchen können, ist also lediglich, ein paar unterschiedliche Standpunkte über eine Erfahrung im Leben dieser Familie und in unserem eigenen Leben zu präsentieren, während diese für ein paar Stunden miteinander verbunden sind. Wir hoffen, daß uns das Niederschreiben dieser verschiedenen Versionen „mit neuem Lernen überraschen wird", wie Mary Catherine Bateson (1992) das ausgedrückt hat.

Diese Arbeit scheint sich vor allem dadurch von anderen zu unterscheiden, daß sie nicht auf ein Ergebnis fixiert ist, obwohl sie einen experimentellen Ansatz vertritt. FamilientherapeutInnen schreiben meistens nur die Fälle nieder und zeigen nur Videobänder von Erfahrungen, die gut gelaufen sind. Dieser Fall hinterläßt da einen gewissen Zweifel, und die Meinungen der TeilnehmerInnen dürften sich in diesem Punkt mit Sicherheit deutlich unterscheiden. Unsere Idee ist allerdings, eine neue Art von Offenheit hervorzubringen, indem wir selbst eine umstrittene Arbeit durch die Familie und das breitere klinische Publikum genau untersuchen lassen. Die Familie, um die es hier geht, stellte außergewöhnlich gut informierte KundInnen dar, die in der Lage waren, ihre eigenen Kommentare mit einem Maß von kritischer Aufmerksamkeit abzugeben, wie man es in Studien dieser Art nur selten findet. Das Thema hier sind nicht etwa das Leben und die Probleme der Familienmitglieder, sondern wir als professionelle HelferInnen, unsere Arbeit und unsere Art zu denken.

Judys Geschichte

Die erste Sitzung

Alles, was wir über die Familie wußten, bevor wir sie kennenlernten, war, daß die 21-jährige Tochter soeben aus einem psychiatrischen Krankenhaus entlassen worden war. Sie wurde von ihrer Mutter und ihrem Stiefvater ins Institut gebracht. Sie waren von einem Freund der Mutter, einem postgraduierten Studenten aus einem Familientherapieprogramm, hierher verwiesen worden:

„Wenn sie meine Tochter wäre, würde ich dahin gehen."

In Brattleboro arbeiteten wir mit dem ursprünglich von Tom Andersen (1990) und seinen KollegInnen in Tromsö in Norwegen entwickelten Ansatz des „Reflektierenden Teams". Da mir mehr daran lag, Erfahrungen in der Rolle der Interviewerin zu sammeln, als in der eines Mitgliedes des Reflektierenden Teams, kamen wir überein, daß ich diejenige sein sollte, die im Therapiezimmer mit der Familie arbeitet. Das therapeutische Team traf sich wöchentlich, um zu erkunden, wie sich die traditionell miteinander verknüpften Aufgaben der eingehenden Untersuchung und des Kommentares voneinander trennen lassen könnten. Wir gingen der Frage nach, ob eine solche Trennung der Funktionen – die Rolle der Interviewerin sollte einfach darin bestehen, der Familie ihre Geschichten zu entlocken und ihnen Raum zu geben, während das Team jegliche Form von Kommentar übernehmen sollte – mehr Raum für neue Ideen eröffnen würde. Als ich ins Wartezimmer kam, um die Familie zu begrüßen, war mein Kopf also voll von den Gedanken, *nicht* zu reflektieren, im Gespräch so wenig wie möglich einzugreifen und eher die Gedanken der Familie weiterzuverfolgen, als neue anzubieten. Außerdem waren wir an dem Konzept des „Ungesagten" interessiert – der Möglichkeit, Gedanken zuzulassen, die nicht ausgewählt worden waren, weil ihnen andere zuvorkamen.

Sarah und David, der Mann, mit dem Sarah seit elf Jahren zusammenlebte, begrüßten mich liebenswürdig aber offensichtlich auch ängstlich. Sarahs Tochter Tekka, eine sehr hübsche Kunststudentin, blieb auf der Couch sitzen, verschlang einen Joghurt und trank aus einer großen Flasche Mineralwasser. Das Auffallendste an Tekka war ihr Haar. Lang und rotblond, türmte es sich auf ihrem Kopf und fiel in Kaskaden um ihr Gesicht, bestehend aus einer Kombination von Locken und Rastazöpfen, gespickt mit Perlen, bunten Bändern und Federn. In ihrem gebatikten Overall mit einem fingerlosen Handschuh an einer Hand und schwarzlackierten Fingernägeln sah Tekka in meinen Augen exotisch aber auch erschöpft aus.

Wir begegneten uns zum ersten Mal einen Tag nach ihrer Entlassung aus dem Krankenhaus, einen Tag nach ihrem 21. Geburtstag. Sie war von sich aus nach den Frühjahrsferien, nach einer Zuspitzung, in der sie versucht hatte, durch die Wand eines U-Bahn-Waggons zu gehen, für zwei Wochen ins Krankenhaus gegangen (und dann gegen ihren Willen dort behalten worden). Sie beschrieb den Krankenhausaufenthalt als Alptraum, bestehend aus Thoracin, Isolation und dem Gefühl, von ihren Eltern dadurch betrogen zu werden, daß sie sie nicht herausholten und ihr nicht halfen, von der Medikation herunterzukommen. Tekka war jetzt wieder in der Schule, nahm aber immer noch Lithium. Als ich die Familie fragte, warum sie gekommen waren, sagten alle, sie wollten Tekka dabei helfen, sicher von der Medikation herunterzukommen. Sie wünschten sich einen anderen Umgang mit allem, was geschah, einen Umgang, der ohne Medikamente auskam. Ich führte über einen Zeitraum von eineinhalb Monaten vier Gespräche mit der Familie.

Schon früh bei unserer ersten Begegnung erfuhr ich, daß Sarah Musiktherapeutin war. Sie hatte sich von Tekkas Vater scheiden lassen, als ihre Tochter sechs Jahre alt war. Sie beschrieb ihn als Alkoholiker, als gewalttätig und als möglicherweise manisch-depressiv. David war Lehrer. Er beschrieb seine Ex-Frau als „ausgewiesene Schizophrene". Ihr gemeinsamer 25jähriger Sohn war vor vier Jahren wegen Depressionen und Selbstmordgedanken ins Krankenhaus gekommen. Fast zufällig erfuhren wir, daß Tekka zwei Jahre lang mit einem jungen Italiener namens Frederico verheiratet gewesen war. Sie hatten sich vor über sechs Monaten (offenbar freundschaftlich) getrennt, und Frederico ging jetzt in einem anderen Bundesstaat zur Schule.

Tekka beschrieb sich selbst als Drogen- und Alkoholabhängige auf dem Wege der Besserung. David fügte ungefragt hinzu, daß auch er vor einigen Jahren aufgehört hatte zu trinken, und daß er immer noch Treffen der Anonymen Alkoholiker besuchte. In den 60er Jahren sei er „auf Drogen gewesen" und sei dadurch einmal „drei, vier, fünf Tage lang in einen paranoiden Zustand geraten." Sarah beschrieb die Vergangenheit weiter auf eine Weise, die auf ihre Identifikation mit Tekkas Schmerz hinwies. Sie fügte hinzu, sie hätte eine schwierige Zeit durchgemacht, als sie im Alter ihrer Tochter war. „Ich war nicht im Krankenhaus, aber ich habe mit der Schule aufgehört und war sehr depressiv."

Die Untersuchung der Vorstellungen über die Episode in der U-Bahn enthüllte Tekkas Erklärung, „es wäre ihr zu gut gegangen." Obwohl sie während des Semesters „auf dem Teppich bleiben" könnte, ließ sie in den Frühjahrsferien mehr „raus", als sie bewältigen könne. Es war ihr erster Urlaub alleine, und es war eine Art von „Suche nach einer Vision." Tekka meinte allerdings, daß ihr jüngstes Verhalten sich nicht allzusehr von ihrem normalen Selbst unterschied, „bloß ein bißchen mehr davon". Dem widersprach Tekkas Mutter, wenn auch zögernd. Sie hatte das Gefühl, Tekka hätte „wirklich den Kontakt zur Realität verloren" gehabt.

Ich war vollauf damit beschäftigt, dem Impuls zu widerstehen, diese Lawine von faszinierenden Aussagen weiter zu erkunden. Aber als ich schwieg, entspann sich ein Gespräch zwischen Tekka und Sarah darüber, was sie jeweils für „gruselig" hielten, ein Wort, das Sarah gebrauchte, um ihre Gefühle zu Tekkas Verhalten zu beschreiben. Der Dialog brachte eine lange Geschichte von Konflikten ans Licht zwischen Sarah, die von sich selbst meint, sie würde ihre Tochter nur unzureichend beschützen, und Tekka, die meinte, Sarah versuche, ihren starken Willen zu „brechen". Allerdings stimmten beide darin überein, daß es weniger Konflikte zwischen ihnen gegeben habe, als Tekka verheiratet gewesen war. Während dieser Zeit schien Tekka mehr mit ihrem „beschützenden" Ehemann gekämpft zu haben als mit ihrer Mutter. Und in der Tat waren sich Sarah und Tekka während dieser Zeit nähergekommen.

Es erscheint mir wichtig, hier zu erwähnen, daß unsere Unterhaltung während dieser und auch während der folgenden Sitzungen − trotz aller Ernsthaftigkeit des Inhaltes und trotz der auseinandergehenden Meinungen − von einem überraschend hohen Maß an Humor und von einer Art zu lachen gekennzeichnet war, die mir ziemlich befremdlich vorkam. Die ganze Familie schien einen gemeinsamen, privaten Humor miteinander zu teilen, oder zumindest schienen sie auf dieselbe Weise Spannung abzulassen.

Reflexion des Teams

(Bill LAX und Randye COHEN)

Gegen Ende der ersten Sitzung tauschten die Familie und ich die Plätze mit dem Team und hörten zu, während das Team sich darüber unterhielt, was es gerade gehört hatte.

Die Reflexionen umfaßten Kommentare darüber, wie sehr sich die Familienmitglieder umeinander sorgten, über den Humor, den die Familie an den Tag legte und über die mögliche Rolle des Krankenhausaufenthaltes: War dies ein Hilferuf oder entsprach es einfach Tekkas Art, sich um sich selbst zu kümmern? Bill fragte sich, woher Sarah die Vorstellung hatte, sie sei unzureichend, sie sei nicht in der Lage, ihre Meinung zu äußern. „Beschäftigt sie sich mit Botschaften von *ihrer* Mutter?" spekulierte er. Randyes Neugier wurde dagegen von der paradoxen Situation geweckt, daß in Tekkas Leben alles immer „besser und besser" ging, gleichzeitig aber außer Kontrolle geriet. Beide waren neugierig auf Tekkas Pläne für den Sommer und auf die Pläne der Familie für diese Therapie. „Mit anderen Worten," sagte Bill, „wie können wir überhaupt deren Grenzen abstecken?"

Reaktionen der Familie

Als die Familie zurückkam, war klar, daß ihr vordringlichstes Anliegen die unmittelbare Zukunft und die Beendigung von Tekkas Medikation war. Sie nahmen den Namen eines Psychiaters mit, mit dem das Institut zusammenarbeitete und machten einen zweiten Termin für die folgende Woche aus.

Die zweite Sitzung

Am frühen Morgen vor dem zweiten Termin rief Sarah das Institut an und klang dabei sehr aufgeregt. Tekka hatte den Bus zu ihren Eltern verpaßt, die Familie würde daher nicht rechtzeitig nach Brattleboro kommen können. Da unsere Termine es erlaubten, verschoben wir den Termin auf einen späteren Zeitpunkt am selben Vormittag (allerdings war aus dem Reflektierenden Team dann nur noch Bill verfügbar).

Ein großer Teil dieser Sitzung wurde den Bedeutungen gewidmet, die die einzelnen Familienmitglieder der Tatsache verliehen, daß Tekka den Bus verpaßt hatte. Tekka meinte, sie hätte schlicht und einfach den Fahrplan falsch gelesen. Für Sarah bedeutete es, daß Tekka nicht in der Lage sei, Verantwortung für sich zu übernehmen. Sie unterstrich den Gedanken, es gäbe da eine Menge an unerledigtem „alten Kram" zwischen ihnen. Hier warf Tekka ein, sie hätte ja über diesen alten Kram sprechen wollen, aber ihre Mutter sei immer wieder *„mitten* im Gespräch hängen geblieben, und dann war's zu spät. Ich mußte psychotisch werden, um hierher zu gelangen."

Auf Davids Erklärung der Geschehnisse während der Frühjahrsferien (Tekka habe „ein Übermaß an Energie" gehabt) antwortete Tekka, sie habe die Grenzen ihrer Tiefen gekannt (alkoholbedingte Blackouts), aber nicht die Grenzen ihrer Höhen, und genau diese Höhen habe sie während der Ferien erkundet. Sie gab zu, daß das Krankenhaus mehr war, als sie sich „einhandeln" wollte, und sie machte sich Sorgen, ihre Mutter könnte sie jetzt für verrückt halten, egal was sie täte.

Als das Gespräch auf die Pläne für den bevorstehenden Sommer kam, redete Tekka darüber, sich einen Schulbus kaufen und am Cape Cod darin leben zu wollen. Als Sarah ihre Bedenken gegen diese Pläne ausdrückte, wurde Tekka wütend und rief ein Essay in Erinnerung, das sie auf der High School geschrieben hatte. Es handelte davon, daß sie sich gelähmt fühlte zwischen „Verantwortung" und „Rebellion". Beides bedeutete „aufzugeben". Das ginge bis heute so weiter, sie hänge zwischen diesen beiden Vorstellungen von sich selbst. „Wer will ich jetzt im Moment sein?! Ich übernehme Verantwortung. Ich treffe weise die Entscheidung, wer *ich* bin. Aber *ich bin nicht du"*, sagte sie zu ihrer Mutter.

Hier gab Sarah zu, daß sie überengagiert sei, fragte sich aber gleichzeitig, ob sie nicht tatsächlich sogar noch mehr Verantwortung übernehmen sollte. „Vielleicht verlangt es meine Verantwortlichkeit als deine Mutter jetzt, Entscheidungen für dich zu treffen, auch wenn du schon 21 bist." „Wie?" fragte Tekka herausfordernd zurück. „Ich weiß nicht", antwortete Sarah. „Ich scheiße mir vor Angst in die Hose."

Reflexionen

(Bill LAX)

Bill kam herein und sprach mit mir, während die Familie hinter der Scheibe zusah. Wir sprachen über Verantwortung und über die Veränderungen, die ein Kind mit der Zeit durchlebt, und anschließend über die einer 21jährigen Frau. Bill dachte laut darüber nach, wer (bzw. wer noch) an dem Gespräch teilnehmen sollte. „Wer sollte mit wem reden, und wieviel?" Er kommentierte außerdem, daß er die Familie jetzt anders wahrnahm: die Eltern erschienen ihm nicht mehr so „ängstlich" wie eine Woche zuvor. „Vielleicht haben sie jetzt irgendwie weniger Angst vor Tekka. Sie ist ja schließlich eine starke Frau. Zerzaust mir ja nicht die Federn!"

Ich war dankbar für Bills Fragen und für seine Wahrnehmung, daß sich etwas verändert hatte. Diese Ansicht und sein Witz über die Federn machten mir irgendwie Mut.

Reaktionen der Familie

Als die Familie zurückkam, sprach Tekka den Kommentar an, wer eigentlich alles an dem Gespräch teilnehmen sollte. „Ich möchte mir das wirklich selbst *aussuchen,* mit wem ich rede", sagte sie. „Ich will ja nicht sagen ‚Verpißt Euch', aber es wäre einfacher. Ich versuche zu oft, es allen recht zu machen. Ich sollte lieber sagen ‚Leckt mich am Arsch' und dann sehen, was passiert." Und wer würde sonst noch an dem Gespräch teilnehmen?" fragte ich. „Viele", antwortete sie. „Mein Vater, seine Mutter. Große Familienintervention. Aber nicht unbedingt jetzt gleich."

Sarah reagierte auf den Kommentar, sie seien weniger ängstlich. Sie stimmte dem zu und erzählte von einem Gespräch, daß sie und Tekka nach unserer letzten Sitzung geführt hatten. Beide stimmten überein, daß sich dieses sehr anders angefühlt habe: „Weniger ängstlich, und nett."

Die dritte Sitzung

Unsere dritte Sitzung eine Woche später begann damit, daß über ein Telefongespräch geredet wurde, das Tekka während der Woche mit ihrer Mutter geführt hatte. Tekka hatte angerufen, weil sie wollte, daß der Termin abgesagt würde, weil sie so viel Arbeit für die Uni hatte. Nach übereinstimmender Aussage aller Familienmitglieder „rastete" Sarah bei dieser Vorstellung aus und reichte das Telefon an David weiter. Im Gespräch mit David fand Tekka eine Möglichkeit, den Termin wahrzunehmen und trotzdem mit ihrer Arbeit fertigzuwerden. Als sie diese Diskussion beschrieb, sagte Tekka, sie wünsche sich, daß ihre Mutter weniger impulsiv und dafür objektiver sei, „eher wie eine Freundin als wie eine Mutter." Sie sagte, in dieser Phase ihres Lebens sei es für sie leichter, mit ihrem Stiefvater zu sprechen als mit ihrer Mutter.

T: Meine Mutter kann vor und nach einem Gespräch objektiv sein, aber im Gespräch kann sie nicht 'raustreten und klarer sehen. Ich kann nicht darüber sprechen, was abläuft. Ich fange an, auf die Dynamik zu gucken, was abläuft und das wird das Gespräch.

J: Und bei David gibt es dann also eine andere Reaktion?

T: Da fällt es mir leicht, reifer zu sein.

Als Teenager, fuhr Tekka fort, habe sie sich häufig gezwungen gefühlt, ihre Mutter zu belügen. Sie habe sich immer gewünscht, ihrer Mutter sagen zu können, wohin sie ging, und was sie tat, zumal, wie sie zugab, „das, was ich tat, wirklich gefährlich *war*." Aber Tekka fand, ihre Mutter sei überfürsorglich, und diese Überfürsorglichkeit sei ein Versuch, „ihr die Energie 'rauszuquetschen."

Sarah widersprach, überfürsorglich zu sein und meinte, sie sei eher vernachlässigend. Nachdem dieser Austausch noch etwas weitergegangen war, fragte ich die beiden, wie sie dieses Gespräch empfanden. Sarah antwortete, es sei nützlich, weil es eines der schmerzhaftesten Dinge in ihrem Leben gewesen sei, daß sie ihrer Mutter nicht erzählen konnte, was sie tat. Ihre Mutter sei „völlig naiv" gewesen. Sie meinte, das sei zum Teil der Grund, warum sie immer so wütend werde, wenn sie das Gefühl habe, Tekka lüge sie an. Alles, was sie jetzt wolle, sei, daß Tekka ein sicheres Leben lebe. „Ein positives! Kein sicheres!" rief Tekka dazwischen, sie korrigierend.

Reflexionen des Teams

(Bill LAX, Brian LEWIS, Lynn HOFFMAN)

Lynn, die die Familie zum ersten Mal sah, eröffnete das Teamgespräch und sprach über Mütter und Töchter. Sie verglich das, was Tekka tat, damit, sich auf dünnes Eis zu wagen. Sie hatte das Gefühl, Tekka wolle ihr eigenes Leben führen, wolle aber auch, daß ihre Mutter da sei, für den Fall, daß sie gerettet werden müßte. Lynn sagte, das Problem läge darin, daß „die Kommunikation zusammenbricht, wenn die Mutter zu sehr in Rage gerät." Lynn dachte auch über „karmische Themen" nach und über die Vorstellung von Gefahr. War Sarahs Mutter nicht in der Lage gewesen, Sarah zu retten? Vielleicht gab es da ein ganzes Gespräch aus der Vergangenheit, ein Gespräch mit anderen Generationen. Wie ermöglichen Mütter es ihren Töchtern zu erfahren, wie es ist, der Gefahr nahezukommen, ohne daß alle Beteiligten dabei so aufgebracht werden, daß überhaupt keine neuen Erfahrungen mehr zugelassen werden?

Brian fragte sich, warum ihm diese Familie so fröhlich erschien, und er fragte sich, was Gefahr wirklich für sie bedeute. Bill überlegte, ob Tekka versuchte, sich im Verhältnis zur Familie als Erwachsene zu etablieren, und ob auch schon früher Gespräche darüber geführt worden seien, wie sehr sich Sarah kümmert, und/oder wie sehr sie das zeigt. Lynn ergriff noch einmal das Wort und reflektierte über die Generation der „Baby-Boomer" – das Erwachsenwerden der Kinder, deren Eltern selber Blumenkinder gewesen waren – und darüber, wie sehr man die Erfahrungen der vorherigen Generationen wiederholt und doch nicht wiederholt.

Die Reaktion der Familie

Als die Familie zurückkam, gab Sarah zu, daß sie wirklich nicht wußte, was Tekka mit Gefahr meinte. Tekka antwortete, indem sie über Kreativität sprach, und meinte, daß ihr Konflikt zwischen der Kunst und dem praktischen Leben auch der Konflikt ihrer Mutter sei, nur daß ihre Mutter den sicheren Weg gegangen und Musiktherapeutin statt Musikerin geworden sei: „Was mich angeht, ich muß meinen eigenen Kram schaffen! Ich treffe andere Entscheidungen."

Die Sitzung endete mit diesem Gespräch, aber ich konnte nicht umhin, den Reflexionen eine eigene Antwort hinzuzufügen. Ich bezog mich auf Lynns Idee der karmischen Themen und fragte Tekka, wie sich dieses

Gespräch in der Zukunft abspielen würde, wenn sie mit *ihrer* heranwachsenden Tochter über die Vorstellungen von Sicherheit und Kreativität verhandeln würde. „Ich werde keine Tochter haben", erklärte Tekka, „ich werde einen Sohn haben ... weil das Universum Sinn für Humor hat."

Die vierte Sitzung

Unser nächstes Treffen war zwei Wochen später angesetzt, aber ein medizinischer Notfall in meiner Familie zwang mich, es um eine Woche zu verschieben. Am Telefon erzählte ich Sarah einige Details über die Krankheit meines Sohnes, und sie und ich teilten das Mitgefühl des Schmerzes, das eigene Kind krank oder verletzt zu sehen. Als ich Tekka wegen dieser Nachricht anrief, erzählte sie mir von sich aus, sie denke darüber nach, einen Monat in einem Behandlungszentrum zu verbringen, bevor sie ihren Ferienjob am Cape antrete.

Als die Familie drei Wochen später zu unserem vierten und letzten Treffen kam, war Tekka weniger lebhaft als sonst und sah müde aus. Ich fragte sie, wie sie diese letzte Sitzung nutzen wollten. David antwortete, er wolle über die Zukunft sprechen, aber Tekka wollte überhaupt nicht reden. „Sie hat ein Tief. Das Semester ist vorbei. Die Zelte werden abgebrochen."

Tekka antwortete, ihr gehe es „nicht toll, aber OK." Sie hatte sich endgültig für das Behandlungsprogramm entschieden, das ihr von ihrem AA-Berater empfohlen worden war. Ein Gespräch über diese Entscheidung brachte zu Tage, daß David diesen Plan befürwortete, solange Tekka es nicht als ein weiteres Krankenhaus betrachtete, sondern als ein „Rückzugsort mit bezahlten Menschen."

Sarah hielt das ebenfalls für eine gute Idee, machte sich aber Sorgen über etwas anderes: Als sie und David Tekka am Tag unseres abgesagten Treffens in ihrem Zimmer im Wohnheim besucht hatten, fanden sie an der Tür „eine Puppe, die sich selbst erhängt." Sarah demonstrierte das mit ihren Händen an ihrem Hals. Sie war zwar zu dem Zeitpunkt nicht in der Lage gewesen, etwas dazu zu sagen, hatte aber am nächsten Tag kurz mit Tekka am Telefon darüber gesprochen. Tekka hatte ihr gesagt, das wäre ihre „Gesundungspuppe" und gemeint: „Das hat sie [die Puppe] sich angetan, nachdem sie aus dem Krankenhaus gekommen ist. Aber ich fühle mich nicht so, wirklich nicht."

Der Vorfall mit der Puppe hatte Sarah tief erschüttert, und ich fragte, ob es schwierig sei, darüber zu sprechen. Sarah antwortete, es falle ihr „merkwürdig schwer", mit Tekka zu reden, wenn man bedenke, daß sie ja bei ihrer Arbeit (Betreuung von Jugendlichen mit Problemen) regelmäßig über „solche Sachen" spreche.

Aufgebracht sagte Tekka, sie sei immer überrascht, daß ihre Mutter so viel intensiver auf ihre Gesten reagiere als auf ihre Worte. „Ich glaube, ich habe ziemlich klar gemacht, was ich meine. Und wenn es mir schlecht geht, sage ich auch, daß es mir schlecht geht. Wir haben das ja alles schon 'mal durchexerziert, als ich noch zuhause gewohnt habe und mir einen Irokesenschnitt zugelegt habe. Mami ist ausgerastet, weil ich mir den Kopf rasiert habe. ‚Du mußt ja total gestört sein!'"

An dieser Stelle unterbrach David. „Ich kenne deine Mutter ziemlich gut, und gerade jetzt fragt sie sich: ‚Heißt das, daß Tekka die ganze Zeit über suizidal ist?'"

T: Das meine ich ja gerade. Ich glaube nicht, daß mir irgendeiner zuhört!

S: Und *bist* du nun die ganze Zeit suizidal?

T: Glaubst du, daß ich die ganze Zeit suizidal bin?

S: Ich glaube nicht, daß du das bist.

T: Na, alles klar! Ich glaube auch nicht, daß ich das bin. *(Die Familie lacht)*

[Hier redete Sarah stockend weiter und versuchte, noch mehr über ihre Verwirrung zu sprechen.]

J: *(Meint, sie müßte helfen)* Die Puppe hat Ihnen also Angst gemacht.

S: Ja!

J: Und es war sehr schwer für Sie, diese Angst auszudrücken und gegenüber Tekka so anzusprechen, daß sie sich nicht angegriffen fühlt?

S: Ja, ich will sie ja nicht kränken. Und David sagt: „Natürlich fühlt sie sich gekränkt. Natürlich ist sie nicht suizidal. Mach' da keinen Elefanten draus. Warum springst du auf so was immer an?" Aber der Punkt ist doch, daß, wenn sie sich wirklich schlecht fühlt und das auch sagt, daß es vielleicht etwas gibt, was sie uns sagen könnte ... was sie möchte, was wir tun können, um ihr zu helfen.

Als sie das sagte, bemerkte Sarah, daß Tekka und David sich ansahen und anfingen zu lachen. „Jetzt geht's los", erklärte sie, während sie sich zu den anderen wand und in ihr Gelächter einfiel. Ich entschied mich, meine Verwirrung auszudrücken und fragte, ob mir wohl jemand erklären könnte, was „Jetzt geht's los" zu bedeuten hätte. „Das bedeutet", sagte David, „jetzt fängt sie wieder an." „Und was bedeutet, ‚Jetzt fängt sie wieder an?'" fragte ich Sarah. „Wissen Sie das?" „Das bedeutet, daß sie meinen, ich bin wieder zu sehr am Psychologisieren", antwortete sie. Ich fragte mich, ob das wieder ein Teil ihres privaten Humors war, ein weiteres Stück des „Ungesagten"?

Im weiteren Verlauf des Gespräches über Sarahs Überreaktionen erklärte David, Tekka wolle, daß Sarah einfach wie eine Freundin zuhöre, aber nichts tue. „Ja", pflichtete Tekka ihm bei, „sonst ist da jedesmal, wenn ich was sage, die Drohung, daß mich jemand in die Psychiatrie einliefert."

Sarah erklärte, warum sie zögere, „einfach zuzuhören", und sagte, es wäre schrecklich, wenn Tekka wirklich Hilfe bräuchte, und sie (Sarah) es nicht mitkriegen und nichts unternehmen würde. „Bei meiner Arbeit, wenn da ein Kind suizidale Gedanken hat oder suizidale Kunstwerke macht oder suizidale Lieder schreibt, dann richten wir eine Suizidwache ein. Das ist der Rahmen, in dem ich mich bewege, und ich weiß, daß das ein Teil von mir ist. Das ist das, was ich tue. Ich verbringe viel Zeit mit Kindern, die in dieser Gefahr schweben. Das macht mir Angst, weil ich möchte, daß du (wendet sich zu Tekka) ... ich wünschte, du würdest dich nicht so schlecht fühlen." „Das wünsche ich mir auch", antwortete Tekka, und sie und Sarah fingen an auf die gleiche Weise zu lachen.

Reflexionen des Teams

(Bill Lax, Brian Lewis, Lynn Hoffman)

Brian begann und kommentierte, wie anders die Familie ihm dieses Mal vorkam, wieviel weniger fröhlich. „Fast von einer glücklichen Familie zu einer traurigen Familie. „Aber", sagte er, „als die Sitzung weiterging, konnte ich die Veränderung gut verstehen."

Lynn stimmte ihm zu, daß die Veränderung ins Auge fiel und sagte dann, daß sie merkwürdigerweise nicht beunruhigt war, obwohl die Familie über den Tod sprach, und zwar genau deshalb, weil es ihnen möglich war, darüber zu sprechen. Lynn erinnerte an die vorhergegangenen Gespräche über Sicherheit und Gefahr und meinte, daß es jetzt vielleicht möglich sei, daß Tekka spreche und ihre Mutter zuhöre. Das schien ihr ein wichtiger Teil des Prozesses zu sein. Eine echte Gefahr bestünde erst, wenn sie nicht mehr in der Lage wären, miteinander zu reden. Lynn fuhr fort: „Wenn ich als Mutter denke – und dieses ganz besondere Stück Seelenlandschaft ist auch mir tief in meinen Kopf und in mein Herz eingebrannt – ist es das, was mir ein Gefühl der Sicherheit gibt."

Bills Kommentar drehte sich um den Unterschied zwischen: „Es ist halt, wie es ist" und: „Was steckt dahinter." Er fragte, ob die Art, wie Tekka sich ihrer Familie zeigt, als „Es ist halt, wie es ist", ausreichend sei, oder ob man da genauer nachfragen müsse? „Und was passiert, wenn manchmal das ‚Es ist halt, wie es ist' so wie bei der Puppe weiteres Nachfragen stoppt? Wie kann es ein Gespräch geben, ohne daß es gleich eine alarmierte Reaktion nach sich zieht? Wie kann es ein Gespräch über Sicherheit und Gefahr geben, ohne daß eine ‚Suizidwache' eingerichtet werden muß?" Bill fügte hinzu: „Was Tekka häufig ausdrückt, ist: ‚Ich zeige Euch, wer ich bin'. Und aus der Perspektive der Mutter kann ich mir vorstellen, daß das manchmal ziemlich komisch ist [Gelächter hinter der Scheibe]. Es gibt ja nicht viele Leute, die so 'rumlaufen wie Tekka. Muß man da weiter nachfragen? Etwa so: ‚Du hast Federn im Haar, heißt das, daß du glaubst, du wirst ein Vogel?' [Lauteres Gelächter]. ‚Nein, das sind bloß Federn in meinem Haar.' Das ist halt, ‚wie es ist'. Vielleicht müßte das Nachfragen zu diesem Zeug besser ausbalanciert sein." Bill fragte sich dann, ob die Pläne für das Behandlungsprogramm ausreichen, um die Besorgnis angesichts der Gefahr zu zerstreuen: „Ist das ein Vorhaben, daß sie so voranbringen kann, daß mehr Gespräche stattfinden können?"

Hier erinnerte Lynn daran, daß Sarah ja nicht alleine sei. „Es gibt ja nicht nur die Mutter, es gibt ja auch noch David. Und auch wenn Sarah niemals einfach sagen könnte, ‚es spielt für mich keine Rolle, wie es dir geht', auch wenn sie etwas unternehmen muß, wenn sie bestimmte Dinge sieht, muß David das noch lange nicht. Das scheint mir bei alledem ein weiterer wichtiger Punkt zu sein." Lynn machte eine Pause und fügte hinzu: „Aber ich bin im Grunde *nicht* beruhigt." Sie wendete sich an Brian und fragte: „Was ist eine Gesundungspuppe?"

Brian antwortete, das wisse er nicht, er habe aber angenommen, „die Puppe symbolisiere irgendwie einen Teil des Gesundungsprozesses." Weiterhin reflektierte er über die vielen verschiedenen Rollen, die David im Gespräch innehatte: als jemand, der es Sarah ermöglicht zu sprechen, als jemand, der ihre Rede bremst, als jemand mit eigenen Ideen. Er fragte sich, ob David manchmal Sarahs Besorgnis um Tekka teilen könnte.

Reflexionen der Familie

David reagierte als erster und sagte, obwohl er persönlich mit jeder Woche ein sehr viel besseres Gefühl zu der Situation bekomme, interessiere ihn am meisten, was Lynn damit gemeint hatte, als sie sagte, sie sei nicht beruhigt. Er antwortete dann noch auf Brians Kommentar zu den verschiedenen Rollen, die er in der Familie spiele, und kam zu dem Schluß, daß er vielleicht hilfreich sein könnte, weil er „nicht als Mutter beteiligt war, aber sicherlich als jemand, dem Tekkas Wohlbefinden sehr am Herzen liegt ... genauso wie Sarahs Wohlbefinden."

Als nächstes antwortete Sarah und fragte, ob es irgendeine Möglichkeit gäbe, von Lynn zu hören, was sie gemeint hatte, „anstatt bloß zu spekulieren und zu überlegen?" Ich versicherte ihr, das Team könne vor dem Ende der Sitzung noch einmal zurückkehren und über ihre Fragen sprechen. Ich fragte, ob es noch andere Gedanken zu dem gäbe, was das Team gesagt hatte. Sarah gestand lachend, daß sie sich auch gefragt habe, was eine „Gesundungspuppe" sei. Sie wendete sich an ihre Tochter und fragte: „Könntest du es uns sagen?" Tekka antwortete: „Das ist eine Puppe, als ich viel [an meiner Gesundung] gearbeitet habe, meine Kindheitspuppe ... die ich nicht besonders gerne mag. Aber ich hatte sie drei Jahre lang."

Da Sarah und Tekka nicht in der Lage zu sein schienen, diesen Wortwechsel weiterzuführen, versuchte ich, dieses Gespräch auf Grundlage dieser Metapher aktiv weiter auszubauen. Ich fragte Tekka: „Du hast dich vor ein paar Wochen entschieden, sie an deine Tür zu hängen?"

T: Zu der Zeit hatte ich das Gefühl, meine Gesundung wäre im Krankenhaus zerquetscht worden. Mir nicht völlig genommen, aber ... irgendwie vergewaltigt.

S: Weil sie dich dazu gebracht haben, Medikamente zu nehmen oder wegen der ganzen Sache?

T: Deshalb, und weil sie mich nicht in die Gruppe gehen ließen. Kein Zutritt zu Gesprächen mit Menschen. Die Leute haben mir nicht so zugehört, wie ich gewohnt bin, daß mir Leute zuhören.

J: Und die Puppe sollte diese Erfahrung ausdrücken?

T: Ja.

J: (Versucht Raum für eine noch-nicht-gesagte Idee zu öffnen) Wo ist sie jetzt?

T: Immer noch da.

J: Ziehen Sie bald aus dem Zimmer aus?

T: Ja. Sie wird da 'runter müssen.

D: Sie könnte ja auch da bleiben. (Mutter und Tochter lachen gemeinsam los)

J: (zu Tekka) Wenn Sie sich die Zukunft nach dem Sommer oder nach diesem Erlebnis vorstellen, wo würden Sie sie gerne haben?

T: Die Puppe?

J: Ja.

T: Naja, ich hätte *mich* selbst gerne wieder unter Kontrolle, vollkommen erholt. Damit die, Puppe irgendwo eingemottet werden kann!

J: Geht Ihnen noch etwas im Kopf herum, von dem, was das Team gesagt hat?

T: Ja. Ich finde, das war interessant, deren Kommentare über unsere Veränderung. Ich glaube, es gibt einfach so viele verschiedene [Stand-]Punkte. Wenn wir nur einmal die Woche für eine Stunde hierherkommen, kriegt man davon nur so ein bißchen mit. Wir haben die Fähigkeit, humorvoll zu sein, und wir haben auch die Fähigkeit, einen Haufen Scheiße zu fabrizieren, und wir setzen uns damit auseinander. Ich weiß, daß einer der Vorwürfe, die ich mir im Krankenhaus anhören durfte, der war, daß ich ewig meine Meinung ändere. Jeden Tag eine andere Idee.

S: Der kam von mir?

T: Ja, der kam von Dir.

J: *(zu Sarah)* Und Ihre Gedanken zu den Kommentaren des Teams?

S: Interessant ... sie haben es ganz klar von anderen Seiten betrachtet, in andere Rahmen gestellt. *(Pause)* Ich habe gerade gedacht, als Tekka das mit dem Krankenhaus gesagt hat, ich wünschte, es gäbe eine Möglichkeit mit ihr zu kommunizieren, bei der sie sich nicht von mir angeklagt fühlt, weil ich das so nicht wahrgenommen habe. *(Pause)* Was ich in dieser Phase lerne, ist, wie ich wahrgenommen werde. Und ich glaube, daß mein Zustand der Besorgnis sich wiederum oft in ein Gefühl von Anklage und Kritik verwandelt.

J: Hm.

S: Ich wünschte, es wäre anders.

J: Sehen Sie ihre Reaktion, ihre Antwort jetzt anders?

S: Ja. Ich glaube, ich habe das nie richtig verstanden. Ich habe mich schlecht oder frustriert oder sonstwie gefühlt, aber wir standen irgendwie nicht miteinander in Beziehung. Aber ich habe nie darüber nachgedacht, wie das für sie war. Oder das verstanden. Ich meine ... was ich lerne, ist, daß das, was aus mir herauskommt, nicht das ist, was ich meine. Und es ruft auch nicht die Reaktion hervor, die ich mir wünsche. Ich wünschte, es wäre anders.

J: Sie hört Sie anders?

S: Ja, wie ich gesagt habe, ich muß ihr wirklich offener zuhören.

D: Und das ist gut so.

Nach dem Schweigen, das dieser letzten Aussage folgte, erinnerte ich die Familie daran, daß dieses wohl das letzte Treffen vor dem Sommer sei, und daß ich mich frage, wie diese gemeinsame Zeit am nützlichsten gestaltet werden könne. Wiederum versuchte ich, mehr Raum zu öffnen. Ich fragte, ob es etwas gäbe, von dem sie wünschten, sie hätten es gesagt oder gefragt. Wie könnten wir diese Zeit am besten nutzen?

Als erster antwortete David, er wisse nicht, ob er das sagen müsse, wandte sich aber an Tekka und sagte: „Ich möchte helfen und Unterstützung geben" *(hier streckte Tekka ihre Hand zu David aus und rieb Daumen und Zeigefinger aneinander)* „das schließt auch etwas Geld ein."

T: Danke. *(Pause)* Nicht nur für das Geld.

D: *(Zärtlich)* Ich weiß.

T: Ich bin ziemlich ausgebrannt wegen der ganzen Sache.

J: Der ganzen Sache?

T: Der ganzen Sache. Ich bin es einfach leid, darüber zu sprechen, mich damit 'rumzuschlagen, hier zu sein – nicht speziell hier, sondern da, wo ich bin. *(Gähnt)* Ziemlich müde ... hoffe, nach der Behandlung fühle ich mich besser.

S: Vermutlich. *(lacht)* Ich spüre ... hoffe, ... daß Tekka, wenn sie unsere Unterstützung braucht, danach fragen kann ... Sie kann darüber sprechen. Uns als ihren Rückhalt nutzen. Sie ist erwachsen. In dem Alter, wo sie alleine ins Leben geht. Aber wenn es etwas gibt, was sie von uns braucht, wird sie fragen können, ohne in Machtkämpfe verstrickt zu werden. Ich weiß, sie hat diesen ganzen Kram gehaßt, aber im Grunde ist sie sehr kooperativ gewesen. Letztes Mal sind wir nicht dazu gekommen, das zu sagen, Als wir diesen ganzen Streß mit dem Herkommen hatten. Wir haben nicht gesagt, *(sieht Tekka direkt an)* wie gut es war, daß du es *geschafft* hast, herzukommen. Wir schaffen das nicht, so was zu sagen.

An dieser Stelle schlug ich vor, das Team solle zurückkommen, um die Frage der Familie zu beantworten.

Das Team

L: Ich glaube, was ich wirklich sagen möchte, bevor ich meinen Standpunkt verteidige, ist, daß sich diese Familie schon wieder verändert hat. Sie hat alle diese Seiten. Und es ist eine sehr zärtliche Familie. Und ich spüre auch, daß hier ein Held und zwei Heldinnen sitzen, wirklich. Daß Tekka hart und mit Liebe gearbeitet hat, auf welche Weise sie das auch immer tut, und daß ihre Mutter und ihr Stiefvater wirklich echte Anteilnahme gezeigt haben. Das wollte ich noch sagen. *(Pause)* Aber was diese Sache angeht, daß ich nicht beruhigt bin, ich wollte Sarah sagen, daß ich weiß, wie sie sich fühlen muß. Daß auch niemand den Frauen sagt, und ich glaube den Männern auch nicht, daß jedes Kind, das du hast, eine Geisel des Universums ist, und daß du für den Rest deines und ihres Lebens verletzbar bist. Das ist alles, was ich gemeint habe. Weil ich wirklich durch dieses Treffen und durch die

Familie sehr ermutigt bin. Überaus beeindruckt davon, wie diese Familie hier am gleichen Strang gezogen hat.

Br: Ich war auch vor allem davon berührt, wieviel Liebe da war ... und berührt von der Traurigkeit, aber vielleicht paßt das ja zusammen. Vielleicht hat das mit der Tatsache zu tun, daß sich etwas verändert. Tekka übernimmt eindeutig die Verantwortung für sich selbst, sie hat diese Entscheidung getroffen, und da gibt es jetzt nicht mehr allzuviel, was da noch getan werden könnte. ... Nur die Notwendigkeit alles, was geschehen wird, geschehen zu lassen. Und das ist irgendwie traurig. Ein neuer Anfang und ein Loslassen. Trauer um die Vergangenheit, die vorbei ist, und nicht ganz sicher sein, was die Zukunft bringt.

Bi: Ich sehe das Leben aus einem eher philosophischen Blickwinkel, so wie „Kinder als Geiseln". Das Leben ist eine ständige Entwicklung von Sicherheit und Gefahr. Traurigkeit ist ein Loslassen der Vorstellung, das Rehabilitationsprogramm wäre „es". Es ist eine weitere Erfahrung. Es ist nicht die vollkommene Erfahrung, aber eine Reihe von Erfahrungen – für die ganze Familie. Tekkas Erfahrung und Tekkas Wiedergabe dieser Erfahrung. Und ich habe an etwas gedacht, was hier passiert ist, was ich vorher nicht gesehen habe und was sich – für mich – toll anfühlte. Das war Davids Ausdruck der Wertschätzung: „Ich bin hier, um dich zu unterstützen, emotional und finanziell", und daß Tekka gesagt hat: „Danke". Und daß Sarah zu Tekka gesagt hat: „Ich wollte, daß du weißt, wie gut ich das finde, daß du hier bist." Es klingt, als würden sie sich miteinander auf eine andere Stufe der Interaktion zubewegen ... und ihre Unterhaltung wird reichhaltiger, facettenreicher.

Reflexionen der Familie

Wie üblich fragte ich die Familie nach ihren Reaktionen auf die Kommentare des Teams.

J: Irgendwelche abschließenden Kommentare, Reaktionen – auf ihre Wertschätzung Eurer Wertschätzung?

D: Ich glaube, dieser Prozeß hier war wirklich nützlich. Ich habe diese verrückte Einwegscheibe sehr gemocht, weil sie eine Art künstliche Situation schafft, die dich manche Sachen sagen läßt, die du sonst wahrscheinlich nicht sagen könntest, und doch ist sie nicht so künstlich, daß sie bizarr wird. Sie schließt dich nicht ein. Es ist interessant, alle diese einsichtigen und sehr unterschiedlichen Typen von Menschen zu hören, die ihre Gedanken und Gefühle dazu äußern, was sie gerade erlebt haben – ich fange an, mir Sorgen zu machen, ob Tekka nun ein Vogel wird oder nicht *(alle lachen)*.

S: Ich fand diesen Prozeß wirklich gut. Er hat uns eine Möglichkeit gegeben, mit Tekka in dieser Phase wieder Boden unter die Füße zu bekommen, und er hat Gespräche zugelassen, die sonst nicht stattgefunden hätten. Ich bin mir der Bereiche bewußter, wo ich es Tekka schwer mache. Ich glaube, ich habe das noch nie gehört. Ich glaube nicht, daß sie es noch nie gesagt hat. Ich habe es einfach früher nie gehört.

T: Mir hat das Spaß gemacht – glaube ich. Ich mochte die Scheibe auch. Dieser Wechsel hin und her, wie die das gesagt haben, eine Erfahrung unter vielen, die ich mitnehme. Ich glaube, der Prozeß wird noch weitergehen, aber das ist in Ordnung.

D: *(zu mir)* Sie waren auch sehr gut darin, die Gespräche sich entwickeln lassen, ihnen Nahrung zu geben, ohne sich einzumischen. Denn wenn Sie sich eingemischt hätten, hätten die Gespräche nicht stattgefunden.

An diesem Punkt dachte ich, ich wäre mit einer Antwort an der Reihe, aber zu meiner eigenen Überraschung hatte ich einen Kloß im Hals und konnte kaum die Tränen zurückhalten. Ich platzte heraus: „Glückliche Familie, traurige Familie, ich finde, Sie sind eine wunderbare Familie; so viel Gutes hier drin. Ich wünsche Ihnen alles Gute" (für alles, was Sie noch durchzustehen haben, dachte ich; meine Tränen galten zweifellos meinem Kind genauso wie ihrem).

Um die Fassung wiederzuerlangen, versuchte ich, das Thema zu wechseln und ein bißchen Humor einfließen zu lassen. Als ich Tekka angerufen hatte, um den Termin zu verschieben, hatte ich den Text auf ihrem Anrufbeantworter nicht verstehen können: „Sie können nicht ans Telefon kommen, weil Sie woran arbeiten?" fragte ich. „An meiner Macke", antwortete Tekka. Als ich den Witz langsam kapierte, meinte Sarah: „Sie sollten 'mal hören, was sie jetzt auf dem Anrufbeantworter hat: ‚Ich arbeite an meiner Wut, leck' mich am Arsch'." Lachend und mit Umarmungen beendeten wir das Treffen.

Obwohl ich nicht weiß, welche Bedeutung Sarah oder David oder Tekka dieser telefonischen Botschaft zuschrieben, fühlte ich mich plötzlich hoffnungsvoll. Vielleicht hatte Tekka es in gewisser Weise nicht mehr so nötig zu gefallen. Vielleicht begann sie zu spüren, daß sie kontrollieren konnte, „mit wem sie reden wollte und wie". Und vielleicht würde das bei dem, was gesagt, und bei dem, was gehört wurde, einen Unterschied bewirken.

Nachuntersuchung

Als ich zwei Monate später Sarah anrief, um zu fragen, wie es ihnen allen ging, berichtete sie, daß Tekka das Behandlungsprogramm gut getan hatte, daß sie vom Lithium 'runter sei und in ihrem Bus am Cape lebe. Sarah berichtete auch, daß sich Tekka die Haare abgeschnitten habe. Sie habe sie aber nur kurz geschnitten und nicht völlig abrasiert.

„Sie sieht jetzt viel besser aus, und ihre Augen leuchten wieder." Allerdings drückte Sarah trotz dieses positiven Bildes auch ihre immer noch vorhandene Angst aus. „Ich versuche, mir keine Sorgen zu machen, aber Tekka erscheint mir immer noch so zerbrechlich. Es steht fifty-fifty, ob sie gesund bleibt oder ob sie wieder eine Phase kriegt. Aber ich kann da ja nichts tun. Ich muß einfach darauf vertrauen, daß sie auf sich selbst aufpassen kann."

Am Ende des Gespräches fragte Sarah nach der Gesundheit meines Sohnes, und wir dachten gemeinsam über Lynns Kommentar nach. Nein, niemand sagt uns im voraus etwas über Geiseln und über das Universum.

Nachgedanken

Während ich diesen Bericht niederschreibe, frage ich mich, warum wir diese Erfahrung ausgesucht haben. Klar ist, daß wir sie nicht als Beweis präsentieren, daß irgendetwas „funktioniert". Stattdessen bringen wir sie als eine Möglichkeit zu Papier, zurückzublicken und uns selbst zu fragen, was passiert ist – das heißt, was wir zu dieser Zeit meinten, was passiere, und was wir jetzt, während wir darüber schreiben, meinen, was passiert ist. Wir betrachten sie als Beispiel für unsere Vorstellungen von einer weniger hierarchischen Beziehung mit den Menschen, mit denen wir arbeiten, von einer Beziehung, in der wir eigene Anteile enthüllen, die uns mit ihnen verbinden, die ihre Gefühle normalisieren, und die genauso aus dem Herzen sprechen wie aus dem Kopf.

Ganz offensichtlich konnten wir Tekkas „wahres" Selbstmordpotential nicht bestimmen. Wir waren hin- und hergerissen zwischen zwei möglichen Reaktionen auf diese Bedrohung. Sollten wir die Familie eher ermutigen, eine Suizidwache einzurichten, oder sollten wir uns eher weigern, zu sehr auf die Befürchtungen der Familie einzugehen, um nicht dazu beizutragen, sie wahr werden zu lassen. Was uns ermöglichte, aus diesem Dilemma zu entkommen, war die reflektierende Haltung, eine Haltung, die uns ermöglichte, eine ambivalente Position beizubehalten und mit den Metaphern zu arbeiten, die sie produzierte.

Diese Position war es, die es Randye erlaubte, darüber zu reflektieren, daß die Situation immer besser und besser, aber gleichzeitig auch schlechter werde. Sie erlaubte Brian, über eine zugleich glückliche und traurige Familie zu reflektieren. Sie erlaubte Bill, darüber zu reflektieren, daß der Modus des „Es ist, wie es ist" gleichzeitig ausreichend und nicht ausreichend sei. Und sie erlaubte Lynn, die auseinandergehenden

Positionen von David und Sarah anklingen zu lassen, indem sie beider Hoffnungen und Ängste gleichzeitig ausdrückte.

Wie sieht die Beziehung zwischen diesem therapeutischen Gespräch und der Veränderung in der Familie aus? Es wäre beruhigend, sich davon überzeugen zu können, daß das Gespräch Raum geschaffen hat für:

– Sarah, damit sie ihre Fragen direkt stellen kann, zunächst dem Team und dann ihrer Tochter, anstatt bloß „zu spekulieren und zu überlegen", wie sie es bisher scheinbar getan hat;

– Tekka, damit sie die Stärken der Familie artikulieren kann (und nicht nur ihre Schwächen);

– die Familie, damit sie ihrer gegenseitigen Unterstützung und Wertschätzung Ausdruck verleihen kann;

– Tekka, damit sie den Text auf ihrem Anrufbeantworter (ein Text, der den Rahmen für jedes nachfolgende Gespräch vorgibt) in „Ich bin nicht mehr verrückt, nur wütend" ändert;

– die Mutter, damit sie von der Idee einer Suizidwache wegkommen kann, hin zu dem Gedanken, daß sie ihre erwachsene Tochter so nicht schützen kann. „Ich werde dir nicht länger sagen, was du tun sollst, sondern dich einladen, uns danach zu fragen, was du willst oder brauchst."

Es wäre auch beruhigend zu glauben, daß sich das Bedürfnis dieser Familie nach exaltiertem Verhalten oder dramatischen Symbolen irgendwie abschwächt und sich die Idee entwickelt, daß sich gefährliche Gedanken mit Worten ausdrücken lassen. Aber wer kann das schon wissen?

Lynns Geschichte

Weil ich bei den ersten beiden Gesprächen nicht dabei gewesen war, saß ich mit doppelter Aufmerksamkeit hinter der Scheibe, um mitzukommen. Auch ich war gefesselt von Tekkas verspielter Art sich zu kleiden und von ihrer lebendigen Ausstrahlung. Es war leicht, ihre ernste Seite zu übersehen, bis man, rumms, darüber stolperte. Als das passierte, fiel ich direkt in das Kaninchenloch mit den Erinnerungen an die angstmachenden Zeiten, als meine eigene Tochter ein Teenager war. Ich erinnerte mich daran, wie ich ihren Kampf durch eine schalldichte, gläserne Wand zu beobachten schien. Soviel zu dem Versuch objektiv zu sein. Während des letzten Treffens hätte ich genausogut Tekkas Mutter sein können. Zum Glück verhielt sich David, der nicht so weit mit hineingezogen war wie ich, wie ein Schutzwall. Und wenn ich zum Reflektieren hineinging, war es Bill, der als Schutzwall wirkte. Aber auch mit ihrer Hilfe fand ich es außerordentlich schwierig, an dieser Situation teilzunehmen, und kam mir dabei nicht gerade brilliant vor. Ich hatte erst gesagt, ich sei beruhigt, und dann war ich es doch nicht. Als David auf diese widersprüchlichen Aussagen von mir aufmerksam machte, fragte ich mich selbst, was ich eigentlich meinte.

Die Antwort war natürlich, daß ich mich zur selben Zeit an zwei Orten befand. Der eine war der beruhigende Ort, wo die Familie über die mögliche Gefahr sprechen konnte, in der Tekka sich befand. Meine Theorie ist, daß niemand aufgeben und sterben wird, solange Menschen noch darüber sprechen können, was ihnen Angst macht. Diese Idee habe ich von dem verstorbenen Harry GOOLISHIAN vom Galveston Institute, und ich versuche, diese Idee so wörtlich wie möglich zu nehmen. Der andere Ort war, daß ich mich genauso fühlte wie Sarah: Es ging hier um ihre eigene Tochter, die vielleicht am Ertrinken war, und sollte sie sie etwa nicht retten? Als ich sagte, ich sei nicht beruhigt, unterstrich ich einfach Sarahs Sichtweise. Ich vergaß, daß ich gerade das Gegenteil behauptet hatte, aber ich begrüßte die Gelegenheit, als David fragte, ob ich klarstellen könnte, was ich meinte. In alten Zeiten wäre das gegen die Regeln gewesen, weil die TherapeutIn immer die Kontrolle behalten und immer kompetent zu sein hatte. Aber bei meinem heutigen Vorgehen bringe ich alles zur Diskussion auf den Tisch, was wie ein Fehler oder wie ein Gefühl des Hängenbleibens aussieht. Das bringt die Dinge mit Sicherheit voran.

Was Judy angeht, habe ich sehr geschätzt, was sie getan hat, erst recht, als sie alle vier Sitzungen transskribiert hatte, und ich sie lesen konnte. Über den Reflexionsprozeß war ich mir vorher schon im klaren. Ich betrachte ihn als einen orakelhaften Kommentar, der reichlich Assoziationen und Geschichten enthält, aber kaum Interpretationen und Problemlösungen. Was die Interviewerin tat, war allerdings weniger klar. Es sah so aus, als würde sie gar nichts tun, verglichen jedenfalls mit den detektivischen Befragungen und komplizierten Interventionen der Ansätze, in denen ich ausgebildet wurde. Aber es läuft immer mehr ab, als das, was einem direkt ins Auge springt. Lassen Sie mich versuchen, ein paar Merkmale der Art und Weise aufzeigen, wie wir heute in unserer Arbeit Gespräche führen. Ich werde mich auf das vierte Gespräch beschränken.

1. Sitzungen eröffnen. Wir versuchen uns von Anfang an auf die Aktivität des gemeinsamen Sprechens zu konzentrieren und darauf, was dieses den Menschen bedeutet und wie sie möchten, daß es verläuft. Wir hoffen, daß wir das so einrichten, daß die Menschen sich das Gespräch von den Fachleuten „zurückholen" können. Ein gutes Beispiel dafür ist Judys Frage: „Wie möchten Sie diese Sitzung nutzen?" Der Prototyp dieser Art, eine Sitzung zu eröffnen, war Tom ANDERSENS (1990) Frage: „Was ist die Vorgeschichte der Idee, hierherzukommen?" Früher haben wir immer nach dem Problem gefragt und schon waren wir in einem anderen Spiel.

2. Sitzungen nicht kontrollieren. Wie Judy sagte, versuchen wir, uns zurückzuhalten, bewußt keine provokanten Fragen zu stellen und keine interessanten Interventionen zu starten. Das ist schwieriger, als Sie denken, wenn sie „ordentlich" familientherapeutisch ausgebildet worden sind. Judy neigte dazu, sparsam und mit weicher Stimme zu sprechen, und sie folgte keinem vorher festgelegten Plan. Dies sollte den Familienmitgliedern ein Maximum an Freiheit für das Hervorbringen ihrer eigenen Ideen gewähren. Judy schaffte ab und zu etwas Raum für eine der Beteiligten, aber das war auch schon alles.

3. Weniger präzise Ziele haben. Es scheint mir so, als ob die TherapeutIn in diesem Ansatz nicht darauf aus ist, etwas Bestimmtes geschehen zu lassen oder herauszufinden. Stattdessen hat Judy versucht, das Gespräch am laufen zu halten. Sie hat ein bißchen geschubst, um die Pfade zwischen den Beteiligten offen zu halten, ansonsten aber kaum interveniert. Die meiste Zeit über hat sie den Leuten entlockt, wo ihre Prioritäten liegen, und dabei häufig Zustimmungs-/Widerspruchsfragen nach Mailänder Art verwendet. Allerdings verwenden wir nicht allzuviele zirkuläre Fragen, weil diese leicht zu einer Zwangsjacke für die Interaktion werden. In der Vergangenheit sind wir immer einem ganz bestimmten Tier nachgejagt – einer Hypothese über die Funktion des Symptoms, die wir positiv konnotieren konnten – aber die neue Arbeitsweise bewegt sich von der Suche nach Mustern überhaupt weg.

4. Keine Managerposition einnehmen. Eine gängige Doktrin bei Fällen von Gewalt und Selbstmordgefährdung ist die, daß die TherapeutIn die

Handelnde sein sollte. Das ist ohne Zweifel oft die beste Vorgehensweise, ebenso wie die Benutzung des gesunden Menschenverstandes. Allerdings gibt es eine bedeutende Anzahl von Situationen, in denen die Androhung oder der Gebrauch von Zwang ein schlechteres Resultat hervorbringt, als wenn gar nichts getan worden wäre. Und nicht jede TherapeutIn fühlt sich wohl dabei, die Handelnde zu sein: Es sollte also, wie ich oft sage, eine „andere Stimme" geben. GANDHI stellte beispielsweise eine andere Stimme im Kampf gegen die Briten in Indien dar. Dieser anderen Stimme, dieser weicheren Stimme muß es nicht notwendigerweise an Einfluß mangeln. Wie in AESOPS Fabel vom Wettstreit der Sonne mit dem Wind kann die weichere Stimme sehr stark sein.

5. Spezielle Fragen stellen. Von Zeit zu Zeit hat Judy eine spezielle Art von Fragen gestellt. Sie ist schwer zu beschreiben, obwohl sie in die Kategorie der „Zukunftsfragen" nach Peggy PENN (1985) zu fallen scheint. Ein gutes Beispiel aus dem letzten Gespräch ist Judys Frage zur Geschichte mit der Gesundungspuppe: „Wenn du dir die Zukunft nach dem Sommer oder nach diesem Erlebnis vorstellst, wo würdest du sie gerne haben?" Und Tekka antwortet: „Ich hätte mich selbst gerne wieder unter Kontrolle, vollkommen erholt. Damit die Puppe irgendwo eingemottet werden kann!" Das nenne ich nach den Fenstern suchen und nicht nach den Wänden. Menschen können die Tür oft alleine finden.

6. Nicht ein bestimmtes Ergebnis forcieren. Wir verfolgten in diesem letzten Gespräch keine Ziele, außer den allgemeinen, daß Tekka sich nichts antut, nicht von der Schule fliegt und nicht wieder stationär aufgenommen werden muß. Was passierte, war, daß Sarah und David am Ende des Treffens ihre Wertschätzung für Tekka ausdrückten, daß sie diese erwiderte, und daß es ein Gefühl der Erleichterung gab, daß sie vielleicht außerhalb der konkreten Gefahr war. Wenn wir so auf die Kommunikation eingehen, daß am Ende alle Beteiligten das Gefühl haben, daß sie im Grunde gute Menschen sind, erwarten wir, daß langsam eine Verbesserung greift. Dies begründet zum Teil unseren kompromißlos bejahenden Rahmen, den ich für fundamental halte, auch wenn viele dagegen Einspruch erheben.

Was ich an diesem Ansatz mag, ist, daß er es uns ermöglicht, die Menschen dazu einzuladen, das Geschehen in einer sehr viel kreativeren Weise zu beeinflussen, als wir das früher für möglich gehalten hätten. Und noch etwas: da in die Arbeit ein kontinuierlicher Prozeß von

Nachuntersuchungen eingebaut ist, gibt es die großartige Gelegenheit, die Richtung zu verändern, verschiedene Wege auszuprobieren oder noch einmal zurückzugehen und von vorne zu beginnen. Man verliert dabei natürlich an therapeutischer Vorhersagbarkeit und Eleganz. Ein Grund dafür, daß ich einen Rahmen wie das Reflektierende Team so schätze, ist, daß ich diesen Ansatz schwer zu lehren finde. Menschen um Kommentare zu bitten, und darum, den Kommentaren der anderen zuzuhören, stört den üblichen Problemlöseprozeß, von dem wir wegkommen wollen. Jedenfalls glaube ich, daß die Verwendung eines Reflektierenden Teams im formalen Sinne wegfallen wird, wenn sich diese Art zu denken in das kollektive Unbewußte der im familientherapeutischen Bereich Tätigen einprägt.

Da wir eine „Geschichte im Rückblick" schreiben, möchte ich mit einigen Bemerkungen über ein paar theoretische Ideen schließen, die wir alle im Kopf hatten, Ideen, die unsere Praxis beeinflußt haben und die ihrerseits von unserer Praxis beeinflußt worden sind. Nach dem heutigen Stand sind für mich einige dieser Einflüsse:

1. *Gedanken zur sozialen Konstruktion von Wissen* (GERGEN, 1991). Die Sichtweise, daß wir – zumindest im Bereich menschlicher Ereignisse – erschaffen oder erfinden, was wir zu wissen meinen, stellt die Legitimität der „normalen Sozialwissenschaften" in ihrer Anwendung auf Psycho- und Familientherapie in Frage. Wenn wir uns mit dem Gebiet emotionalen Leidens befassen, wird insbesondere das Konzept von Behandlung und in noch stärkerem Maße der Druck, eine Diagnose zu stellen, fragwürdig.

2. *Gedanken über den Schaden, den normative Psychotherapiemodelle angerichtet haben* (ANDERSON & GOOLISHIAN, 1988). Für mich verdienen die meisten Überzeugungen, die das Konzept von Psychologie umgeben, in Frage gestellt zu werden. Ich persönlich bin davon überzeugt, daß alle die Therapiemodelle aussortiert werden sollten, die Ursachen für Pathologie postulieren, seien diese struktureller (schlechte Abgrenzung, fehlende Individuation) oder prozeßhafter Natur (Wachstumsstörungen, Entwicklungsdefizite). Vielleicht wäre es wirklich gar keine so schlechte Idee, die Psychologie zu einem fehlerhaften Feld zu erklären, und sie durch eine stärkere Betonung menschlicher Kommunikation zu ersetzen.

3. *Gedanken, „Texte"* (die zu einer schriftlichen Kultur gehören) *abzuwerten, und „Gespräche"* (die zu einer mündlichen Kultur gehören) *aufzuwerten* (OLSON, in Druck; ONG, 1982). Texte und formale Begriffe sind

das, was die Autorität der ExpertIn aufrechterhält. Ohne deren Rückhalt wird die Kunst der Therapie genauso regional unterschiedlich und vergänglich werden wie die Rezepte für Weihnachtsplätzchen. Gleichzeitig befürwortete ich Möglichkeiten, die TherapiekundInnen selbst zu „AutorInnen" werden zu lassen, wie wenn etwa Peggy Penn (1991) ihren KundInnen dabei hilft, Briefe an Familienmitglieder zu entwerfen, oder wie wenn meine Kollegin, die Sozialarbeiterin Catherine Taylor, KlientInnengruppen dabei unterstützt, ihre eigenen Zeitschriften zu konzipieren und zu entwerfen.

4. Der Gedanke, daß es in menschlichen Angelegenheiten keine intrinsischen Muster gibt. Wenn man dieser Überzeugung ist, macht es keinen Sinn, im therapeutischen Prozeß, in der Familie oder in der individuellen Persönlichkeit nach Mustern zu suchen – außer wenn es nützlich scheint, dies zu tun, und auch dann nur mit beiliegender Begründung oder beiliegendem Dementi.

5. Der Gedanke einer „anderen Stimme", der erstmals von Carol Gilligan geäußert wurde. Nachdem ich Gilligans Untersuchung (1982) gelesen hatte, die behauptet, daß Frauen auf das Intakthalten von Beziehungen Wert legen, Männer aber auf Prinzipien von richtig/falsch, hatte ich das Gefühl, wir sollten Platz schaffen für einen familientherapeutischen Stil, der die Beziehung der Wahrheit vorzieht und die Empathie der Rechthaberei.

6. Schließlich Gedanken des französischen Historikers Michel Foucault (in Rabinow, 1984). Foucault macht auf den „Mikrofaschismus des alltäglichen Lebens" aufmerksam. Er vertritt den Standpunkt, daß der moderne Staat seine Subjekte durch die Diskurse kontrolliert, die rund um unsere Institutionen (z. B. Strafanstalten, Institutionen der Justiz und der Medizin) aufgebaut sind. Ich bin der Überzeugung, daß wir heute insoweit eine Verpflichtung zu Kritik und sogar zur Veränderung unserer eigenen Rollen haben, wie wir als FamilientherapeutInnen mehr und mehr Teil dessen sind, was Kearney, Byrne und McCarthy (1989) den „Kolonialismus der psychischen Gesundheit" nennen.

Ein Wort zum Aufbau dieses Kapitels. Dies ist nicht das erste Mal, daß eine Familie dazu eingeladen wurde, zu einem Artikel beizutragen (vgl. z. B. Roberts, „Alexandria" & „Julius", 1988). Es ist auch nicht das erste Mal, daß ArtikelschreiberInnen mit der Konvention gebrochen haben, Texte über Therapie mit einer theoretischen Diskussion zu beginnen (White, 1991). Neu erscheint mir allerdings, daß die Familienmitglieder im Schreiben über die Sitzungen genauso Teil des kumulativen Reflexionsprozesses sind wie während der Sitzungen selbst. Ein weiterer Punkt ist, daß dieser Artikel nicht so geschrieben wurde, daß er in irgendeinen aktuellen wissenschaftlichen Rahmen paßt, sofern man nicht die postmoderne Kritik westlichen Denkens selbst als einen solchen Rahmen betrachten will. Wir schließen uns dieser Kritik mit der Frage an, ob die Untersuchung menschlichen Verhaltens und menschlicher Kommunikation überhaupt jemals eine Wissenschaft sein kann. Aus diesem Grunde haben wir versucht, ein Arrangement vorzuschlagen, das die „Stimme des Menschen" nach vorne und die „Stimme des Textes" nach hinten rückt. Wenn weiterhin der Text die Richtung vorgibt, wird die automatische Autorität der Fachleute niemals in Frage gestellt werden.

Und schließlich haben wir entschieden, jede Stimme individuell und voneinander getrennt zu halten – es gibt kein majestätisches „wir", das diesen Artikel hervorbringt, sondern eine Gruppe von Menschen mit individuell unterschiedlichen Meinungen. Deshalb haben wir uns an eine Struktur gehalten, die in etwa CHAUCERS *Canterbury Tales* ähnelt, in denen sich jede Geschichte der Art und Weise ihrer Erzählerin anpaßt. Wir haben uns erhofft, daß diese Fülle von Perspektiven die Leserin dazu einladen würde, ihre eigene kritische Version hinzuzufügen.

***

Lassen Sie uns nun die Geschichten betrachten, die wir noch nicht gehört haben – die Beiträge nämlich, die Sarah, David und Tekka beigesteuert haben.

Sarahs Reflexionen

Die Sitzungen in Brattleboro haben mir sehr gefallen. Sie haben mir geholfen, meine Gefühle des Schocks, der Panik und der Hilflosigkeit zu überwinden, die das Ergebnis von Tekkas Krise und ihrem Krankenhausaufenthalt waren. Beides war sehr überraschend für mich gekommen. Im stillen habe ich mir die Schuld für alles in ihrem Leben gegeben, was zu ihren Schwierigkeiten beigetragen haben könnte.

Die Sitzungen in Brattleboro haben uns einen Gesprächsrahmen gegeben, den wir von alleine nicht hätten entwickeln können. Die nichtwertende, unterstützende Haltung des Teams eröffnete den Raum für einen umfassenderen Blick, als ich ihn zu dieser Zeit hatte. Ich war in der Lage, einen Blick auf meine Überidentifikation mit Tekka zu werfen. Es wäre zu diesem Zeitpunkt einfacher gewesen, wenn mir jemand gesagt hätte, was ich tun soll – aber so mußte ich stattdessen tiefer in mich selbst gehen.

Das Gespräch über Mütter und Töchter und Geiseln des Universums hat mich das ganze Jahr hindurch begleitet, das auch weiterhin schwierige Momente hatte. Tekka hatte noch einen Krankenhausaufenthalt, der zwar glimpflicher verlief, aber dennoch seinen Preis forderte. Tekka nahm dieses Mal ihre Entlassung und Nachsorgeplanung selber und ohne uns in die Hand. Ich arbeite daran, nicht mehr meinen Impulsen zu folgen, ihre Probleme als meine eigenen zu betrachten. Ich erinnere mich daran, daß sie eine fähige und starke Frau ist und akzeptiere, daß sie sich in einer Lage befindet, in der sie ihren eigenen Weg wird finden müssen. Ich habe in diesem Jahr auch mit meiner Mutter therapeutisch gearbeitet und die Qualität unserer Beziehung verbessert sich. Ich werde sensibler für Situationen, in denen ich mit Tekka genau das mache, was mich wütend gemacht hat, wenn meine Mutter es mit mir gemacht hat.

Meine Dankbarkeit David gegenüber, dafür daß er während all dessen da gewesen ist, vertieft sich noch, genauso wie sich mein Respekt für Tekka, als einer von mir unabhängigen Person, noch vertieft. Die Erfahrungen in Brattleboro haben mich gelehrt, wie wichtig es ist, daß ich es wage, über meine Sorgen zu sprechen, ohne „auszurasten". Ich werde das noch viele Jahre üben müssen.

Reflexionen des Stiefvaters: Kommentare von David

Das Folgende ist meine Sicht des Brattleboro Family Center, wie ich es mit Sarah und Tekka im Frühjahr 1991 erlebt habe. Den ersten Teil hiervon schreibe ich, ohne gelesen zu haben, was das Team aus Brattleboro geschrieben hat. Ich möchte lieber erst meine eigene Sichtweise dieser Erfahrung zu Papier bringen, bevor ich Kommentare zu der Wahrnehmung der anderen abgebe. Aus demselben Grunde habe ich Sarahs und Tekkas Kommentare noch nicht vorher gelesen.

Sarah und ich haben Kontakt zum Brattleboro Family Institute aufgenommen, auf der Suche nach einer Form von Therapie, die Tekka dabei helfen würde, mit dem klarzukommen, was als manisch-depressives bzw. bipolares Verhalten diagnostiziert worden war. Rückblickend weiß ich nicht, ob wir das gefunden haben, was wir suchten, nämlich in erster Linie etwas für Tekka. Was wir gefunden haben, war etwas, was Sarah und ich brauchten: eine Möglichkeit, mit Tekka über ihren Zustand in Kontakt zu kommen. Auch Tekka hat etwas gewonnen; sie ist der Familie näher gekommen und hat, wie ich meine, mehr Unterstützung bekommen, als sie erwartet hatte. Unsere Versuche, allein mit ihr Kontakt aufzunehmen, waren frustrierend; zu sehr angefüllt mit unseren Ängsten und unserer Schuld, manchmal führten sie sogar zu Wutausbrüchen. Obwohl ich glaube, daß wir alle gesehen haben, was ablief, war keiner von uns in der Lage, es abzuwenden.

Die Sitzungen in Brattleboro stellten eine Art Sicherheitsnetz dar. Judy DAVIS stellte einen extrem neutralen Diskussionsrahmen zur Verfügung. Die späteren Kommentare der „versteckten TherapeutInnen" hinter der Scheibe ermöglichten eine schrittweise Klärung unserer Aussagen. Oft ist das, was wir sagen, vielleicht nicht das, was wir meinen, insbesondere in der Interpretation eines anderen. Die Gelegenheit, die Interpretationen der „versteckten TherapeutInnen" zu hören, ermöglichte uns allen zu sehen, wie wir mißverstanden worden waren, und der abschließende Teil jeder Sitzung erlaubte es uns, noch einmal in klareren Worten auszudrücken, was wir eigentlich hatten sagen wollen.

Außerdem kam ans Licht, was in unseren Gedanken und Gefühlen steckt. Die Sitzungen waren für mich insbesondere hilfreich, weil sie ein Forum schufen, in dem wir Tekkas Zukunftspläne diskutieren konnten. Obwohl ich dies hier als Kritik schreibe und mit Sicherheit nicht als Werbung, halte ich alles in allem sehr viel vom Brattleboro Institute und würde es auf jeden Fall meinen Freunden empfehlen, wenn sie eine Möglichkeit brauchen, in einer Krise zu kommunizieren.

Ein Teil von mir wünscht sich allerdings immer noch, die Sitzungen wären spezifischer darauf zugeschnitten gewesen, Tekka direkt mit ihren psychologischen Schwierigkeiten zu helfen. Dennoch war es erfrischend, Hilfe für einen selbst zu finden, besonders, wenn man eigentlich nach Hilfe für jemand anderen sucht! Und dadurch, daß wir eine Kommunikationshilfe gefunden haben, haben wir alle ein stärkeres oder wenigstens positiveres Gefühl unseres Familienzusammenhalts gewonnen.

Davids Kommentar zu den Kommentaren von Brattleboro

Wie ich sehe, heißen die „versteckten TherapeutInnen" eigentlich „Reflektierendes Team". Nachdem ich jetzt die Erzählung von Judy DAVIS und die Kommentare von Lynn HOFFMAN gelesen habe, habe ich dem eigentlich keinen bestimmten Kommentar mehr hinzuzufügen. Ich sehe den Verlauf der Situationen ähnlich. Einigen der theoretischen Aussagen zur Therapie stimme ich eher nicht zu, aber ich erkenne das Bemühen an, nicht in vorgefaßten Meinungen darüber stecken zu bleiben, was Therapie sein sollte. Ich sage, „ich stimme wahrscheinlich nicht zu", weil es sein könnte, daß ich durch Überlegungen zu derselben Sichtweise komme. Ich möchte ein Beispiel geben: Lynn HOFFMAN schreibt: „Ich persönlich bin davon überzeugt, daß alle die Therapiemodelle aussortiert werden sollten, die Ursachen für Pathologie postulieren". Beim ersten Lesen scheint mir diese Behauptung zu implizieren, daß schon die Suche nach möglichen Ursachen selbst ein Fehler ist. Ich habe Schwierigkeiten mit der Vorstellung, die Suche nach Ursachen auszusortieren. Wenn Therapie zu einem gewissen Maße ein Heilungsprozeß ist, dann bedeutet schon dies alleine, daß es etwas gibt, was geheilt werden muß. Was auch immer es ist, was der Heilung bedarf, es ist „irgendwie" entstanden, und der Versuch herauszufinden, was dieses „irgendwie" ist, scheint mir lohnend zu sein. Und doch kenne ich das Problem, das Lynn in ihrer Aussage anspricht. Allzuoft zwingen wir dem, was wir sehen und hören, Theorien auf und bekommen so nichts anderes als das heraus, was wir bereits am Anfang als Filter benutzt haben. Was Tekka angeht, haben uns verschiedene TherapeutInnen mit der immer gleichen Überzeugung einander widersprechende Theorien über ihre Krise präsentiert. Streß hat sie verursacht; ein biologischer Defekt hat sie verursacht; ihre süchtige Persönlichkeit hat sie verursacht; der Mangel an einer Chemikalie im Gehirn hat sie verursacht; die Gefahren einer spirituellen Suche haben sie verursacht. Im Grunde können sie alle wahr sein oder keine von ihnen. Diese Theorien Tekkas Verhaltensänderungen und deren Interpretation aufzupfropfen, erstickt den Dialog und hält einen davon ab, mit der Situation so umzugehen, wie sie ist.

Und dennoch glaube ich immer noch, daß man sich wenigstens dafür interessieren sollte, was eine mögliche Ursache sein könnte. Wenn eine Ursache ausgemacht werden kann, müssen vielleicht auch andere auf diese Ursache hin untersucht werden. Das wäre Prävention in der psychologischen Versorgung. Oder vielleicht kann der Ursache auch entgegengewirkt, und sie somit aus der Welt geschafft werden. Vielleicht kann man auch gar nichts dagegen tun, so daß mehr Wert auf eine größere Akzeptanz gelegt werden müßte. Mir wird klar, in welcher schwierigen Situation die TherapeutIn sich befindet. Einerseits muß sie dem gegenüber offen sein, was gerade abläuft. Auf der anderen Seite *führt frühere Erfahrung und die Suche nach einem Verständnis zu Theorien, auch wenn die Theorie beinhaltet, daß es keine Theorie geben dürfe.*

Danke, daß Sie mir dieses kleine Vergnügen erlaubt haben, einen der theoretischen Punkte zu kommentieren. Je mehr ich über diese Dinge nachdenke, um so glücklicher bin ich, daß ich nicht in ihrer Haut stecke.

Viele Grüße,

David

Tekkas Reflexionen

Liebe Judy,

Hier sind meine Gedanken und Reflexionen über unsere gemeinsame Arbeit und über die Texte darüber. Bevor Sie mich gebeten haben, dies hier zu schreiben, hatte ich über diese Zeit überhaupt noch nicht nachgedacht, aber in der vergangenen Woche habe ich mich viele Male hingesetzt, um meine Gedanken und Gefühle klar und zusammenhängend auszudrücken. Ich glaube, das ist mir nicht vollständig gelungen, aber da die Zeit knapp wird, werde ich Ihnen das mitteilen, was ich im Moment habe.

Bevor ich anfange, möchte ich Ihnen und dem Rest des Teams vom Brattleboro Institute dafür danken, daß Sie so viel Interesse an unserem Fall gezeigt haben, und daß Sie soviel Energie in „ihn" investiert haben – ob „er" es lohnt oder nicht.

Ich fühle mich selbst hin- und hergerissen zwischen dem aufregenden Gefühl, Teil eines Projektes zu sein, das sich darauf konzentriert, die vorhandenen Strukturen von Kommunikation und Therapie zu überschreiten – und der Empörung darüber, bei einem sinnlosen Vorstoß ins Nichts so tief in privates Gebiet vorzudringen. Ich ärgere mich darüber, daß ich selbst als suizidal oder auch nur als diejenige, die Probleme hat, im Blickpunkt stand – bzw. ärgere ich mich zumindest in dem Kontext darüber, wie wir ihn letztes Frühjahr hatten, wo eindeutig ich die „Patientin" und der Dreh- und Angelpunkt unserer „Familienzusammenkunft" war.

Trotzdem liebe ich alles, was mit mir zu tun hat (wie Sie das auch immer nennen wollen), und ich habe den Verlauf unserer Arbeit ausgiebig genossen und auch, daß ich gehört habe, welche Eindrücke das

Team von mir als Mensch hatte. Das Konzept vergänglicher Realitäten und wahrgenommener Realitäten hat mich immer interessiert. Und meine Realitäten als Mensch zu hören und ihnen eine Stimme zu verleihen, war eine lohnende Gelegenheit. Insbesondere im Verhältnis zu meiner Mutter und zu David, da wir alle eindeutig unterschiedliche Wahrnehmungen von unserer Dynamik haben. Ich hatte das Gefühl, dafür einen sicheren Rahmen zu haben, weil meine Stimme vom Team respektiert wurde. Ich erinnere mich an Zeitpunkte, wo ich das Gefühl hatte, daß meine Ansichten verteidigt und geschützt werden.

Ich glaube, daß das Konzept von Freiheit vs. Sicherheit, das an die Oberfläche kam, ein sehr tiefgehendes ist – was man in unserem Fall deutlich sehen konnte, und was ich ebenso deutlich in der Gesellschaft sehe. Ich habe über diesen Kommentar meiner Mutter nachgedacht: „Bei meiner Arbeit, wenn da ein Kind suizidale Gedanken hat oder suizidale Kunstwerke macht oder suizidale Lieder schreibt, dann richten wir eine Suizidwache ein." In meinem Leben stellt sie das durch emotionale Besorgnis her – da kann irgendetwas nicht stimmen und sie möchte helfen, fühlt sich aber machtlos. Aber ihre Perspektive hält mich grummelnd in der „Opferrolle", an die ich mich nicht halte – weil ich mich eher als Überlebende sehe … ja, ich glaube, das ist der Grund.

Dasselbe Szenario sehe ich auch auf einer höheren Ebene. Wo ziehen wir eine Grenze zwischen dem Eindämmen ausbeuterischer Pornographie und dem Beschneiden der verbrieften Rechte auf künstlerische Freiheit? Die Grenze verrutscht schnell nach rechts und legt der Kunst zensorische Einschränkungen auf.

Ich habe mir diese Woche die neue Kassette von Tracy CHAPMAN angehört, „Matters of the Heart". Der Refrain aus dem ersten Lied ist: „Bang, bang, bang. He shoots you dead." Er wird andauernd im Radio gespielt und die Leute bei meiner Arbeit singen ständig den Refrain. Ich habe meiner Freundin von der Furcht/Vision erzählt, die ich hatte, daß kleine Kinder das Lied hören und mit Spielzeugpistolen 'rumlaufen und singen: „Bang, bang, bang, ich schieß dich tot." Meine Freundin hat geantwortet, daß es Tracy CHAPMAN wahrscheinlich darum ging, über die Realität zu singen, und basta.

Freiheit oder Sicherheit? Jimmy CLIFF singt: „I'd rather be a free man in my grave than living as a beggar or a slave"* Ich glaube, es geht dabei

---

*) **Anm. d. Übers.**: „Ich wäre lieber frei und tot als ein Bettler oder Sklave."

um Unterdrückung – persönlich und gesellschaftlich. Und ich glaube, wenn „ein Kind" einmal an den Punkt gelangt, wo es in der Lage ist, bewußt zu denken, zu zeichnen, zu modellieren, zu singen oder auf irgendeine andere Weise den Selbstmord auszudrücken, daß es dann eigentlich gesünder ist.

Es verleiht dem Selbstmord zusätzliche Kraft, wenn stärker auf den Gedanken an Selbstmord reagiert wird, als auf den Akt des Ausdrucks. Ich habe mich zum Beispiel dadurch vergewaltigt gefühlt, daß das Thema meiner „Gesundungspuppe" überhaupt zum Thema gemacht wurde. Mit ihr anzufangen (mit der Puppe, meine ich), war für mich eine sehr sensible, persönliche Sache, und sie an die Tür zu hängen, war meine Art, bewußt auszudrücken, wie ich mich im Verhältnis zu anderen fühle. Daß die „anderen" dann auf sie reagiert haben, hat das Gefühl nur noch länger aufrechterhalten: das Gefühl der Vergewaltigung, der Unterdrückung, des Übertretens meiner Grenzen. Wo geht man hin mit sowas? So was kann schnell zum Teufelskreis werden.

Aber was wäre, wenn die Reaktion Dankbarkeit und Hoffnung wäre? Was wäre gewesen, wenn die Weißen sich keine Sorgen um Aufstände und Revolutionen gemacht hätten, als die schwarzen SklavInnen mehr über Freiheit als über Unterdrückung gesungen haben, und wenn sie stattdessen gesagt hätten: „Mensch, Ihr seid ja menschliche Wesen mit einer Stimme, die gehört und respektiert werden muß"? Was wäre, wenn uns häßliche Sachen zu Augen kämen, und wir sagen könnten: „Ja die sind häßlich, ja die sind real, laßt uns losgehen und was aus ihnen machen"?

Ich kann rebellisch sein, bis es mir selbst schadet, und ich kann verantwortungsvoll sein bis zu demselben Punkt. Wenn ich dem Ideal – einer verantwortungsvollen Rebellin – entsprechen würde, wäre das gefährlich. Meine Mutter hat mir 'mal ein Lied von Janis JOPLIN beigebracht: „Freedom's just another word for nothing left to lose, nothing ain't worth nothing 'less it's free" ... irgendwie so. Wie dem auch sei, Freiheit/ Unterdrückung/und dann Sicherheit. Ich weiß nicht, ob es einen Platz für die Sicherheit gibt, wenn man sich mit solchen großen Themen beschäftigt. Sieh Dir GANDHI an, KENNEDY, Martin LUTHER KING JR., Karen SILKWOOD. Für die war Sicherheit bestimmt nicht das Wichtigste, und trotzdem wurde für sie keine Suizidwache eingerichtet.

Wenn jede KünstlerIn, die sich jemals mit dem Thema Selbstmord und Tod befaßt hat, unter Aufsicht gestellt worden wäre, würde uns ein

Großteil unserer Kultur einfach fehlen. Und was wäre, wenn F<small>REUD</small> zu seiner Kokainsucht usw. befragt worden wäre?

Ich schweife bestimmt etwas ab – aber der Punkt ist, daß dies eine ganz grundsätzliche Frage ist, und zwar eine, die mich aus vielen Gründen persönlich betrifft. Die Tatsache, daß meine Mutter Therapeutin ist, macht sie nicht nur zu einer Mutter – sondern auch zu einer Institution mit einem bestimmten Ansatz – man kann sie also auf vielen Ebenen hinterfragen und ihr widersprechen – selbstverständlich habe auch ich Anteile davon.

Abschließend möchte ich sagen, daß ich der Übertreibung widerspreche, ich hätte „versucht, in oder durch die Seitenwand eines U-Bahn-Waggons zu laufen", es war nämlich nicht der Waggon, sondern die Wand des Bahnhofs. Das war der Streitpunkt zwischen meiner Familie und mir, weil es der Vorfall war, der entscheiden sollte, ob meine Episode „selbstgefährdend" war. Wenn ich versucht hätte, durch den U-Bahn-Waggon zu laufen, wäre sie wohl offenbar gefährlich gewesen!

Ich sehe, dieser Brief ist ziemlich lang geworden – aber ich erwarte nicht, daß Sie ihn ganz verwenden. Es ist das Beste, wozu ich im Moment in der Lage bin. Wenn allerdings von Ihrer Seite aus irgendeinem Grunde ein Interesse daran besteht, diesen Diskurs fortzuführen, wäre ich sehr daran interessiert und gewillt ihn fortzuführen.

Wenn Sie irgendwelche Fragen haben, zögern Sie nicht, Kontakt mit mir aufzunehmen. Vielen Dank nochmal.

Viele Grüße

Tekka

Fragen des Herausgebers

Friedman: Die meisten von uns haben gelernt, daß es wichtig ist, einen theoretischen Rahmen zu haben, der unser klinisches Handeln leitet. Ihr beschreibt den Therapieprozeß als eine „Kanufahrt auf einem Fluß. Sie beginnt, wenn wir ‚in See stechen' und endet, wenn wir wieder ‚an Land gehen'." In einem früheren Artikel [siehe Kapitel drei] beziehst Du [Lynn] Dich auf Judys Idee der TherapeutIn als einer „ZufallsethnographIn". Könntest Du diese Ideen etwas weiter ausführen und Deinen Ansatz mit den traditionelleren familientherapeutischen Modellen vergleichen? Deine Arbeit stellt einen großen Schritt weg von einer aktiven, direktiven, stärker eingreifenden Haltung der TherapeutIn dar. Würdest

Du bitte kommentieren, wie sich Deine Arbeit in diese Richtung entwickelt hat?

Lynn: Meine frühesten Einflüsse stammen aus dem Lesen von HALEYS Gedanken über „Direktive Therapie" und aus der Beobachtung von Virginia SATIRS gebieterischen Familiengesprächen. HALEY definiert strategische Therapie als eine Therapie, die von der TherapeutIn geplant wird. Ich bin diesem Modell gefolgt, bis mir unmittelbar nach Gregory BATESONS Tod bewußt wurde, wie furchtbar unwohl ihm bei dem wachsenden Gewerbe der FamilientherapeutInnen mit seiner Betonung von Manipulation und Kontrolle war. Sein Buch „Angels Fear" („Wo Engel zögern", BATESON & BATESON, 1987) war gerade posthum von seiner Tochter Mary Catherine BATESON zusammengestellt worden, und eine Hauptthese dieses Buches waren die Gefahren der bewußten Zwecksetzung. Diese Sichtweise begann mich mehr und mehr zu beeindrucken.

Dann wurde ich auf die ungewöhnliche Arbeit von Harlene ANDERSON und Harry GOOLISHIAN (1988) in Texas, von Tom ANDERSEN (1987) in Norwegen und von Ben FURMAN und Tappi AHOLA (1992) in Finnland aufmerksam, die das TherapeutInnen-gesteuerte Modell veränderten und den Normalsterblichen viel stärker das Sagen ließen. Ich selbst fügte dem die Zutat der „anderen Stimme" hinzu, eine Idee, die ich der aufkeimenden Arbeit von Carol GILLIGAN entnahm. Dies wurde zur Basis meines Protestes gegen den Managerstil, den ich vor allem mit den Männern assoziiere, bei denen ich ausgebildet wurde, der aber auch von vielen Frauen angenommen worden ist.

Judy: Meine erste post-doktorale Ausbildung war ein Praktikum am Brattleboro Family Institute bei Bill LAX und Lynn HOFFMAN. Ich hatte gerade meine Dissertation über Familiensysteme abgeschlossen, die mich, nachdem sie beendet war, zufällig zu dem führte, was damals „neue Ethnographie" genannt wurde. Diese folgte im Gegensatz zur traditionellen Ethnographie einem reflexiven Ansatz, der die FeldforscherIn als handelnde Person in dem Drama verstand, das sie gerade erst zu beschreiben versuchte. In meinem Fall drehte sich das Drama um die Art und Weise, wie vier Familien die Bar-Mizwa ihres ersten Kindes planten und erlebten (DAVIS, 1988b).

Es stellte sich heraus, daß viele der ethischen, intellektuellen, moralischen und methodologischen Themen, mit denen ich gerungen hatte, als ich versuchte, meine Erfahrungen mit diesen Familien „aufzuschreiben", den Themen glichen, über die postmoderne EthnographInnen zu dieser Zeit schrieben (z. B. CLIFFORD & MARCUS, 1986; GEERTZ, 1988; MEYERHOFF & RUBY, 1982;

Ruby, 1982). Deren Ideen gaben mir eine Sprache, mit der ich die „ethnographischen" Portraits verstehen konnte, die ich unbeabsichtigt hervorgebracht hatte. (Es war meine Absicht gewesen, eher traditionelle Fallstudien zu schreiben, aber so, wie ich in den Prozeß eingetaucht war, war das unmöglich geworden.)

Nur kurze Zeit später tauchten diese Themen langsam auch an prominenter Stelle in der familientherapeutischen Literatur auf. Es handelte sich dabei scheinbar um genau dieselben Themen, mit denen sich die SozialtheoretikerInnen aus der konstruktionistischen, narrativen Ecke ihres Feldes herumgeschlagen hatten (z. B. Andersen, 1987; Anderson & Goolishian, 1988; Miller & Lax, 1988) [siehe auch „Jenseits von Macht und Kontrolle", im ersten Kapitel]. Ich fühlte mich daher sofort und von tiefem Herzen zu dem Reflexionsprozeß hingezogen, der mir in Brattleboro begegnete. Für mich erweiterte dieser auf natürliche Weise meine Forschungen, war aber auch für mich persönlich (mit seinem vis-à-vis von KlientIn und TherapeutIn) passender als der Mailänder Ansatz, in dem ich ursprünglich ausgebildet worden war.

In meinen frühen Gesprächen mit Lynn erkannte ich, daß meine Idee einer gemeinsam erarbeiteten Forschung mit offenem Ausgang ihren Widerhall in Lynns Mißtrauen gegenüber allzu strikt durchgeplanten Therapien fand. Sowohl mein Forschungsdesign als auch mein reflektierendes Gespräch waren non-direktiv. Es war meine Absicht, als Forscherin der Familie auf ihrer Reise über die Zeit zu folgen und in Abständen mit ihnen über ihre Erfahrungen auf dieser Reise zu sprechen und (zweitens) über ihre Erfahrungen mit dem Sprechen über diese Erfahrungen zu sprechen. Es ging mir nicht darum, sie einer von mir entworfenen Übung oder einem von mir entworfenen Experiment zu unterziehen. Ein reflektierendes Gespräch folgt auch eher, als daß es lenkt; es beleuchtet die Vorstellungen der Familie darüber, was sie in die Therapie geführt hat, und fragt auch nach ihren Vorstellungen über den Prozeß. Bei einer derartigen Forschung und Therapie ist die Dauer des Gespräches und die Richtung, in die es sich bewegt, keine bloße Funktion eines bestimmten methodologischen oder theoretischen Modells, sondern wird aktiv in die Hände der Familien gelegt.

Ich hatte keine vorgefaßte Meinung, weder als Forscherin noch als Therapeutin, wie die Familie das tun sollte, was sie tat. Obwohl ich einige kulturell vorgeprägte Ideen dazu hatte, wie eine „richtige" Bar-Mizwa abzulaufen hatte, hatte ich keine Ahnung davon, wie Familien diese Erfahrung nutzen, um emotionale Themen zu bearbeiten (Friedman, 1980, 1985). Ich hatte keine Idealnorm, an der ich die Familienkultur hätte messen können, in die ich eindringen durfte. Alles, was ich wollte, war, so unauffällig und unbedrohlich wie möglich zu sein, damit sie mich dableiben ließen. Ebensowenig hatte ich als Interviewerin in Tekkas Familie einen vorgefaßten Plan, wie die Familie die Arbeit erledigen müßte, derentwegen sie gekommen war. Mein einziger Plan war hier, das Gespräch in Gang zu halten, so daß andere Ideen entstehen konnten, als diejenigen, mit denen sie gekommen waren. In beiden Fällen hoffte ich auf etwas, was Arthur Penn (1991) einen „glücklichen Zufall" nennt, ein Zusammentreffen von Menschen, Ereignissen und Ideen, so daß etwas Neues und Aufregendes entsteht.

Die Idee des Zufalls fand sich nicht nur in der Forschung und in der Therapie wieder, sondern auch in meinen Niederschriften. In beiden Fällen versuchte ich, die Geschichte in einer Weise zu erzählen, die so viele Details und so viel von den Stimmen der Beteiligten wie möglich enthielt. Ich wollte mich dabei genauso exponieren, wie ich sie exponierte, alles, um der LeserIn zu ermöglichen, ihre eigenen Bedeutungen zu konstruieren.

Friedman: Als Therapeutinnen stellt Ihr Euch selbst als gleichrangige Partnerinnen der Familienmitglieder unmittelbar mit in die Geschichte hinein. Ihr gebt der Familie Raum für ihre Ideen und laßt dann ein Reflektierendes Team diese Ideen in einem rekursiven Prozeß vielfältiger Gespräche kommentieren. In dieser speziellen Situation sind die Familienmitglieder gesprächig, können sich klar ausdrücken und sind, wie Ihr es ausdrückt, „besonders gut informierte KundInnen". Wie modifiziert Ihr Euren Ansatz, wenn Ihr mit Familien arbeitet, deren Mitglieder nicht so gesprächig sind und sich weniger gut ausdrücken können wie diese, mit Familien, die den Raum, den die TherapeutIn ihnen gibt, vielleicht nicht so leicht nutzen können?

Lynn: Ich glaube nicht, daß sich Familien besonders gut ausdrücken können müssen, um von diesem Ansatz zu profitieren. Was wichtig ist, ist die Einladung, den Therapieprozeß und nicht das Problem zu kommentieren. Wir sprechen nicht über eine Technik, die bei manchen Menschen besser funktioniert als bei anderen, sondern über eine, wenn auch nur symbolische, Veränderung des Wesens der professionellen Beziehung in Richtung auf eine gerechtere Beziehung. Selbstverständlich kann es gute Gründe dafür geben, Menschen nicht darum zu bitten, ihre Kommentare öffentlich abzugeben. Wenn die Beteiligten sich durch offenes Sprechen gefährden würden, würde man die Familie wahrscheinlich ohnehin nicht gemeinsam zu sehen bekommen, so daß die Frage gar nicht aufkommen würde.

Judy: Ich möchte dem noch etwas hinzufügen, was Lynn darüber gesagt hat, daß Familien sich nicht unbedingt besonders gut ausdrücken können müssen, um der Einladung zum Wechsel der Positionen nachzukommen. Wir fragen die Familien z. B., wie sie die Zeit gerne nutzen würden, anstatt autoritär zu entscheiden, worüber gesprochen wird. Wir laden sie außerdem dazu ein, uns und sich gegenseitig aus neuen Positionen zuzuhören, und erhöhen damit die Chancen für eine neue Sicht der Dinge.

Das ist genau die Situation, die Bill Lax (1992) in einem Kapitel über postmodernes Arbeiten schildert. In diesem Text beschreibt er eine Familie, der der Prozeß der Therapie Angst einflößte, und die es schwierig fand, über ihre Situation zu sprechen. Ich war die Therapeutin im Therapiezimmer und Bill saß hinter der Scheibe. Wir baten das Kind, zusammen mit Bill hinter der Scheibe zuzusehen, während die Eltern im Therapiezimmer mit mir sprachen. Dann tauschten wir die Seiten, und die Eltern sahen zu, wie ihr Sohn mit Bill sprach. Aus dieser Position waren sie in der Lage, wie die Mutter es ausdrückte, ihr „Baby vor ihren Augen erwachsen werden zu sehen": Es war ein dramatisches Beispiel für den Unterschied, den eine neue Position ausmachen kann.

Friedman: Ihr behauptet, Eure Arbeit sei „nicht auf ein Ergebnis fixiert", dennoch scheint Ihr bei dieser Familie bestimmte Ziele im Kopf zu haben, nämlich Tekka von Selbstmordversuchen abzuhalten und vor einem neuerlichen Aufenthalt in einem psychiatrischen Krankenhaus zu bewahren. Gilt das nicht als erwünschtes Resultat? Weiterhin sagt Tekka in der vierten Sitzung: „Ich hätte mich selbst gerne wieder unter Kontrolle, vollkommen erholt. Damit die Puppe irgendwo eingemottet werden kann!" Ist das nicht auch ein Therapieziel? Wie unterscheiden sich Eure Therapieziele von denen traditionellerer FamilientherapeutInnen? Trägt die TherapeutIn nicht die Verantwortung dafür, die Familienmitglieder zu einer Darlegung ihrer Therapieziele anzuhalten, um erkennen zu können, ob man sich in die gewünschte Richtung bewegt?

Lynn und Judy: Du fragst nach unserer Abneigung dagegen, ein erwünschtes Ergebnis zu haben. In einem Setting, das klar definierte Ziele verlangt, würden wir diesem Verlangen immer Vorrang einräumen, aber wir würden unser Dilemma, solche Ziele setzen zu müssen, der Familie mitteilen. Dann würden wir mit den Familien oder Individuen an den Zielen arbeiten, die wir gemeinsam auswählen, und die sich möglicherweise im weiteren Verlauf auch noch verändern werden.

Allerdings ist der Ausdruck „nicht auf ein Ergebnis fixiert" wahrscheinlich unglücklich gewählt, weil er so vieles bedeuten kann. Eine Bedeutung ist, daß wir nicht auf irgendein bestimmtes Ergebnis fixiert sind, außer daß es den Grund, aus dem die Menschen zu uns gekommen sind, beseitigt oder in ausreichendem Maße verringert. Hier haben wir darauf geachtet, was die Familie wollte, nämlich „die Kommunikation verbessern", Tekka helfen, die Medikamente abzusetzen und einen, wenigstens kurzfristigen Plan zu entwickeln, den sie akzeptieren könnte und der ihre Eltern beruhigen würde. In diesem Sinne versuchen wir schon, darauf zu hören, was die Familienmitglieder wollen. Natürlich gibt es manchmal auch ein Anliegen, das die Familienmitglieder nicht ohne weiteres vorbringen können, oder eines, über das Unstimmigkeit herrscht. In diesem Falle war das Thema Selbstgefährdung solch ein Anliegen, und im Rahmen der Einschränkungen, die dieses Thema definiert haben, haben wir ihm natürlich Aufmerksamkeit gewidmet.

Es gibt aber noch eine weitere Bedeutung von „nicht fixiert", nämlich diejenige, über die BATESON in „Wo Engel zögern" gesprochen hat: Du kannst in Schwierigkeiten geraten, wenn du als TherapeutIn versuchst, den Therapieprozeß in Richtung eines normativen Ergebnisses zu dirigieren. Erstens verbergen sich hinter einem solchen Ziel oftmals therapeutische oder soziale Einseitigkeiten. Zweitens kann eine übermäßige Fixierung dem Erreichen des Ziels ernsthaft in die Quere kommen – je mehr du schiebst, umso weniger wirst du es erreichen. Das ist ein Prinzip des Zen, aber auch ein Prinzip der Therapie.

Friedman: Ihr habt Euch mit dieser Familie nur viermal innerhalb von sechs Wochen getroffen. Geht Ihr immer so vor, daß Ihr die Familien nur in ein paar Sitzungen über einen relativ kurzen Zeitraum seht? Wer entscheidet über die Frequenz der Sitzungen und über die Dauer der Therapie?

Lynn und Judy: Über die zeitlichen Intervalle und die Länge der Therapie entscheidet die Gruppe, sie hängen aber auch von den äußeren Umständen der Situation ab. Es findet von Sitzung zu Sitzung eine flexible Verhandlung statt, die sich an der Logik der Ereignisse und an den Wünschen der Beteiligten orientiert. Aber da wir Wert auf die Beteiligung der Gruppe legen, haben wir den Eindruck, daß wir unsere Sitzungen, je nach Situation, weniger häufig und eher episodisch abhalten. Bei dieser Familie wurde unser Kontakt dadurch begrenzt, daß das Semester zuende ging und Tekka die Gegend verließ.

Friedman: Wenn Du, Lynn, darüber sprichst, wie wichtig es ist, daß die Menschen „sich das Gespräch von den Fachleuten zurückholen können", sprichst Du über eine radikale, philosophische Veränderung der Perspektive. Wie können diese neuen Methoden des Fragens wachsen und gedeihen, wenn man sieht, wie beliebt, machtvoll und alles durchdringend das medizinische ExpertInnenmodell ist?

Lynn:	Es gibt einen wachsenden Berg von Beschwerden über die Profession der Psychotherapie, und mein Ästchen ist nur ein kleiner Beitrag zum Scheiterhaufen. Möglicherweise wächst diese Kritik im gleichen Maße wie die Bedeutung des medizinischen Modells bei der Rechtfertigung von Versicherungszahlungen und der Vereinfachung des „Managed Care"* zunimmt. Es geht genau darum, den Trend zu durchbrechen, jedes Problem zu professionalisieren.

Ich halte im Grunde die Bewegung der Selbsthilfegruppen, auch wenn ich nicht mit all ihren Vorstellungen übereinstimme, für einen sehr viel nützlicheren und kostengünstigeren Weg, mit vielen allgemeinen Mißständen umzugehen, als die traditionelle Psychotherapie. Und dort, wo Psychotherapie wirklich ratsam erscheint, wünschte ich, sie würde sehr viel angenehmer und kooperativer werden. Ich würde es gerne sehen, wenn wir als Fachleute die Techniken, die wir weitgehend für uns behalten haben, sehr viel stärker mit den Familien teilen würden. Weiter würde ich es begrüßen, wenn der Prozeß der Therapie dadurch entmystifiziert würde, daß eine ganz normale Sprache verwendet wird, selbst auf Fachkonferenzen. Und schließlich würde ich gerne die Vorstellung von TherapeutInnen als ÄrztInnen, HeilerInnen oder PriesterInnen ein für allemal verbannt sehen. Das würde nicht bedeuten, daß wir unsere hart erarbeiteten Fertigkeiten aufgeben müssen: Es würde bedeuten, daß wir die Menschen nicht länger unseren Fertigkeiten unterwerfen, sondern daß wir ihnen unsere Fertigkeiten erläutern und sie lehren, wie man sie (be-)nutzt.

---

*) **Anm. d. Übers.:** Managed Care ist die besondere amerikanische Version einer nach den Prinzipien der freien Marktwirtschaft geführten Gesundheitsversorgung.

Zum Abschluß

Wenn ich alles zusammenfasse, dann möchte ich sagen, daß die Reise von meinem ersten bis zu meinem letzten Essay eine Schwelle überschritten hat, die nicht allein dem familientherapeutischen Feld eigen ist. Die meisten heutigen Disziplinen handeln von dem Hinundher und Durcheinander der neuen Einflüsse, die ich beschrieben habe: französischer Dekonstruktionismus, deutsche Kritische Theorie, FOUCAULTsche Diskurs-Analyse, Poststrukturalismus, narrative Theorie, Hermeneutik, sozialer Konstruktionismus und feministische Theorie. Alle diese Stränge laufen zusammen und machen den dichten Teppich aus, der da postmodernes Denken heißt.

Trotz ihrer Vielfalt markiert diese Bewegung einen großen Sprung menschlicher Wissenschaft von einem Glauben an objektive, neutrale Forschung zu einer Art selbst-bewußter und anspruchsvoller Subjektivität. Das ist keine neue Richtung. Charles COOLEY, der schon früher vom amerikanischen Sozialphilosophen George Herbert MEAD (1964) zitiert wurde, sagte, „die Vorstellungen, die Menschen voneinander haben, sind die soliden Tatsachen der Gesellschaft."

Die PostmodernistInnen ergänzen, daß diese Vorstellungen nicht auf den menschlichen Geist begrenzt, sondern ein Teil von PENELOPES Netz sind, das ständig zwischen ihnen gewoben und umgewoben wird. Die Grenzlinie zwischen Individuellem und Sozialem wird hier flüchtig, da das, was hermeneutischer Zirkel heißt, ins Spiel kommt: eine Idee wird zusammen mit anderen konstruiert; sie wird dann im privaten Geist internalisiert; sie vereint dann den gemeinsamen Geist; undsofort. Hinter einer solchen sich ändernden Oberfläche ist es schwer, einen Träger zu finden, in den man einen Nagel einschlagen kann.

Die Herausforderung dessen, was angeborener Realismus genannt werden könnte, hat einen Graben in der postmodernen Arena geschaffen. Es besteht ein Widerspruch zwischen der Position postmoderner FeministInnen, die eine neo-marxistische kritische Theorie verwenden, um ihre Ideale zu stützen, und der Position der sozialen KonstruktionistInnen, die an keinen „wahren Diskurs" mehr glauben. Im Bereich der Psychotherapie, insbesonders in der Arbeit mit Gewalt, ist das der Ausgangspunkt eines Streites zwischen AktivistInnen und RelativistInnen. Es gibt aber jene, die meinen, daß das Konzept des binären Gegenteils selber mit anderen Attributen patriarchalen Denkens über Bord geworfen werden sollte.

Auch das Lager der Nicht-Unterdrückung hat zwei Gesichter. Das eine Gesicht sieht nach außen, versteht das Persönliche als politisch. Moralische Werte und soziale Aspekte ersetzen den psychologischen Rahmen und die TherapeutIn wird zur AnwältIn des Opfers. Ein anderes Gesicht sieht nach innen, versteht das Politische als persönlich. Der Schmerz sitzt innendrin, wird durch solche Sätze gekennzeichnet wie das innere Kind, geringes Selbstbewußtsein, Überlebende. Hier wird die TherapeutIn zur HeilerIn, die Menschen hilft, die Geschichten ihres Opfers zu erzählen und anders zu erzählen, um über sie hinauszukommen. Und wieder scheinen diese Auffassungen oft unvereinbar und jede Seite fordert die andere heraus.

Da mir die ungeheure Macht, die wir TherapeutInnen verliehen haben - sei es als AnwältIn oder als HeilerIn - unheimlich ist, neige ich dazu, moralischen Verabsolutierungen zu mißtrauen. FOUCAULTS Vorstellung, die er „den Mikro-Faschismus des Alltags" nennt, bietet den Rahmen für einen Aktivismus der anderen Art. Anstatt auf die Barrikaden zu springen, stellt er uns als eine Art besonnene Wachinstitution auf. Es sind nicht die Leute, die die Macht haben, gegen die wir rebellieren müssen, sagt er, sondern es sind unsere modernen Institutiionen und die Diskurse, die von ihnen ausgehen. Diese Diskurse beeinflussen unser tägliches Denken und Handeln auf der unmittelbarsten Ebene; da sie unsichtbar sind, sind sie umso heimtückischer.

Ich möchte diese Wachsamkeit auf die Institution beziehen, zu der Familientherapie geworden ist. Ich würde mir wünschen, daß alle die, die sich hier engagieren, eine grundlegend kritische Haltung gegen das, was eine professionelle Identität konstituiert, bewahren. Ich würde mir wünschen, daß wir Arbeitsweisen, die uns veranlassen, mit Menschen „von oben nach unten" zu arbeiten, infragestellen. Und was klinische Sprache angeht, die trotz ihres wissenschaftlich neutralen Scheins mit unangenehmen Bedeutungen durchsetzt ist, so würde ich mir wünschen, sie durch Alltagssprache zu ersetzen.

Der späte Harry GOOLISHIAN, der geholfen hat, uns dieses gütige Vermächtnis zu geben, erzählte mir einmal eine Geschichte über ein Gespräch zwischen ihm und dem legendären Ronnie LAING. LAING sagte zu ihm: „Welche Sprache benutzt du bei den Leuten, mit denen du arbeitest?" Harry erwiderte: „Ich benutze die Umgangssprache." LAING erwiderte: „Ach Scheiße, warum benutzt du nicht ihre eigene Sprache?" Das ist nicht so einfach, wie es sich anhört, aber es stellt ein Ideal dar, das ich in meiner Arbeit und in meinen Artikeln weiterhin anstreben möchte.

Quellenverzeichnis

Jenseits von Macht und Kontrolle: Auf dem Wege zu einer systemischen Familientherapie „zweiter Ordnung", Z.system.Ther. 5(2): 76-93, 1987. Original: Beyond Power and Control: Toward a „Second Order" Family Systems Therapy. Family Systems Medicine 4: 381-396, 1986.

Eine konstruktivistische Position für Familientherapie, Original: A Constructivist Position for Family Therapy, The Irish Journal of Psychology 9(1): 110-129, 1988

Vorwort zu „Das Reflektierende Team", Original: Tom Andersen (ed) Das Reflektierende Team, Dortmund: modernes lernen, 1990, S. 7-12.

Wie eine freundliche Herausgeberin: Richard Simon interviewt Lynn Hoffman. Original: Like a Friendly Editor. An Interview by Rich Simon. The Family Therapy Networker, September/Oktober 1988

Das Konstruieren von Realitäten: Eine Kunst der Optik. Familiendynamik 16(3): 207-225, 1990. Original: Constructing Realities: An Art of Lenses. Family Process 19(1): 1-12, 1990. Der Nachdruck der deutschen Übersetzung erfolgt mit freundlicher Genehmigung des Verlags Klett-Cotta und der Herausgeber der Familiendynamik.

Für eine reflexive Kultur der Familientherapie, in: Jochen Schweitzer, Arnold Retzer & Hans Rudi Fischer (eds). Systemische Praxis und Postmoderne. Frankfurt/M.: Suhrkamp, 1992, S.16-38, Original: A Reflexive Stance for Family Therapy, in: Sheila McNamee & Kenneth Gergen (eds). Therapy as Social Construction, London: Sage, 1992. Der Nachdruck der deutschen Übersetzung erfolgt mit freundlicher Genehmigung des Suhrkamp-Verlages und der Buchherausgeber.

Eine Erinnerung an eine Präsentation mit dem Titel „Küchenklatsch" auf der ANZ-Konferenz 1992. Original: An Account of a Presentation Called „Kitchen Talk" from the 1992 ANZ Conference. Proceedings of the 2nd Australian and New Zealand Family Therapy Conference, Melbourne, 1993

Tekka mit Federn: Sprechen über das Sprechen (über Selbstmord). Original: Tekka with Feathers: Talking about Talking (about Suicide), in: Steven Friedman (ed). The New Language of Change: Constructive Collaboration in Psychotherapy. New York: Guilford, 1993, S. 345-373

Literatur

ALLMAN, Larry (1982). The aesthetic preference. Family Process 21: 43-56

ANDERSEN, Tom (1987). The reflecting team. Family Process 26: 415-428.

ANDERSEN, Tom (Ed.) (1990). The Reflecting Team. New York: Norton. dtsch. Das Reflektierende Team. Dialoge und Dialoge über die Dialoge. Dortmund: modernes lernen, 1990

ANDERSON, Harlene & GOOLISHIAN Harold (1988). Human systems as linguistic systems. Family Process 27: 371-393. dtsch. Menschliche Systeme als sprachliche Systeme. Familiendynamik 15(3): 212-243, 1990

ANDERSON, Harlene, GOOLISHIAN, Harold & WINDERMAN, Lee (1986). Problem-determined systems: towards transformation in family therapy. Journal of Strategic and Systemic Therapies 5:1-13

ANDERSON, Harlene, GOOLISHIAN, Harold, PULLIAM, George & WINDERMAN, Lee (1986). The Galveston Family Institute: Some personal and historical perspectives. In: Don EFRON (Ed.). Developments in Strategic and Systemic Therapies. New York: Bruner/Mazel

ANDERSON, S. R. & HOPKINS, P. (1991). The Feminine Face of God. New York: Bantam

ANDERSSON, Mia, GRAVELIUS, Klas & SALAMON, Ernst (1987). AGS-Uppdragsmodellen. Presentation given at the First Northern Family Therapy Congress, Stockholm, Sweden, August

BATESON, Gregory (1972). Steps to an Ecology of Mind. New York: Ballantine. dtsch. Ökologie des Geistes. Frankfurt/M.: Suhrkamp, 1981

BATESON, Gregory (1979). Mind and Nature. New York: E. P. Dutton. dtsch. Geist und Natur. Frankfurt/M.: Suhrkamp, 1982

BATESON, Gregory & BATESON, Mary Catherine (1987). Angels Fear: Toward an Epistemology of the Sacred. New York: Macmillan. dtsch. Wo Engel zögern. Unterwegs zu einer Epistemologie des Heiligen. Frankfurt/M.: Suhrkamp, 1993

BATESON, Mary Catherine (1972). Our Own Metaphor. New York: Knopf

BATESON, Mary Catherine (1990). Composing a Life. New York: Penguin

BATESON, Mary Catherine (1992). Composers and Improvisers. Plenary address. Family Therapy Network Symposium (März)

BEER, Stafford (1980). Preface. In: Humberto R. MATURANA & Francisco J. VARELA. Autopoiesis and Cognition. Dordrecht, Holland: D. Reidel. dtsch in: MATURANA, Humberto R. Erkennen: Die Organisation und Verkörperung von Wirklichkeit. Braunschweig-Wiesbaden: Vieweg, 1982

BELENKY, M., CLINCHY, B., GOLDBERGER, N. & TARULE, J. (1986). Women's Ways of Knowing. New York: Basic

BERGER, Peter L. & LUCKMANN, Thomas (1966). The Social Construction of Reality. Garden City, NY: Doubleday. dtsch. Die gesellschaftliche Konstruktion der Wirklichkeit. Frankfurt/M.: Fischer, 1980

BERMAN, A. (1988). From the New Criticism to Deconstruction. Chicago, IL: University of Illinois Press

BOGDAN, Jeffrey L. (1984). Family organization as an ecology of ideas. Family Process 23: 375-388

BOSCOLO, Luigi, CECCHIN, Gianfranco, HOFFMAN, Lynn & PENN, Peggy (1987). Milan Systemic Family Therapy. New York: Basic. dtsch. Familientherapie - Systemtherapie. Das Mailänder Modell. Dortmund: modernes lernen, 1988

BRATEN, Stein (1984). The third position. In: F. GEYER & J. VAN DER ZOUWEN (Eds.), Sociocybernetics Paradoxes. London: Sage Publications

BRATEN, Stein (1987). Paradigms of autonomy: Dialogical or monological? In: Günter TEUBNER (Ed.), Autopoiesis in Law and Society. New York: De Gruyter

CAMPBELL, David & DRAPER, Rosalind (1985). Creating a concept for Change. In: diesselb. (eds.). Applications of Systemic Family Therapy: The Milan Method. New York: Grune & Stratton

CARTER, Elizabeth & McGOLDRICK, Monica (1988). The Changing Family Life Cyde: A Framework for Family Therapy (2nd ed.). New York: Gardner

CHATWIN, Bruce (1987). The Songlines. London: Jonathan Cape.

CLIFFORD, J. & MARCUS, G. E. (Eds.) (1986). Writing Culture: The Poetics and Politics of Ethnography. Berkeley, CA: University of California Press

COOPER, B. (1982). Michel Foucault: A Study of His Thought. New York: Mellen

CRONEN, Vernon E., JOHNSON, Kenneth M. & LANNAMANN, John W. (1982). Paradoxes, double-binds, and reflexive loops. Family Process 21: 91-112. dtsch. Paradox, Doppelbindung und Rückkoppelungsschleifen. Familiendynamik 8(2): 102-138, 1983

DAVIS, Judith (1988a). Learning about women through (of all things) a study of bar mitzvah. Presented at the Association for Jewish Studies, Boston, Dec. 18

DAVIS, Judith (1988b). Mazel tov: The bar mitzvah as a multigenerational ritual of change and continuity. In: IMBER-BLACK, Evan, Janine ROBERTS & Richard A. WHITING (Eds.), Rituals in Families and Family Therapy (pp. 177-208). New York: Norton. dtsch in: Imber-Black, Evan et al. Rituale. Heidelberg: Cl.Auer, 1993

DELL, Paul F. (1980). Researching the family theories of schizophrenia. Family Process 10: 321-326. dtsch. Untersuchung der Familientheorien zur Schizophrenie. Eine Übung in epistemologischer Konfusion. Familiendynamik 6: 310-332, 1981

DELL, Paul F. (1982). Beyond homeostasis. Family Process, 21: 21-42. dtsch. Über Homöostase hinaus. in: DELL, Paul F. Klinische Erkenntnis. Zu den Grundlagen systemischer Therapie. Dortmund: modernes lernen, 1986

DELL, Paul F. (1985). Understanding Bateson and Maturana: toward a biological foundation for the social sciences. Journal of Marital and Family Therapy 11: 1-20. dtsch. Von systemischer zur klinischen Epistemologie. I. Von Bateson zu Maturana. Z.system.Ther. 2(7): 147-171, 1984

DELL, Paul F. (1989). Violence and the systemic view: the problem of power. Family Process 28: 1-14

DELL, Paul F. & GOOLISHIAN, Harold (1979). Order through fluctuation: An evolutionary paradigm for human systems. Presentation given at the Annual Scientific Meeting of the A.K.A. Rice Institute, Houston, Texas, dtsch. „Ordnung durch Fluktuation. Eine evolutionäre Epistemologie für menschliche Systeme", Familiendynamik 6: 104-122, 1981

DERRIDA, Jacques (1978). Writing and Difference. Chicago, IL: University of Chicago Press

EISLER, R. (1987). The Chalice and the Blade. New York: Basic

ERICKSON, Gerald D. (1988). Against the grain: decentering family therapy. Journal of Marital and Family Therapy 14: 225-236. dtsch. Gegen den Strich: Die Familientherapie gehört nicht ins Zentrum. Familiendynamik 15(1): 2-21, 1990

EYER, D. (1993). Mother-Infant Bonding: A Scientific Fiction. New Haven, CT: Yale University Press

FISCH, Richard, WEAKLAND, John, & SEGAL, Lynn (1982). The Tactics of Change. San Francisco, CA: Jossey-Bass. dtsch. Strategien der Veränderung. Systemische Kurzzeittherapie. Stuttgart: Klett-Cotta 1991[2]

FORRESTER, J. W. (1961). Industrial dynamics. Cambridge MA: M.I.T. Press

FOUCAULT, Michel (1975). The Archaeology of Knowledge. London: Tavistock

FOUCAULT, Michel (1977). Discipline and Punishment. London: Allen Lane. dtsch. Überwachen und Strafen. Frankfurt/M.: Suhrkamp, 1994

FRASER, N., & NICHOLSON, L. (1990). Social criticism without philosophy. In: L. Nicholson (Ed.). Postmodernism and Feminist Theory. London: Routledge

FREIDSON, E. (1972). Profession of Medicine. New York: Dodd Mead

FRIEDMAN, E.H. (1980). Systems and ceremonies: a family view of rites of passage. In: Elizabeth A. CARTER & Monica McGOLDRICK (eds.). The Family Life Cycle (pp. 429-460). New York: Gardner

FRIEDMAN, E.H. (1985). Generation to Generation: Family Process in Church and Synagogue. New York: Guilford

FRIEDMAN, Steven (ed.) (1993). The New Language of Change: Constructive Collaboration in Psychotherapy. New York: Guilford

FRUGGERI, Laura, DOTTI, D., FERRARA, R., & MATTEINI, Massimo (1985). The systemic approach in a mental health service. In: David CAMPBELL & Rosalind DRAPER (eds.). Applications of Systemic Family Therapy: The Milan Method. New York: Grune & Stratton.

FURMAN, Ben & AHOLA, Tapani (1992). Solution Talk: Hosting Therapeutic Conversations. New York: Norton. dtsch. „Die Zukunft ist das Land, das niemandem gehört..." Stuttgart: Klett-Cotta, 1995

GADAMER, Hans (1975). Truth and Method, trans. by G. Barden & J. Cumming. New York: Continuum

GEERTZ, Clifford (1973). The Interpretation of Cultures. New York: Basic

GEERTZ, Clifford (1983). Local Knowledge. New York: Basic

GEERTZ, Clifford (1988). Works and Lives: The Anthropologist as Author. Stanford: Stanford University Press

GERGEN, Kenneth J. (1982). Toward Transformation in Social Knowledge. New York: Springer

GERGEN, Kenneth J. (1985). The social constructionist movement in modern psychology. American Psychologist 40: 266-275

GERGEN, Kenneth J. (1991). The Saturated Self. New York: Basic

GERGEN, Kenneth & GERGEN, Mary M. (1986). Narrative form and the construction of psychological science. In: Theodore R. SARBIN (Ed.). Narrative Psychology. New York: Praeger

GERGEN, Mary M. (1988). Feminist Thought and the Structure of Knowledge. New York: New York University Press

GILLIGAN, Carol (1982). In a Different Voice. Cambridge, MA: Harvard University Press. dtsch. Die andere Stimme. München, 1991

GLEICK, J. (1987). Chaos. New York: Penguin Books/Viking Press

GLUCK, S., & PATAI, D. (1991). Women's Words: The Feminist Practice of Oral History. London: Routledge

GOLDNER, Virginia (1988). Generation and gender: normative and covert hierarchies. Family Process 27: 17-31

GOOLISHIAN, Harold A. & WINDERMAN, Lee (1988). Constructivism, autopoiesis and problem-determined systems. The Irish Journal of Psychology 9: 130-137

GOULD, Stephen J. (1980). The Panda's Thumb. New York: Norton

HALEY, Jay (1963). Strategies of Psychotherapy. New York: Grune & Stratton. dtsch. Gemeinsamer Nenner Interaktion. Strategien der Psychotherapie. München: Pfeiffer, 1978

HALEY, Jay (1969). The Power Tactics of Jesus Christ. New York: Grossman. dtsch. Die Jesus-Strategie. Die Macht der Ohnmächtigen. Weinheim: Beltz, 1990

HALEY, Jay (1976). Problem-Solving Therapy: New Strategies for Effective Family Therapy. San Francisco CA: Jossey-Bass. dtsch. Direktive Familientherapie. Strategien für die Lösung von Problemen. München: Pfeiffer, 1977

HARE-MUSTIN, Rachel T. (1988). The meaning of difference. American Psychologist 43: 455-464

HARRÉ, R. (1984). Personal Being. Cambridge, MA: Harvard University Press

HARRÉ, R. (1986). The Social Construction of Emotions. New York: Basil Blackwell

HEIMS, S. (1977). Bateson and the mathematicians. Journal of the History of tke Behavioral Sciences 10:141-159

HELD, D. (1980). Introduction to Critical Theory. Berkeley, CA University of California Press

HEWSTONE, M. (1983). Attribution Theory: Social and Functional Extensions. Oxford: Blackwell

HOFFMAN, Lynn (1981). Foundations of Family Therapy. New York: Basic. dtsch. Grundlagen der Familientherapie. Hamburg: ISKO, 1982

HOWE, G. (1984). Changing the family mind. Paper presented at The Fourth Annual Symposium on Family Therapy at the University of Tennessee, Knoxville (November)

HOWE, Richard & VON FOERSTEr, Heinz (1974). Cybernetics at Illinois. Forum 6: 15-17.

IMBER-BLACK, Evan (1985). Families and multiple helpers: a systemic perspective. In: David CAMPBELL & Rosalind DRAPER (eds.). Applications of Systemic Family Therapy: The Milan Method. New York: Grune & Stratton

JACKSON, Don D. (1957). The question of family homeostasis. Psychiatric Quarterly Supplement 31: 79-90

KAPLAN, A. (Ed.) (1988). Postmodernism and Its Discontents. New York: Verso

KEARNEY, Philip, BYRNE, Nollaig O'Reilly & McCARTHY, Imelda Colgan (1989). Just metaphors: marginal illuminations in a colonial retreat. Family Therapy Case Studies 4: 17-31.

KEENEY, Bradford P. (1983). The Aesthetics of Change. New York: Guilford. dtsch. Ästehtik des Wandels. Hamburg: ISKO, 1987

KEENEY, Bradford P. & ROSS, Jeffrey M. (1985). Mind in Therapy. New York: Basic

KEENEY, Bradford P. & SPRENKLE, Douglas H. (1982). Ecosystemic epistemology. Family Process 21: 1-22

KELLY, George. (1983). A Theory of Personality. New York: Norton. dtsch. Die Psychologie der persönlichen Konstrukte. Paderborn: Junfermann, 1986

LANE, Gerry & RUSSELL, Tom (1984). Circular replication: a systemic intervention. Paper presented at The Fourth Annual Symposium on Family Therapy at the University of Tennessee, Knoxville, Tennessee (November)

LANE, Gerry & RUSSELL, Tom (1987). Neutrality vs. social control: a systemic approach to violent couples. The Family Therapy Networker 11 (3): 52-56

LAX, William D. (1989). Systemic family therapy with young children and their families: use of the reflecting team. Journal of Psychotherapy and the Family 5: 55-74

LAX, William D. (1992). Postmodern thinking in a clinical practice. In McNAMEE, Sheila & GERGEN, Kenneth J. (eds.). Therapy as Social Construction (pp. 6985). London: Sage

LAX, William & LUSSARDI, Dario (1989). „Systemic" farnily therapy with young children in the family: use of the reflecting team. In: J. J. ZILBACK (Ed.). Children in Family Therapy, New York: Haworth

LEITCH, V. (1983). Deconstructive Criticism. New York: Columbia University Press

LINDE, C. & GOGUEN, J. (1978). The structure of planning discourse. Journal of Social and Biological Structures. (Quoted in Francisco J. VARELA, Principles of Biological Autonomy. New York: Elsevier/North Holland, 1979.)

LUEPNITZ, Deborah (1988). The Family Interpreted. New York: Basic

MASSON, Jeffery (1990). Against Therapy. New York: Fontana

MATURANA, Humberto R., & VARELA, Francisco J. (1980). Autopoiesis and Cognition. Dordrecht, Holland: D. Reidel. dtsch in: MATURANA, Humberto R. Erkennen: Die Organisation und Verkörperung von Wirklichkeit. Braunschweig-Wiesbaden: Vieweg, 1982

McCARTHY, Imelda Colgan & BYRNE, Nollaig O'Reilly (1988). Mis-taken love: conversations on the problem of incest in an Irish context. Family Process 27: 181-198

McKINNON, Laurie & MILLER, Dusty (1987). The new epistemology and the Milan approach: Feminist and socio-political considerations. Journal of Marital and Family Therapy 13:139-155

MEAD, Goerge Herbert (1964). George Herbert Mead on Social Psychology: Selected Papers, edited by A. STRAUSS. Chicago, IL: University of Chicago Press

MESSER, L., SASS, L. A. & WOOLFOLK, R. L. (eds.). (1988). Hermeneutics and Psychological Theory. New Brunswick, NJ: Rutgers University Press

MEYERHOFF, B. & RUBY, J. (1982). Introduction. In: J. RUBY (ed.). A Crack in the Mirror: Reflexive Perspectives in Anthropology (pp. 1-35). Philadelphia: University of Pennsylvania Press

MILLER, Dusty (1988). Women in pain: substance abusc self starvation. In: MERKIN, Marsha Pravder (ed.), The Social and Political Context of Family Therapy. New York: Gardner

MILLER, Dusty & LAX, William D. (1988). A reflecting team modcl for working with couples: interrupting deadly struggles. Journal of Strategic and Systemic Therapies 7 (3): 17-23.

MILLER, J. (1978). Living Systems. New York: McGraw-Hill

MILLER, J. (1976). Toward a New Psychology of Women. Boston: Beacon

MISHLER, Eliot (1986). Research Interviewing: Context and Narrative. Cambridge, MA: Harvard University Press

MOORE, T. (1992). The Care of the Soul. New York: Harper Collins

NICHOLSON, L. (ed.). (1990). Postmodernism and Feministic Theory. New York: Routledge

OLSON, Mary (submitted). „Conversation" and „text": a media perspective for therapy. Family Process

ONG, Walter (1982). Orality and Literacy. New York: Norton

PASK, Gordon (1976). Conversation Theory. New York: Elsevier

PEARCE, W. Barnett & CRONEN, Vernon E. (1980). Communication, Action and Meaning: The Creation of Social Realities. New York: Praeger

PENN, Arthur (1991). A conversation on cybernetics and film. Public discussion between Fredrick Steier and Arthur Penn at the annual conference of the American Society for Cybernetics. Amherst, MA (Juli)

PENN, Peggy (1991). Letters to ourselves. The Family Therapy Networker 15: 43-45

PENN, Peggy (1985). Feed-forward: future questions, future maps. Family Process 24: 299-311. dtsch. Feed-Forward - Vorwärts-Koppelung: Zukunftsfragen - Zukunftspläne. Familiendynamik 11(3): 206-222, 1986

PENN, Peggy & SHEINBERG, Marcia (1986). A systemic model for consultation. In: WYNNE, Lyman, McDANIEL, Susan & WEBER, Timothy T. (eds.), The Family Therapist as Systems Consultant. New York: Guilford

PENN, Peggy & SHEINBERG, Marcia (1988). Family therapy and all that jazz. Paper presented at the Institute on Violence and the Family, AAMFT Annual Conference, New Orleans (Oktober)

POSTER, M. (1989). Critical Theory and Poststructuralism. Ithaca, NY: Cornell University Press

PRIGOGINE, Ilya & STENGERS, Isabelle (1984). Order out of Chaos. New York: Bantam

RABINOW, P. (ed.). (1984). The Foucault Reader. New York: Pantheon

RAPPAPORT. R. (1979). Ecology, Meaning and Religion. Richmond, CA: North Atlantic Books

ROBERTS, Janine, „Alexandra" & „Julius" (1988). Use of ritual in „redocumenting" psychiatric history. In: IMBER-BLACK, Evan, ROBERTS, Janine & WHITING, Richard A. (eds.), Rituals in Families and Family Therapy (pp. 307-330). New York: Norton. dtsch. dies. Rituale. Heidelberg: CI:Auer, 1993

ROBINSON, M. (1991). Family Transformation Through Divorce and Remarriage. London: Routledge

ROSENER, J. (1990). Ways women lead. In: Harvard Business Review. Cambridge, MA

RUBY, J. (Ed.). (1982). A Crack in the Mirror: Reflexive Perspectives in Anthropology. Philadelphia, PA: University of Pennsylvania Press

RUESCH, Jürgen & BATESON, Gregory (1951). Communication. In: The Social Matrix of Psychiatry. New York: Norton. dtsch. Kommunikation. Die soziale Matrix der Psychiatrie. Heidelberg: CI:Auer, 1995

RUSSELL, Bertrand & WHITEHEAD, Alfred North (1910-13). Principia Mathematica, 2nd ed. (3 vols.). Cambridge: Cambridge University Press

SARBIN, Theodore R. (1986). Narrative Psychology. New York: Praeger

SATIR, Virginia (1964). Conjoint Family Therapy. Palo Alto, CA: Science & Behavior, dtsch Familienbehandlung. Kommunikation und Beziehung in Theorie, Erleben und Therapie. Freiburg: Lambertus, 1973

SAUSSURE, Ferdinand de (1959). Course in General Linguistics, edited by C. Bally & A. Sechehave, trans. by W. Baskin. New York: Philosophical Library

SELVINI-PALAZZOLI, Mara, BOSCOLO, Luigi, CECCHIN, Gianfranco & PRATA, Giuliana. (1980). Hypothesizing-circularity-neutrality: Three guidelines for the conductor of the session. Family Process 19: 3-12. dtsch. Hypothetisieren-Zirkularität-Neutralität. Familiendynamik 6(2): 123-139, 1981

SELVINI-PALAZZOLI, Mara, BOSCOLO, Luigi, CECCHIN, Gianfranco & PRATA, Giuliana (1978). Paradox and Counterparadox. New York: Jason Aronson. dtsch. Paradoxon und Gegenparadoxon. Stuttgart: Klett-Cotta, 1977

SHOTTER, John & GERGEN, Kenneth J. (eds.). (1989). Texts of Identity. London: Sage

SLUZKI, Carlos E. (1983). Process, structure and world views: toward an integrated view of systemic models in family therapy. Family Process 22: 469-476

SLUZKI, Carlos E. & RANSOM, Donald C. (eds.). (1976). Double Bind: The Foundation of the Communicational Approach to the Family. New York: Grune & Stratton

SPENCE, D. (1982). Narrative Truth and Historical Truth. New York: Norton

SURREY, J. (1984). The „self-in-relation": a theory of women's development In: Work in Progress, No. 13. Wellesley, MA: Stone Center Working Papers Series

TANNEN, D. (1990). You Just Don't Understand. New York: Ballantine

TAYLOR, M. (1986). Deconstruction in Context. Chicago, IL: University of Chicago Press

TELFNER, Umberta & CERUTI, M. (eds.). (1987). Heinz von Foerster, Sistemi che Osservano. Rome: Casa Editrice Astrolabia, Ubaldini Editore

THOM, R. (1975). Structural Stability and Morphogenesis. Reading, MA: Benjamin

TOMM, Karl (1987a). Interventive interviewing: Part I. Family Process 26: 3-15. dtsch. in: Tomm, Karl. Die Fragen des Beobachters. Heidelberg: Cl.Auer, 1994

TOMM, Karl (1987b). Interventive interviewing: Part II. Reflexive questioning as a means to enable self-healing. Family Process 26: 167-184. dtsch. in: Tomm, Karl. Die Fragen des Beobachters. Heidelberg: Cl.Auer, 1994

TYLER, Stephen A. (1978). The Said and the Unsaid. New York: Academic

Ugazio, V. (1985). Hypothesis-making: the Milan approach revisited. In: Campbell, David & Draper, Rosalind (eds.), Applications of Systemic Family Therapy: The Milan Method. New York: Grune & Stratton

Varela, Francisco J. (1976). Not one, not two: Position paper for the Mind-Body Conference. Co-Evolution Quarterly: 62-67

Varela, Francisco J. (1979). Principles of Biological Autonomy. New York: North Holland

von Foerster, H. (1981). Observing Systems. Seaside, CA: Intersystems Publications

von Foerster, H. (1983). Plenary address. Presentation at the Sixth Biennial MRI Conference: Maps of the Mind: Maps of the World, San Francisco

von Glasersfeld, E. (1979). The control of perception and the construction of reality. Dialectica 33: 37-50

von Glasersfeld, Ernst (1984). An introduction to radical constructivism. In: Watzlawick, Paul (ed.), The Invented Reality. New York: Norton. dtsch in: ders. Die erfundene Wirklichkeit. München-Zürich: Piper, 1981

von Glasersfeld, Ernst (1987a). The Construction of Knowledge: Contributions to Conceptual Semantics. Seaside, CA: Intersystems

von Glasersfeld, Ernst (1987b). The concepts of adaptation and viability in a radical constructivist theory of knowledge. In: The Construction of Knowledge. Seaside, CA: Intersystems

Walters, Marianne, Carter, Elizabeth, Papp, Peggy & Silverstein, Olga (1988). The Invisible Web. New York Guilford. dtsch. Unsichtbare Schlingen. Stuttgart: Klett-Cotta, 1991

Watzlawick, Paul (ed.) (1984). The Invented Reality. New York: Norton. dtsch. Die erfundene Wirklichkeit. München-Zürich: Piper, 1981

Watzlawick, Paul, Weakland, John & Fisch, Richard (1974). Change: Principles of Problem Formation and Problem Resolution. New York: Norton. dtsch. Lösungen. Bern-Stuttgart-Wien: Huber, 1974

White, Michael (1991). Deconstruction and theory. Dulwich Centre Newsletter, No. 3

White, Michael & Epston, David. (1990). Narrative Means to Therapeutic Ends. New York: Norton. dtsch. Die Zähmung der Monster. Heidelberg: Cl.Auer, 1990

Wiener, Norbert (1961). Cybernetics. Cambridge MA: M.I.T. Press. dtsch. Kybernetik. Reinbek: Rowohlt, 1968

Personenverzeichnis

Raum für Notizen:

Raum für Notizen: